W0100722

SCHULDRECHT AT 1

2017

Josef A. Alpmann

Dr. Tobias Wirtz
Rechtsanwalt und Repetitor

ALPMANN UND SCHMIDT Juristische Lehrgänge Verlagsges. mbH & Co. KG
48143 Münster, Alter Fischmarkt 8, 48001 Postfach 1169, Telefon (0251) 98109-0
AS-Online: www.alpmann-schmidt.de

Zitiervorschlag: Alpmann/Wirtz, Schuldrecht AT 1, Rn.

Alpmann, Josef A.
Dr. Wirtz, Tobias
Schuldrecht AT 1
22. Auflage 2017
ISBN: 978-3-86752-499-5

Verlag Alpmann und Schmidt Juristische Lehrgänge
Verlagsgesellschaft mbH & Co. KG, Münster

Die Vervielfältigung, insbesondere das Fotokopieren der Skripten,
ist nicht gestattet (§§ 53, 54 UrhG) und strafbar (§ 106 UrhG).
Im Fall der Zuwiderhandlung wird Strafantrag gestellt.

Unterstützen Sie uns bei der Weiterentwicklung unserer Produkte.
Wir freuen uns über Anregungen, Wünsche, Lob oder Kritik an:
feedback@alpmann-schmidt.de.

INHALTSVERZEICHNIS

LITERATURVERZEICHNIS

Bamberger/Roth	Beck'scher Online-Kommentar
	Stand 01.11.2015
	(zitiert: BeckOK BGB/Bearbeiter)
Baumbach/Hopt	Handelsgesetzbuch
	37. Auflage 2016
Brox/Walker	Allgemeines Schuldrecht
	40. Auflage 2016
Dauner-Lieb/Langen	Nomos Kommentar BGB
	Band 2 Schuldrecht
	3. Auflage 2016
	(zitiert: NK-BGB/Bearbeiter)
Erman	Handkommentar zum Bürgerlichen Gesetzbuch
	Band 1: §§ 1–853 BGB
	14. Auflage 2014
	(zitiert: Erman/Bearbeiter)
Jauernig	Bürgerliches Gesetzbuch
	16. Auflage 2015
	(zitiert: Jauernig/Bearbeiter)
Looschelders	Schuldrecht Allgemeiner Teil
	14. Auflage 2016
Lorenz/Riehm	Lehrbuch zum neuen Schuldrecht
	1. Auflage 2002
Münchener Kommentar	zum Bürgerlichen Gesetzbuch
	Band 1: Allgemeiner Teil
	(§§ 1–240 BGB), AGB-Gesetz
	7. Auflage 2015
	Band 2: Schuldrecht Allgemeiner Teil
	(§§ 241–432 BGB)
	7. Auflage 2016
	Band 7: Sachenrecht
	(§§ 854–1296 BGB)
	7. Auflage 2017
	(zitiert: MünchKomm/Bearbeiter)
Palandt	Bürgerliches Gesetzbuch
	76. Auflage 2017
	(zitiert: Palandt/Bearbeiter)

Staudinger

J. v. Staudingers Kommentar zum Bürgerlichen Gesetzbuch mit Einführungsgesetz und Nebengesetzen

§§ 139–163 (2015)

Einl. zu §§ 241 ff., §§ 241–243 (2015)

§§ 255–304 (2014)

§§ 315–326 (2015)

§§ 433–480 (2014)

Leasingrecht (2014)

§§ 631–651 (2013)

§§ 985–1011 (2012)

(zitiert: Staudinger/Bearbeiter)

Vieweg/Werner

Sachenrecht
7. Auflage 2015

Einleitung

A. Gesetzliche Regelung des Schuldrechts (§§ 241–853[1])

Der Gesetzgeber bediente sich bei der Schaffung des BGB einer „Klammertechnik". Die Regelungen, die allgemeine Bedeutung haben sollen, sind den speziellen Vorschriften in einem „Allgemeinen Teil" vorangestellt.

■ Der Allgemeine Teil des BGB (§§ 1–240) enthält die Vorschriften, die für das gesamte BGB gelten sollen, soweit nicht in den folgenden Büchern spezielle Regelungen enthalten sind.

■ Im Allgemeinen Teil des Schuldrechts (§§ 241–432) sind die Regeln enthalten, die für alle Schuldverhältnisse Gültigkeit haben, soweit nicht für dieses Schuldverhältnis im Besonderen Teil des Schuldrechts Sonderregeln bestehen.

■ Der Besondere Teil des Schuldrechts (§§ 433–853) enthält die Vorschriften, die nur für das jeweilige besondere Schuldverhältnis Geltung beanspruchen, beispielsweise die §§ 433–479 für Kaufverträge, die §§ 535–580 a für Mietverträge und die §§ 823 bis 853 für unerlaubte Handlungen.

Für die Prüfungsreihenfolge gilt die Regel: vom Speziellen zum Allgemeinen.

■ Zunächst sind Regeln im Besonderen Teil zu suchen.

■ Sind dort keine vorrangigen Vorschriften enthalten, sind die Vorschriften des Allgemeinen Teils des Schuldrechts anwendbar.

  ■ Innerhalb des Allgemeinen Teils sind die §§ 311–359 Sonderregeln für alle Schuldverhältnisse aus Verträgen und

  ■ die §§ 320–326 Sonderregeln für gegenseitige Verträge.

■ Ergänzend greifen die Regeln des BGB AT ein, die nicht nur für die Schuldverhältnisse, sondern für das gesamte BGB gelten.

Hinweis: Viele schuldrechtliche Probleme liegen in der Abgrenzung zwischen dem Schuldrecht BT und dem Schuldrecht AT. Es muss der Regelungsbereich der Vorschriften des Besonderen Teils (insbesondere der Gewährleistungsvorschriften) genau bestimmt werden, um festzustellen, ob und inwieweit die Vorschriften des Allgemeinen Teils anwendbar sind.

B. Schuldverhältnis als pflichtenbegründende Sonderbeziehung zwischen zwei oder mehreren Personen

Das Schuldrecht ist das „Recht der Schuldverhältnisse". Eine **gesetzliche Definition** des Schuldverhältnisses **fehlt**. Aus der gesetzlichen Regelung des Schuldrechts kann indes entnommen werden, dass das Schuldverhältnis eine zwischen zwei oder mehreren Personen durch Rechtsgeschäft, rechtsgeschäftsähnlich oder kraft Gesetzes pflichtenbegründende Sonderbeziehung darstellt.

Das Schuldverhältnis zeichnet sich regelmäßig dadurch aus, dass jemand von einer anderen Person eine **Leistung** fordern kann (§ 241 Abs. 1 S. 1), d.h., dass er gegen sie einen

1

2

---

1 §§ ohne Gesetzesangabe sind solche des BGB.

Anspruch hat. Der Anspruchsinhaber ist der Gläubiger, der Anspruchsgegner der Schuldner.

Im Gesetz wird der Begriff des Schuldverhältnisses mit zwei verschiedenen Inhalten verwendet; nach einzelnen Vorschriften ist bereits der einzelne **Anspruch** ein Schuldverhältnis, während in anderen Vorschriften davon ausgegangen wird, dass das **Rechtsverhältnis als Ganzes** ein Schuldverhältnis darstellt. Es muss demnach zwischen dem Schuldverhältnis im engeren und weiteren Sinne unterschieden werden.

I. Schuldverhältnis im engeren Sinn

3   In einzelnen gesetzlichen Vorschriften ist bereits der einzelne Anspruch – aus einem Schuldverhältnis – ein Schuldverhältnis:

- § 241 Abs. 1 S. 1 bestimmt: „Kraft des Schuldverhältnisses ist der Gläubiger berechtigt, von dem Schuldner eine Leistung zu fordern."

- § 362 Abs. 1 bestimmt: „Das Schuldverhältnis erlischt, wenn die geschuldete Leistung an den Gläubiger bewirkt wird."

II. Schuldverhältnis im weiteren Sinn

4   Nach anderen Vorschriften ist das pflichtenbegründende Rechtsverhältnis als Ganzes ein Schuldverhältnis.

- Der 8. Abschnitt des 2. Buchs des BGB trägt die Überschrift „Einzelne Schuldverhältnisse". Damit werden die nachstehend aufgeführten Verträge, nämlich Kaufvertrag, Darlehensvertrag, Schenkungsvertrag, Mietvertrag usw. als Schuldverhältnisse bezeichnet.

- In § 425 Abs. 1 geht das Gesetz vom Schuldverhältnis i.w.S. aus. Dort wird bestimmt: „Andere ... Tatsachen (*als Erfüllung, Erlass und Gläubigerverzug*) wirken, soweit sich aus dem Schuldverhältnis nicht ein anderes ergibt, nur für und gegen den Gesamtschuldner, in dessen Person sie eintreten."

C. Entstehen des Schuldverhältnisses

5   Schuldverhältnisse entstehen durch Rechtsgeschäft, aufgrund rechtsgeschäftsähnlicher Tatbestände oder kraft Gesetzes.

- **Rechtsgeschäftliche** Schuldverhältnisse entstehen durch **Vertrag** (§ 311 Abs. 1) oder ausnahmsweise im Falle der Auslobung (§ 657) durch einseitiges Rechtsgeschäft. Vertragliche Schuldverhältnisse sind in erster Linie die in den §§ 433 ff. genannten Vertragstypen (Kauf, Tausch, Miete, Pacht, Werkvertrag usw.) sowie die atypischen Verträge.

- **Rechtsgeschäftsähnliche** Schuldverhältnisse sind in **§ 311 Abs. 2 und 3** geregelt.

- **Gesetzliche** Schuldverhältnisse entstehen, wenn die gesetzlichen Voraussetzungen vorliegen, nach denen jemand eine Leistung fordern kann.

  Gesetzliche Schuldverhältnisse enthält der Besondere Teil des Schuldrechts, nämlich die **Geschäftsführung ohne Auftrag** (§§ 677 ff.); die **ungerechtfertigte Bereicherung** (§§ 812 ff.) und die **unerlaubte Handlung** (§§ 823 ff.).

Darüber hinaus gibt es gesetzliche Schuldverhältnisse, die nicht im 2. Buch des BGB geregelt sind, z.B. das **Eigentümer-Besitzer-Verhältnis** (§§ 987 ff.), das Verhältnis zwischen Unterhaltsberechtigten und -verpflichteten (§§ 1601 ff.) oder zwischen Erben und Vermächtnisnehmern (§§ 2147 ff.).

D. Pflichten in einem Schuldverhältnis

In einem Schuldverhältnis bestehen bestimmte primäre – d.h. allein durch das Bestehen des Schuldverhältnisses begründete – Pflichten. Die Verletzung dieser Pflichten kann Sekundärleistungsansprüche, d.h. Schadensersatz- oder Rückabwicklungsansprüche auslösen.

6

I. Primäre Pflichten

Bei den primären Pflichten kann es sich um Leistungspflichten und um Verhaltenspflichten handeln. Obliegenheiten bestehen im Gegensatz zu den Pflichten nicht einer anderen Person gegenüber, sondern sind lediglich im eigenen Interesse zu beachten.

1. Leistungspflichten

Leistung ist jedes Verhalten – Handeln, Dulden oder Unterlassen – einer Person, das von einer anderen Person gefordert werden kann. Die forderungsberechtigte Person ist der Gläubiger, die verpflichtete ist der Schuldner.

7

Dem Gläubiger steht aufgrund des Schuldverhältnisses regelmäßig ein durchsetzbarer Erfüllungsanspruch, ein primärer Leistungsanspruch zu. Er kann das geschuldete Verhalten (die Leistung) unter Einschaltung des Gerichts erzwingen. Eine Ausnahme bilden nur die Naturalobligationen, bei denen dem Gläubiger ein Erfüllungsanspruch versagt ist. Die Fälle der Naturalobligation sind gesetzlich bestimmt (Spiel, Wette, Ehevermittlung).

Beispiele für Verhaltensweisen, die Gegenstand eines Schuldverhältnisses sein können, die also Leistungen darstellen: die Übereignung einer Sache, die Überlassung des Besitzes an einer Sache, die Erstellung eines Gutachtens, die Errichtung eines Hauses, die Zahlung eines Geldbetrags, die Erteilung von Unterricht, das Unterlassen bestimmter Tätigkeiten usw.

2. Rücksichtnahmepflichten aus § 241 Abs. 2

Jede Partei muss sich aufgrund des Schuldverhältnisses so verhalten, dass die andere in der Verwendung des geleisteten Gegenstands nicht beeinträchtigt wird und **keine Partei darf der anderen Schaden zufügen**. Die Rücksichtnahmepflichten müssen beachtet werden, damit dem anderen keine Nachteile entstehen. Auf die Einhaltung dieser Pflichten besteht **kein Erfüllungsanspruch**. Werden sie schuldhaft verletzt, kann die benachteiligte Partei Schadensersatz verlangen (Schadensersatz statt der Leistung nach §§ 280 Abs. 1 u. 3, 282; sonstige Schäden nach § 280 Abs. 1) oder vom Vertrag zurücktreten (§ 324).

8

Beispiel: Der Verkäufer muss nicht nur den Kaufgegenstand gemäß § 433 Abs. 1 übertragen, sondern er muss z.B. den Käufer über mögliche Gefahren unterrichten, die bei der Verwendung des Kaufgegenstands entstehen; unterlässt er dieses und entsteht dem Käufer dadurch ein Schaden, kann dieser Schadensersatz aus § 280 Abs. 1 verlangen.

3. Obliegenheiten

9 Bei den Obliegenheiten handelt es sich nicht um Verhaltenspflichten, die einer anderen Person gegenüber bestehen. Obliegenheiten sind **lediglich im eigenen Interesse** zu beachten. Die Missachtung hat nachteilige Folgen für die belastete Partei.

Beispiel: Es besteht keine Pflicht des Geschädigten, nicht selbst zur Schadensverursachung beizutragen. Der Geschädigte muss sich aber sein Mitverschulden gemäß § 254 anrechnen lassen, wenn er einen Schadensersatzanspruch geltend macht.

II. Sekundärleistungspflichten

10 Werden die in einem Schuldverhältnis bestehenden Pflichten verletzt, so können Schadensersatz- bzw. Rückabwicklungsansprüche entstehen. Bei der Verletzung von Leistungspflichten kommen Sekundärleistungsansprüche aus Unmöglichkeit, Nichtleistung nach Fristsetzung, Verzug, Gewährleistung oder sonstigen Pflichtverletzungen (§ 280 Abs. 1) in Betracht. Auch die Verletzung der Pflicht zur Rücksichtnahme (§ 241 Abs. 2) kann Schadensersatzansprüche begründen (§ 280 Abs. 1; §§ 280 Abs. 1 u. 3, 282).

E. Relativität der Schuldverhältnisse

11 Die Schuldverhältnisse und die daraus folgenden Pflichten sind relativ, d.h., sie wirken nur zwischen den Parteien des Schuldverhältnisses. Dritte sind grundsätzlich aus einem Schuldverhältnis weder berechtigt noch verpflichtet.

Beispiel: V verkauft K 50.000 l Heizöl, K verkauft weiter an D.

D hat keinen Anspruch gegen V auf Lieferung. Er kann aus dem mit K geschlossenen Kaufvertrag nur gegen seinen Vertragspartner K vorgehen. V ist seinerseits nur aus dem zwischen ihm und K geschlossenen Kaufvertrag K gegenüber verpflichtet.

Nur ausnahmsweise können **Dritte** aus einem zwischen anderen Personen bestehenden Schuldverhältnis Rechte herleiten oder verpflichtet sein.

Es kann ein **gesamtes Schuldverhältnis auf einen Dritten** übergehen

- durch Vertragsübernahme

- oder kraft Gesetzes (z.B. § 566, § 613 a).

Berechtigungen Dritter aus einem Schuldverhältnis können sich ergeben

- aus einem Vertrag zugunsten Dritter (§ 328),

- aus einem **Vertrag mit Schutzwirkung zugunsten Dritter,**

- bei der **Abtretung** von Forderungen (§§ 398 ff.) oder dem gesetzlichen Forderungsübergang.

Verpflichtungen Dritter können nur entstehen, wenn der Betroffene ihnen zumindest zugestimmt hat. **Verträge zulasten Dritter** sind **unzulässig** und unwirksam. Ein Dritter kann aus einem Schuldverhältnis verpflichtet sein,

- wenn er einen Schuldbeitritt

- oder eine Schuldübernahme (§ 414, § 415) erklärt.

1. Teil: Entstehen des Schuldverhältnisses

Schuldverhältnisse können durch Rechtsgeschäft, aufgrund rechtsgeschäftsähnlicher Tatbestände oder kraft Gesetzes entstehen.

1. Abschnitt: Rechtsgeschäftliches Schuldverhältnis

■ Nach § 311 Abs. 1 entsteht das rechtsgeschäftliche Schuldverhältnis durch **Vertrag** zwischen den Beteiligten, „soweit nicht das Gesetz ein anderes vorschreibt."

Nur bei der Auslobung genügt gemäß § 657 eine einseitige Erklärung, d.h. ein einseitiges Rechtsgeschäft.

■ Grundsätzlich kann jede Person nach ihrem Belieben entscheiden, ob sie überhaupt einen Vertrag abschließen will **(Abschlussfreiheit)**. Nur ausnahmsweise kann ein **Kontrahierungszwang** bestehen.

Der Grundsatz der – positiven und negativen – Abschlussfreiheit gilt nicht nur im Schuldrecht, sondern bei allen Verträgen. Er gehört systematisch zum BGB AT. Da aber ein Kontrahierungszwang praktisch nur bei schuldrechtlichen Verträgen in Betracht kommt, wird an dieser Stelle darauf eingegangen.

■ Nach dem Grundsatz der **Gestaltungsfreiheit** steht es den Parteien grundsätzlich frei, den Inhalt der Einigung nach ihrem Belieben zu bestimmen. Ausnahmsweise ist jedoch auch die Gestaltungsfreiheit begrenzt (z.B. durch §§ 134, 138).

Das Prinzip der Gestaltungsfreiheit gilt grundsätzlich auch außerhalb des Schuldrechts, ist dort aber teilweise wesentlich eingeschränkt. So können im Sachenrecht durch Vertrag nur die Rechte begründet werden, die gesetzlich vorgesehen sind (numerus clausus der Sachenrechte), und diese Rechte können nur mit dem gesetzlich bestimmten Inhalt bestellt werden (Typenzwang).

A. Kontrahierungszwang

Die Abschlussfreiheit, d.h. die Entscheidung darüber, ob ein Vertrag abgeschlossen werden soll, kann im Einzelfall aufgrund spezieller gesetzlicher Regelung oder nach allgemeinen Grundsätzen ausgeschlossen sein und stattdessen ein Kontrahierungszwang bestehen. **12**

I. Kontrahierungszwang kraft spezieller Regelung

Im Einzelfall ist ein Kontrahierungszwang im Gesetz ausdrücklich vorgesehen, weil

■ ein **öffentliches Interesse** am Vertragsschluss besteht oder

■ der **freie Wettbewerb gesichert** werden soll.

1. Kontrahierungszwang aufgrund eines öffentlichen Interesses

■ § 22 PBefG verpflichtet die Unternehmer, die entgeltliche oder geschäftsmäßige **Beförderung von Personen** mit Straßenbahnen, Oberleitungsomnibussen und Kraftfahrzeugen betreiben (§ 1 Abs. 1 PBefG), jedermann zu den geltenden Bedingungen zu befördern. Für Luftfahrtunternehmen ist ein Abschlusszwang in § 21 Abs. 2 S. 3 LuftVG enthalten.

- § 2 Abs. 1 EnWG verpflichtet Energieversorgungsunternehmen zur **Versorgung der Allgemeinheit mit Elektrizität und Gas**.

- § 5 Abs. 2 PflVG verpflichtet die Haftpflichtversicherungen, jedem Kraftfahrzeughalter Versicherungsschutz zu gewähren. Andererseits ist auch der Kfz-Halter nach § 1 PflVG verpflichtet, für sein Kfz eine **Haftpflichtversicherung** abzuschließen.

- **§ 21 Abs. 1 S. 1 AGG** gibt einen Anspruch auf Beseitigung der Beeinträchtigung bei einem Verstoß gegen das Benachteiligungsverbot aus § 19 AGG. Nach h.M. kann die Beseitigung der Beeinträchtigung auch einen Vertragsschluss erfordern.[2] Insofern lässt sich aus § 21 Abs. 1 S. 1 AGG ein Kontrahierungszwang ableiten. Gleiches kann auch Rechtsfolge des Schadensersatzanspruchs aus **§ 21 Abs. 2 S. 1 AGG** sein.[3]

- Der Zwang zum Abschluss eines privatrechtlichen Vertrags kann sich auch aus öffentlich-rechtlichen Vorschriften ergeben; z.B. haben nach der Gemeindeordnung in den einzelnen Ländern die Gemeindeeinwohner einen Anspruch auf **Zulassung zu den gemeindlichen Einrichtungen** im Rahmen des Einrichtungszwecks. Sofern das Benutzungsverhältnis dieser Einrichtungen privatrechtlich gestaltet ist, besteht ein Anspruch auf Abschluss eines privatrechtlichen Vertrags. Außerdem kann z.B. durch eine Gemeindesatzung ein **Anschluss- und Benutzungszwang** bezüglich der der Volksgesundheit dienenden Einrichtungen (z.B. Wasserversorgung) begründet werden (z.B. § 9 GO NW).

2. Kontrahierungszwang aus Gründen des Wettbewerbs

13   § 19 Abs. 1 GWB enthält ein Diskriminierungsverbot. Marktbeherrschende oder marktstarke (§ 20 GWB) Unternehmen dürfen andere Unternehmen im Geschäftsverkehr nicht unbillig behindern oder ohne sachlichen Grund ungleich behandeln. Besteht die Diskriminierung in einer Liefersperre, so ergibt sich aus § 19 Abs. 1 GWB i.V.m. § 33 GWB ein Anspruch auf Lieferung. Umstritten ist, ob dieser Anspruch als Schadensersatzanspruch aus § 33 Abs. 3 S. 1 GWB folgt oder ob er sich aus der Verpflichtung zur Unterlassung gemäß § 33 Abs. 1 S. 1 GWB ergibt. Zunehmend setzt sich die letztere Ansicht durch, weil der Unterlassungsanspruch anders als der Schadensersatzanspruch verschuldensunabhängig ist.[4] $\rightarrow$ nunmehr wohl § 33a

Beispiel: Der B-Verlag ist als marktstarkes Unternehmen verpflichtet, einen Buchhändler mit dem Münchener Kommentar und dem Münchener Vertragshandbuch zu beliefern.[5]

II. Kontrahierungszwang nach allgemeinen Grundsätzen

1. Kontrahierungszwang gemäß § 826

14   Nach h.M. ist jeder, der mit der Ablehnung des Vertragsschlusses eine vorsätzliche sittenwidrige Schädigung begeht, nach § 826 zum Abschluss des Vertrags verpflichtet.

---

2 MünchKomm/Thüsing § 21 Rn. 17; Brox/Walker § 4 Rn. 109; Wendt/Schäfer JuS 2009, 206.

3 Looschelders Rn. 121.

4 Staudinger/Bork Vorbem. zu §§ 145 ff. Rn. 20; Palandt/Ellenberger Einf. v. § 145 Rn. 9.

5 OLG Karlsruhe, Urt. v. 14.11.2007 – 6 U 57/06, GRUR 2008, 279.

Eine sittenwidrige Schädigung durch Abschlussverweigerung kann danach angenommen werden, wenn

- es um Güter, Leistungen und Rechtspositionen geht, die für den anderen Teil von **wichtiger Bedeutung** sind,

- der Anspruchsgegner eine **Monopolstellung** hat, sodass der Anspruchsteller sein Bedürfnis anderweitig überhaupt nicht oder nur unter erheblichen Nachteilen befriedigen kann

- und der Unternehmer **keinen sachlich rechtfertigenden Grund** zur Vertragsverweigerung hat.[6]

Beispiele:

1. Die örtliche Tageszeitung darf eine übliche Familienanzeige nicht ablehnen.[7]

2. Dagegen besteht kein Kontrahierungszwang bei einer Spielbank[8] oder für die Teilnahme an einer Quizsendung.[9]

Die **Rechtsnatur** des Anspruchs ist umstritten. Teilweise wird er als Schadensersatzanspruch aus §§ 826, 249 angesehen.[10] Nach anderer Ansicht handelt es sich um einen durch § 826 „vermittelten" quasinegatorischen Unterlassungsanspruch.[11]

2. Aufnahmezwang aus Art. 9 GG

15

Vereine mit überragender Machtstellung im wirtschaftlichen oder sozialen Bereich können aufgrund der mittelbaren Grundrechtswirkung des Art. 9 GG verpflichtet sein, Mitglieder aufzunehmen.

Beispiel: Der BGH hat einen Verband von Sportvereinen verpflichtet, einen Fußballverein als Mitglied aufzunehmen.[12]

3. Allgemeiner Kontrahierungszwang bei öffentlichen Versorgungsaufgaben

16

Nach einer im Vordringen befindlichen Meinung[13] soll im Einzelfall – unabhängig von der Sittenwidrigkeit aufgrund Monopolmissbrauchs – im Wege der **Gesamtanalogie zu den gesetzlichen Vorschriften über den Kontrahierungszwang** und im Hinblick auf das Sozialstaatsprinzip ein Kontrahierungszwang bejaht werden, wenn das Unternehmen eine öffentliche Versorgungsaufgabe übernommen hat. Diese Streitfrage stellt sich regelmäßig bei der Frage nach dem Zugang zu kulturellen oder sportlichen Veranstaltungen.

---

6 Bydlinski AcP 180, 1, 29, 41.

7 OLG Karlsruhe NJW 1988, 341.

8 BGH WM 1994, 1670.

9 OLG München, Urt. v. 28.07.2005 – U (K) 1834/05, NJW-RR 2005, 1401.

10 Brox/Walker § 4 Rn. 10.

11 Erman/Armbrüster Vor § 145 Rn. 29; MünchKomm/Busche Vor § 145 Rn. 21.

12 BGH NJW 1999, 1326.

13 MünchKomm/Busche Vor § 145 Rn. 20 ff.; Brox/Walker § 4 Rn. 10; Bydlinski AcP 180, 1, 37 ff.

Nach der Gegenansicht sind die Rechtsgrundlagen für einen so weit gehenden Eingriff in die Vertragsfreiheit zu unbestimmt und mit der Marktwirtschaft nicht vereinbar.[14]

B. Einschränkung der Gestaltungsfreiheit

17 Grundsätzlich können die Parteien den Inhalt des Vertrags entsprechend ihren Bedürfnissen ausgestalten. Doch bestehen bezüglich der inhaltlichen Ausgestaltung des Vertrags nachstehende Beschränkungen:

I. Nichtigkeitsvorschriften

Gemäß **§ 134** sind Rechtsgeschäfte, die gegen ein gesetzliches Verbot verstoßen, nichtig, soweit sich nicht aus dem Gesetz ein anderes ergibt. Gemäß **§ 138** sind sittenwidrige und wucherische Rechtsgeschäfte nichtig. Für schuldrechtliche Verträge bestehen darüber hinaus folgende Nichtigkeitsvorschriften:

- Gemäß **§ 311b Abs. 2** kann sich der Schuldner nicht wirksam verpflichten, sein künftiges Vermögen zu übertragen.

- Gemäß **§ 311b Abs. 4** ist der Vertrag über den Nachlass eines noch lebenden Dritten nichtig. Solche Verträge wertet das Gesetz als sittlich anstößig. Sie stellen oft eine leichtsinnige Vermögensverschleuderung dar und greifen außerdem in die Testierfähigkeit des künftigen Erblassers ein.

- Gemäß **§ 276 Abs. 3** kann dem Schuldner nicht die Haftung für vorsätzliche Pflichtverletzungen im Voraus erlassen werden. Hierdurch würde ihm der Vertragspartner schutzlos ausgeliefert.

II. Verbot der Abänderung gesetzlicher Schutzvorschriften

18 Gesetzlich geregelte Verhaltenspflichten zum Schutz der Vertragspartner können nicht uneingeschränkt abgeändert werden. Soweit im Schuldrecht gesetzliche Regeln bestimmen, wie sich der Schuldner im Einzelnen zu verhalten hat, also Vertragspflichten konkretisiert werden, können die Parteien grundsätzlich eine davon abweichende Regelung treffen, doch ist eine Abänderung von Vorschriften, die dem Schutze des Vertragspartners (z.B. eines Verbrauchers) dienen, teilweise nur eingeschränkt möglich.

Beispiele: Gemäß § 474 Abs. 1 S. 1 sind Vereinbarungen unwirksam, die von den Vorschriften über den Verbrauchsgüterkauf zum Nachteil des Verbrauchers abweichen.

Bei Verwendung von Allgemeinen Geschäftsbedingungen sind die Möglichkeiten zur Abänderung des dispositiven Rechts durch die §§ 305 ff. eingeschränkt.

III. Verfügungsbeschränkungen

19 Die Verfügungsberechtigung des Rechtsinhabers kann gemäß § 137 S. 1 nicht mit – absoluter – Wirkung gegenüber allen Personen durch schuldrechtlichen Vertrag ausgeschlossen oder beschränkt werden (Ausnahme § 399). Der Rechtsinhaber kann sich aber

---

14 Erman/Armbrüster Vor § 145 Rn. 29; Staudinger/Bork Vorbem. zu §§ 145 ff. Rn. 22.

schuldrechtlich gegenüber einem anderen wirksam verpflichten, seine Verfügungsberechtigung nicht auszuüben (§ 137 S. 2). Beschränkbar ist also das Dürfen gegenüber dem Vertragspartner, nicht hingegen das Können in Beziehung zu Dritten.

Beispiel: Der Grundstückseigentümer E schließt mit seinem Nachbarn N aus Anlass der Bestellung eines Wegerechts zugunsten des E einen Vertrag ab, wonach E die Grundstücksveräußerung ohne Zustimmung des N untersagt ist. Nach einem Jahr veräußert E sein Grundstück an X.

1. Die Übertragung an X ist gemäß §§ 873, 925 wirksam, da die Untersagung der Veräußerung ohne Zustimmung des N gemäß § 137 S. 1 keine dingliche Wirkung hat.
2. E war jedoch dem N aufgrund der Vereinbarung schuldrechtlich verpflichtet, das Eigentum nicht zu übertragen. Diese Verpflichtung war gemäß § 137 S. 2 wirksam, da keine Anhaltspunkte für Nichtigkeitsgründe bestehen (z.B. §§ 134, 138). Durch das Zuwiderhandeln gegen diese Vertragspflicht hat sich E gegenüber N schadensersatzpflichtig gemacht.

2. Abschnitt: Rechtsgeschäftsähnliche Schuldverhältnisse

In rechtsgeschäftlichen Schuldverhältnissen werden Leistungspflichten (§ 241 Abs. 1) **20** zumindest einer Partei begründet. Daneben besteht gemäß § 241 Abs. 2 die allgemeine Pflicht zur Rücksichtnahme. Rechtsgeschäftsähnliche Schuldverhältnisse zeichnen sich dadurch aus, dass keine Leistungspflichten i.S.d. § 241 Abs. 1, sondern nur Rücksichtnahmepflichten i.S.d. § 241 Abs. 2 entstehen.

- Mit der **Aufnahme von Vertragsverhandlungen**, der **Anbahnung** eines Vertrags oder durch **ähnliche geschäftliche Kontakte** entsteht gemäß § 311 Abs. 2 ein rechtsgeschäftsähnliches Schuldverhältnis.

- Ein rechtsgeschäftsähnliches Schuldverhältnis kann gemäß § 311 Abs. 3 auch zu **Personen** bestehen, **die nicht selbst Vertragspartei** werden sollen.

Für das Entstehen rechtsgeschäftsähnlicher Schuldverhältnisse gelten die Regeln über Rechtsgeschäfte entsprechend. Tritt ein Vertreter auf, entsteht das rechtsgeschäftsähnliche Schuldverhältnis entsprechend § 164 Abs. 1 S. 1 grundsätzlich zwischen dem Vertretenen und dem Vertragspartner.

Gemäß § 311 Abs. 3 kann daneben auch ein Schuldverhältnis zwischen dem Vertreter und dem Vertragspartner entstehen, insbesondere dann, wenn der Vertreter in besonderem Maße persönliches Vertrauen in Anspruch genommen hat.

Die Haftung aus einem rechtsgeschäftsähnlichen Schuldverhältnis setzt Geschäftsfähigkeit des in Anspruch Genommenen voraus. Der Geschäftsunfähige haftet nicht; der beschränkt Geschäftsfähige haftet analog § 179 Abs. 3 S. 2 nur dann, wenn der gesetzliche Vertreter seinem Handeln zugestimmt hat.[15]

Der beschränkt Geschäftsfähige kann allerdings aus § 280 Abs. 1 anspruchsberechtigt sein, auch wenn er ohne Zustimmung des gesetzlichen Vertreters gehandelt hat.[16]

---

15 MünchKomm/Emmerich § 311 Rn. 59.
16 Für einen Anspruch aus c.i.c.: BGH NJW 1973, 1790, 1791.

A. Rechtsgeschäftsähnliche Schuldverhältnisse gemäß § 311 Abs. 2

21   § 311 Abs. 2 regelt in Nr. 1 und Nr. 2 zunächst die vorvertraglichen Schuldverhältnisse zwischen Parteien, die einen späteren Vertragsschluss zumindest ins Auge gefasst haben. Nr. 3 erfasst als genereller Tatbestand „ähnliche geschäftliche Kontakte". In den vorvertraglichen und „ähnlichen" Schuldverhältnissen bestehen Rücksichtnahmepflichten i.S.d. § 241 Abs. 2, insbesondere Aufklärungspflichten und eine allgemeine Nichtschädigungspflicht (Schutzpflicht). Eine Verletzung dieser Pflichten begründet einen Schadensersatzanspruch aus § 280 Abs. 1 – sofern sich der Schädiger nicht gemäß § 280 Abs. 1 S. 2 entlastet.

I. Aufnahme von Vertragsverhandlungen

22   **§ 311 Abs. 2 Nr. 1** erfasst alle rechtsgeschäftlichen Kontakte, die den Abschluss eines Vertrags zwischen den Parteien zum Ziel haben.[17] Auch wenn die Aufnahme von Vertragsverhandlungen auf den späteren Vertragsschluss zielt, ist sie **selbst keine rechtsgeschäftliche Handlung**, sondern ein **Realakt**. Es handelt sich um einen Spezialfall der in Nr. 2 geregelten Vertragsanbahnung.

II. Vertragsanbahnung

23   Bei der Vertragsanbahnung i.S.d. **§ 311 Abs. 2 Nr. 2** bestehen (noch) **keine Verhandlungen**. Es handelt sich hier insbesondere um Fälle, in denen ein Unternehmer sein Geschäftslokal für den Verkehr öffnet, um potenziellen Kunden die **Möglichkeit der Kontaktaufnahme** und zum Vertragsschluss zu geben.[18] Darüber hinaus sind Fälle erfasst, bei denen rechtsgeschäftliche Kontakte bestehen, die aber noch nicht als Vertragsverhandlungen i.S.d. Nr. 1 angesehen werden können.[19]

- Für eine Vertragsanbahnung reichen auch unverbindliche Gespräche oder ein Informationsbesuch wie bei einem Kaufhausbummel. Erforderlich ist aber, dass ein **Vertragsschluss ins Auge gefasst** wird.

  Deshalb kann z.B. derjenige, der ein Kaufhaus oder eine Gaststätte nur deshalb betritt, um sich vor Regen zu schützen oder aufzuwärmen, bei einer Schädigung keinen Anspruch aus einer Verletzung vorvertraglicher Pflichten geltend machen.[20]

  Allein die Herstellung eines sozialen Kontakts, ein **Zusammentreffen auf gesellschaftlicher Ebene, genügt nicht**.[21]

- Gemäß § 311 Abs. 2 Nr. 2 ist nur die Vertragsanbahnung relevant, bei der die genannten **Einwirkungsmöglichkeiten** bestehen. An dieses Erfordernis sind keine hohen Anforderungen zu stellen. Entgegen dem Wortlaut ist es nicht erforderlich, dass eine Partei die Einwirkungsmöglichkeit durch eine besondere Handlung „ge-

---

17   Erman/Kindl § 311 Rn. 20.
18   Palandt/Grüneberg § 311 Rn. 23; Erman/Kindl § 311 Rn. 21.
19   Erman/Kindl § 311 Rn. 21.
20   Palandt/Grüneberg § 311 Rn. 23.
21   Palandt/Grüneberg § 311 Rn. 24.

währt".[22] Es reicht, wenn sich diese Einwirkungsmöglichkeit als Folge der Vertragsanbahnung ergibt.

Nach den Grundsätzen über den **Vertrag mit Schutzwirkung zugunsten Dritter** können Dritte in den Schutzbereich des bei der Vertragsanbahnung entstehenden vorvertraglichen Schuldverhältnisses einbezogen sein.[23]

    24

Beispiel: M kauft in Begleitung ihrer 14-jährigen Tochter T im Tapetengeschäft des S ein. T wird durch ein umstürzendes Regal verletzt. Sie verlangt Schadensersatz.

I. Ein Anspruch der T gegen S aus § 280 Abs. 1 wegen Verletzung von Pflichten eines vorvertraglichen Schuldverhältnisses zwischen T und S besteht nicht, da T den Laden nicht in der Absicht betreten hat, einen Kaufvertrag abzuschließen. Sie kam als möglicher Kunde nicht in Betracht.[24]

II. T hat einen Anspruch gegen S aus § 280 Abs. 1 wegen der Verletzung von Pflichten aus dem gemäß § 311 Abs. 2 Nr. 2 entstandenen vorvertraglichen Schuldverhältnis zwischen S und der Mutter M. T ist nach den Grundsätzen über den Vertrag mit Schutzwirkung zugunsten Dritter in den Schutzbereich dieses Schuldverhältnisses einbezogen worden.[25]

III. Ähnliche geschäftliche Kontakte

Damit sind vor allem Kontakte gemeint, bei denen noch kein Vertrag angebahnt wird, ein solcher aber vorbereitet werden soll.[26] Darüber hinaus hat **§ 311 Abs. 2 Nr. 3** die Funktion eines **Auffangtatbestandes**.[27] Insbesondere entsteht ein rechtsgeschäftsähnliches Schuldverhältnis auch bei einem nichtigen Vertrag.

    25

Allein durch die unberechtigte Inanspruchnahme wegen einer Forderung entsteht dagegen kein rechtsgeschäftsähnliches Schuldverhältnis.[28]

1. Nichtige Verträge

Auch wenn die Parteien einen nichtigen Vertrag abschlossen haben, besteht zwischen ihnen ein Schuldverhältnis. Dieses beinhaltet wegen der Vertragsnichtigkeit zwar keine Leistungspflichten, es bestehen aber Pflichten zur Rücksichtnahme i.S.d. § 241 Abs. 2, insbesondere Schutzpflichten.[29]

    26

2. Gefälligkeitsverhältnisse nur mit Rücksichtnahmepflichten

Reine Gefälligkeiten alltäglicher Art werden ohne Rechtbindungswillen getätigt und begründen keine rechtsgeschäftlichen Beziehungen.[30]

    27

Dagegen ist bei den Gefälligkeitsverträgen (Schenkung, Leihe, Verwahrung, Auftrag) ein Rechtsbindungswille vorhanden. Es bestehen Leistungspflichten (§ 241 Abs. 1) und Rücksichtnahmepflichten (§ 241 Abs. 2).

---

22 BeckOK BGB/Gehrlein/Sutschet § 311 Rn. 47; Erman/Kindl § 311 Rn. 21.

23 Palandt/Grüneberg § 311 Rn. 23.

24 BGHZ 66, 51, 54.

25 Vgl. im Einzelnen: AS-Skript Schuldrecht AT 2 (2016), Rn. 163 ff.

26 BT-Drs. 14/6040 S. 163.

27 BeckOK BGB/Gehrlein/Sutschet § 311 Rn. 49.

28 BGH, Urt. v. 12.12.2006 – VI ZR 224/05, Rn. 13, NJW 2007, 1458.

29 BGH, Urt. v. 28.07.2005 – III ZR 290/04, WM 2005, 1998; MünchKomm/Roth § 241 Rn. 39.

30 Siehe AS-Skript BGB AT 1 (2017), Rn. 44 ff.

In der Literatur wird teilweise vertreten, dass es außer den alltäglichen Gefälligkeiten und den Gefälligkeitsverträgen noch Gefälligkeitsverhältnisse gibt, in denen zwar keine Leistungspflichten, wohl aber Rücksichtnahmepflichten gemäß § 241 Abs. 2 bestehen.[31] Folgt man dieser Ansicht, sind die Gefälligkeitsverhältnisse rechtsgeschäftsähnliche Schuldverhältnisse gemäß § 311 Abs. 2 Nr. 3.

Die h.M. lehnt dagegen ein Gefälligkeitsverhältnis, das lediglich Rücksichtnahmepflichten begründet, ab.[32] Ein ohne Rechtsbindungswillen eingegangenes Gefälligkeitsverhältnis könne eine an das Vertragsrecht angelehnte Haftung nicht begründen.[33]

> **Fall 1: Probefahrt mit Problemen**
>
> Der 18-jährige A überließ dem gleichaltrigen B einen ihm gehörenden Motorroller für eine Probefahrt, die nicht mit Kaufverhandlungen im Zusammenhang stand. Auf dieser Fahrt überließ der B dem D den Roller. Während D fuhr, kam es ohne dessen Verschulden zu einem Unfall, bei dem der Roller erheblich beschädigt wurde. A hatte dem B die Überlassung des Rollers an einen Dritten nicht erlaubt. Hat A gegen B einen Schadensersatzanspruch?

28 I. A könnte gegen B einen Schadensersatzanspruch aus **§ 280 Abs. 1** haben.

Dann müsste zwischen A und B ein Schuldverhältnis bestanden haben.

1. A und B könnten einen Leihvertrag abgeschlossen haben. Wenn ein Leihvertrag vereinbart worden wäre, hätte B schuldhaft gegen die Verpflichtung aus § 603 S. 2, die Leihsache nicht weiter zu überlassen, verstoßen und würde dem A aus § 280 Abs. 1 haften.[34]

   Ausdrücklich ist eine Leihe nicht vereinbart worden. Es könnte aber konkludent eine Leihe vereinbart worden sein. Dies ist durch Auslegung zu ermitteln. Auslegungskriterien sind insbesondere der Wert der anvertrauten Sache, die wirtschaftliche Bedeutung der Angelegenheit und ein erkennbares Interesse des Begünstigten an einer rechtlichen Bindung.

   Hier spricht ausschließlich der nicht unerhebliche Wert des Rollers für einen Rechtsbindungswillen. Die Gebrauchsüberlassung hatte keine wirtschaftliche Bedeutung. Auch ist kein Interesse des B an einer vertraglichen Verpflichtung zur Gebrauchsüberlassung erkennbar. A und B haben daher keinen rechtlich bindenden Leihvertrag abgeschlossen.

2. Es könnte ein Gefälligkeitsverhältnis bestanden haben, in dem keine Leistungspflichten, sondern nur Rücksichtnahmepflichten gemäß § 241 Abs. 2 bestehen. Ein solches Gefälligkeitsverhältnis könnte ein Schuldverhältnis gemäß § 311 Abs. 2 Nr. 3 darstellen.

---

31 Brox/Walker § 2 Rn. 14, 30.
32 Jauernig/Mansel § 241 Rn. 25; Looschelders Rn. 97
33 BGH, Urt. v. 04.08.2010 – XII ZR 118/08, RÜ 2010, 616.
34 BGH, Urt. v. 04.08.2010 – XII ZR 118/08, RÜ 2010, 616.

a) Ein Teil der Literatur[35] nimmt an, dass Gefälligkeitsverhältnisse bestehen kön-   **29**
nen, die ausschließlich Rücksichtnahmepflichten beinhalten. Die Ansicht wird
damit begründet, dass von der Rechtsprechung häufig Vertragsschlüsse fin-
giert würden, nur um zu einer vertraglichen Haftung zu kommen. Gefälligkeitsverhältnisse, die ausschließlich Rücksichtnahmepflichten beinhalten, würden
Schuldverhältnisse gemäß § 311 Abs. 2 Nr. 3 begründen.

Für die Abgrenzung zwischen einer rechtlich nicht relevanten reinen Gefälligkeit und einem Gefälligkeitsverhältnis mit Rücksichtnahmepflichten ist durch
Auslegung zu ermitteln, ob sich die Parteien über das Entstehen von Rücksichtnahmepflichten geeinigt haben. Für die Ermittlung von Rücksichtnahmepflichten spielt bei einer Gebrauchsüberlassung der Wert der anvertrauten Sache
eine entscheidende Rolle. Nach der Literaturansicht ist ein Gefälligkeitsverhältnis mit Rücksichtnahmepflichten und damit ein Schuldverhältnis zu bejahen.

b) Die h.M. lehnt dagegen Gefälligkeitsverhältnisse mit ausschließlich Rücksicht-   **30**
nahmepflichten ab. Eine Gefälligkeit, die mangels Rechtsbindungswillen keine
Leistungspflichten begründe, könne kein rechtsgeschäftsähnliches Schuldverhältnis mit einer an das Vertragsrecht angelehnten Haftung begründen.[36]

c) Jedenfalls im vorliegenden Fall ist der letztgenannten Ansicht zu folgen. § 311   **31**
Abs. 2 Nr. 3 setzt „ähnliche **geschäftliche** Kontakte" voraus. Ein geschäftlicher
Kontakt besteht zwischen A und B aber nicht. Die Überlassung des Rollers war
eine rechtlich nicht bindende Gefälligkeit, die kein Schuldverhältnis begründet
hat.

Es besteht kein Anspruch aus § 280 Abs. 1.

II. A hat gegen B auch keinen Anspruch aus **§ 823 Abs. 1**. Die Überlassung des Rollers
an D hat nur mittelbar zu einer Eigentumsverletzung geführt. Die Beschädigung ist
dem B nur zurechenbar, wenn er objektiv pflichtwidrig gehandelt hat. Eine Pflicht,
den Roller nicht an einen Dritten zu überlassen, bestand für B nicht, da kein Leihvertrag abgeschlossen wurde und deswegen § 603 S. 2 nicht eingreift.

III. Ein Anspruch des A gegen B aus **§ 831** besteht nicht, da D nicht Verrichtungsgehilfe
des B war.

---

3. Verhältnis zwischen dem Versprechenden und dem Dritten beim Vertrag zugunsten Dritter

Bei einem Vertrag zugunsten Dritter (§ 328) bestehen nicht nur zwischen dem Verspre-   **32**
chenden und dem Versprechensempfänger, sondern **auch zwischen dem Verspre-
chenden und dem Dritten schuldrechtliche Beziehungen**.

---

35 Jauernig/Mansel § 241 Rn. 24.
36 BGH, Urt. v. 04.08.2010 – XII ZR 118/08, RÜ 2010, 616.

Beispiel: V verkaufte K formgerecht ein Grundstück unter Ausschluss der Gewährleistung. In dem Vertrag wurde vereinbart, dass K die Kosten für den von V beauftragten Makler M übernehmen sollte. M sollte ein eigener Anspruch gegen K zustehen. M hatte sowohl Kenntnis von dem Gewährleistungsausschluss als auch von der Tatsache, dass das auf dem Grundstück befindliche Haus mit Hausbock befallen war. V und K einigen sich in einem Vergleich über die Rückabwicklung des Kaufvertrags. K verlangt von M Rückzahlung des Maklerlohns.

I. K hat gegen M einen Rückzahlungsanspruch aus § 280 Abs. 1.
1. K und M haben keinen Maklervertrag geschlossen. M hatte aber einen Provisionsanspruch gegen K, da zwischen V und K ein Vertrag zugunsten Dritter geschlossen wurde. Zwischen M und K bestand daher ein Schuldverhältnis gemäß § 311 Abs. 2 Nr. 3.
2. Der Vertrag zugunsten Dritter führt nicht nur zu einer Berechtigung des M, sondern auch zur Entstehung von Rücksichtnahmepflichten.[37] Da M Kenntnis von dem Hausbockbefall und dem Gewährleistungsausschluss hatte, traf ihn eine Aufklärungspflicht, die er verletzt hat.
3. Da sich M nicht gemäß § 280 Abs. 1 S. 2 entlastet hat, ist er gemäß § 280 Abs. 1 zum Ersatz des durch die Pflichtverletzung entstandenen Schadens verpflichtet. Hätte M seine Aufklärungspflicht erfüllt, hätte K den Vertrag nicht abgeschlossen und der Anspruch auf den Maklerlohn wäre nicht entstanden. K kann von M Rückzahlung verlangen.
II. K steht darüber hinaus aber gegen M kein Rückzahlungsanspruch aus § 812 Abs. 1 S. 1 Alt. 1 zu.
M hat zwar einen Vermögensvorteil in Höhe des Maklerlohns erlangt, K hat aber nicht an M geleistet. Beim Vertrag zugunsten Dritter leistet der Versprechende nämlich grundsätzlich an den Versprechensempfänger und nicht an den Dritten. Ein Ausnahmefall (Lebensversicherung/Leibrente i.S.d. § 330 oder § 335 abbedungen) greift hier nicht ein.[38]

B. Schuldverhältnis mit Dritten

33   Regelmäßig kommt das vorvertragliche Schuldverhältnis zwischen den Personen zustande, die Vertragspartei werden sollen. **§ 311 Abs. 3** stellt klar, dass Schuldverhältnisse auch mit Personen bestehen können, „die nicht selbst Vertragspartei werden sollen". Bei diesen Personen handelt es sich insbesondere um **Vertreter oder Verhandlungsgehilfen einer Partei**.

■ Rechtsgeschäftsähnliche Schuldverhältnisse mit Dritten bestehen, wenn diese Personen **in besonderem Maße Vertrauen für sich in Anspruch genommen** hatten.

■ Nach der h.M. können Dritte auch dann wegen der Verletzung von Pflichten aus einem rechtsgeschäftsähnlichen Schuldverhältnis haften, wenn sie ein **eigenes wirtschaftliches Interesse am Vertragsschluss** hatten. Diese Fallgruppe ist nicht ausdrücklich in § 311 Abs. 3 genannt. Dies ist aber auch nicht erforderlich, da im Gesetz die Inanspruchnahme persönlichen Vertrauens nur als eine Möglichkeit („insbesondere") genannt ist.

■ Der Wortlaut des § 311 Abs. 3 lässt offen, ob sich aus dieser Norm auch Berechtigungen Dritter herleiten lassen.

■ Umstritten ist, ob § 311 Abs. 3 als Grundlage einer allgemeinen Haftung für Angehörige bestimmter Berufe, die nach ihrem Berufsbild eine besondere Vertrauenswürdigkeit in Anspruch nehmen, angesehen werden kann.

---

37 BGH, Urt. v. 22.09.2005 – III ZR 295/04, NJW 2005, 3778, 3779.
38 Wälzholz DNotZ 2006, 185, 189.

I. Inanspruchnahme des Vertrauens in besonderem Maße

Ein Schuldverhältnis gemäß § 311 Abs. 3 entsteht vor allem dann, wenn ein Vertreter **34** oder Verhandlungsführer (Sachwalter) für den späteren Vertragspartner auftritt und dabei in besonderem Maße das Vertrauen der anderen Vertragspartei in Anspruch nimmt. Für diese Fallgruppe reicht es nicht aus, dass der Vertreter den Eindruck eigener Sachkunde erweckt. Der Vertragspartner kann ohnehin erwarten, dass ein qualifizierter Vertreter eingesetzt wird. Eine Eigenhaftung des Vertreters kommt nur in Betracht, wenn er eine zusätzliche, von ihm persönlich ausgehende **Gewähr für die Erfüllung des Geschäfts bietet**, die für den Willensentschluss des anderen Teils bedeutsam ist.[39]

Die Haftung des Dritten wegen der Inanspruchnahme besonderen persönlichen Ver- **35** trauens ist ausnahmsweise **bejaht** worden:

- bei **Gebrauchtwagenhändlern**, die das Fahrzeug im Namen des Vorbesitzers verkaufen. In diesen Fällen kommt der Käufer mit dem eigentlichen Verkäufer regelmäßig nicht in Kontakt und kann Vertrauen nur dem Händler entgegenbringen.[40]

- bei einem **Unternehmenssanierer**, weil dieser typischerweise besondere unternehmerische Fähigkeiten und besondere persönliche Zuverlässigkeit in Anspruch nimmt.[41]

- bei **besonderen persönlichen Beziehungen** (enge Verwandtschaft und langjährige Geschäftsbeziehung;[42] intimes Verhältnis[43]).

- bei **ganz außergewöhnlicher Sachkunde** des Vertreters, der in ein beabsichtigtes Vertragswerk auch persönlich eingebunden werden sollte.[44]

- bei **persönlichen Zusicherungen** des Vertreters.[45]

Weitaus häufiger wird in der Rechtsprechung allerdings eine Haftung wegen der Inan- **36** spruchnahme besonderen persönlichen Vertrauens **abgelehnt**:

- Allein eine besondere Sachkunde reicht nicht aus.[46]

- Angestellte oder Versicherungsvertreter bieten regelmäßig keine über das normale Verhandlungsvertrauen hinausgehende Gewähr für die Erfüllung des Vertrags.[47]

- Es reicht auch nicht aus, dass aufgrund **mehrerer zuvor abgewickelter Geschäfte und privater Kontakte** eine Vertrauensbeziehung entstanden ist, da diese keine über das normale Verhandlungsvertrauen hinausgehende zusätzliche Gewähr bietet.[48]

---

39 Palandt/Grüneberg § 311 Rn. 63; BeckOK BGB/Gehrlein/Sutschet § 311 Rn. 115.

40 BGH, Urt. v. 16.12.2009 – VIII ZR 38/09, RÜ 2010, 144.

41 BGH WM 1990, 966.

42 BGHZ 87, 27.

43 BGH WM 1990, 2039.

44 BGH NJW-RR 1990, 614.

45 BGH, Urt. v. 13.12.2005 – KZR 12/04, NJW-RR 2006, 993.

46 BGH WM 1993, 295, 298.

47 BGH NJW-RR 1991, 1241, 1242.

48 BGH WM 1992, 699, 701.

- Auch der **Alleingeschäftsführer und Alleingesellschafter** einer GmbH nimmt i.d.R. kein besonderes persönliches Vertrauen in Anspruch.[49]

- Die **Stellung als Rechtsanwalt und Betreuer des Vertretenen** reicht allein nicht für die Inanspruchnahme besonderen persönlichen Vertrauens aus.[50]

II. Eigenes wirtschaftliches Interesse am Vertragsschluss

37 Nach der h.M. haftet ein **Dritter** (insbesondere der Vertreter einer Partei) gegenüber dem Vertragspartner auch dann, wenn er ein so starkes eigenes wirtschaftliches Interesse am Vertragsschluss hat, dass **bei wirtschaftlicher Betrachtungsweise** in Wahrheit er der **Vertragspartner ist**. Er muss eine so enge Beziehung zum Gegenstand der Vertragsverhandlungen haben, dass er wirtschaftlich praktisch in eigener Sache beteiligt ist.[51]

Die Gegenansicht lehnt eine Haftung wegen wirtschaftlichen Eigeninteresses ab.[52] Allein ein starkes wirtschaftliches Interesse könne keine ausreichende Grundlage für eine Vertrauenshaftung sein.

38 Die Haftung wegen wirtschaftlichen Eigeninteresses wurde in der Rechtsprechung in folgenden Fällen **bejaht**:

- Ein **Ehegatte** führt das Geschäft des anderen wie sein eigenes.[53]

- Der **Vertrag** wird **nur zum Schein mit dem Vertretenen** geschlossen, tatsächlich soll der Vertreter berechtigt und verpflichtet sein.[54]

- Der Gebrauchtwagenhändler **verkauft** ein in Zahlung genommenes Fahrzeug **für eigene Rechnung**.[55]

39 Unter Betonung des Ausnahmecharakters einer Eigenhaftung des Vertreters wird in der Rechtsprechung in den häufigsten der entschiedenen Fälle ein ausreichendes wirtschaftliches Eigeninteresse **verneint**:

- Ein **bloß mittelbares wirtschaftliches Interesse** des Vertreters am Abschluss des Vertrags – etwa das Provisionsinteresse des Handelsvertreters – reicht nicht aus.[56]

- Angestellte, Vermittler, Handlungsbevollmächtigte oder Versicherungsagenten haften grundsätzlich nicht.[57]

- Auch das **allgemeine Interesse**, das jeder **Gesellschafter** an den Geschäften „seiner" Gesellschaft hat, kann keine Haftung aus § 280 Abs. 1 begründen, nicht einmal dann, wenn der Gesellschafter persönlich mithaftet.[58]

---

49 BGH NJW-RR 1991, 1312; BGHZ 126, 181, 189.
50 BGH NJW 1995, 1213.
51 BGH, Urt. v 25.04.2006 – X ZR 198/04, NJW 2006, 2321; Palandt/Grüneberg § 311 Rn. 61.
52 Canaris VersR 1965, 114, 118; Schulze JuS 1983, 81, 82; Steininger BB 1986, 1045.
53 BGHZ 14, 313, 318.
54 BGH, Urt. v. 13.06.2002 – VII ZR 30/01, ZIP 2002, 1771.
55 BGHZ 87, 302, 304.
56 BGH NJW-RR 1992, 605.
57 Palandt/Grüneberg § 311 Rn. 62.
58 BGHZ 126, 181, 189.

Nach der früheren Rechtsprechung konnte der **Alleingeschäftsführer und Alleinge-sellschafter** einer GmbH wegen wirtschaftlichen Eigeninteresses wegen vorvertraglicher Pflichtverletzung (c.i.c.) haften, insbesondere dann, wenn er für die Schulden der GmbH persönlich Sicherheiten gestellt und somit „seine wirtschaftliche Existenz weitgehend mit dem Erfolg der Gesellschaft verknüpft" hatte.[59] Diese Rechtsprechung hat der BGH aufgegeben.[60] Die Haftung würde auch bei einer wirtschaftlich gesunden GmbH eingreifen. Dies ist aber weder gerechtfertigt noch im Interesse der Gläubiger notwendig. Die Haftung des Geschäftsführers kann sich in diesen Fällen nur aus anderen Gesichtspunkten ergeben, insbesondere wegen einer Verletzung der Insolvenzantragspflicht aus § 823 Abs. 2 i.V.m. § 15a Abs. 1 S. 1 InsO.

III. Berechtigungen Dritter

In den oben aufgeführten Fällen geht es um die Frage, ob der Dritte dem Vertragspartner gegenüber wegen der Verletzung von Pflichten aus einem rechtsgeschäftsähnlichen Schuldverhältnis haftet. § 311 Abs. 3 S. 1 ist in der Formulierung allerdings weiter. Wenn ein rechtsgeschäftsähnliches Schuldverhältnis auch zu Personen entstehen kann, die nicht Vertragspartner sind, lässt dies auch den Schluss zu, dass Dritte aus einem Vertrag berechtigt sind.

40

Beispiel: M hat Gewerberaum von V gemietet. M kauft von D Waren unter Eigentumsvorbehalt. Aufgrund eines Mangels der Mietsache werden diese Sachen beschädigt.

Der Vermieter V haftet dem Vorbehaltseigentümer D gemäß § 536a i.V.m. den Grundsätzen über den Vertrag mit Schutzwirkung zugunsten Dritter.
I. D kommt mit der Leistung des Schuldners V bestimmungsgemäß in Kontakt.
II. Der Gläubiger M hat ein Interesse an der Einbeziehung des Dritten D in den Schutzbereich des Vertrags.
III. Die Einbeziehung des D war für den Schuldner V erkennbar.

Ob die Grundsätze des **Vertrags mit Schutzwirkung zugunsten Dritter in § 311 Abs. 3** gesetzlich **geregelt** sind, ist **umstritten**.

- Teilweise wird angenommen, der Vertrag mit Schutzwirkung zugunsten Dritter sei unter § 311 Abs. 3 einzuordnen. Der Wortlaut des § 311 Abs. 3 S. 1 beschränke sich nicht auf die Haftung eines Dritten. Auch der Gesetzgeber habe die Möglichkeit der Eingliederung der Drittberechtigung unter § 311 Abs. 3 ausdrücklich offengelassen.[61]

- Mit der h.M. ist jedoch davon auszugehen, dass der Vertrag mit Schutzwirkung zugunsten Dritter nicht in § 311 Abs. 3 geregelt ist.[62] Die Voraussetzungen der Einbeziehung ergeben sich nicht aus § 311 Abs. 3. Der Vertrag mit Schutzwirkung steht in einem engen Sachzusammenhang mit dem Vertrag zugunsten Dritter und müsste – wenn überhaupt – bei § 328 geregelt werden.[63]

---

59 BGH NJW 1988, 2234, 2235.
60 BGHZ 126, 181; BGH ZIP 1995, 31.
61 Schwab JuS 2002, 872, 873; Eckebrecht MDR 2002, 425; Teichmann BB 2001, 1485, 1492.
62 OLG Hamm, Urt. v. 29.05.2013 – 12 U 178/12, RÜ 2013, 545; Palandt/Grüneberg § 311 Rn. 60.
63 BeckOK BGB/Gehrlein/Sutschet § 311 Rn. 121; Brors ZGS 2005, 142, 148.

IV. Berufshaftung

41 In der Literatur wird vertreten, dass sich aus § 311 Abs. 3 die Haftung bestimmter Berufsgruppen gegenüber Dritten ergeben kann. Rechtsanwälte, Steuerberater, Wirtschaftsprüfer, Sachverständige und Gutachter (auch Ärzte) würden Dritten gegenüber für die Richtigkeit ihrer Auskünfte, Gutachten und Testate haften, da sie nach ihrem Berufsbild eine besondere Vertrauenswürdigkeit in Anspruch nähmen.[64]

Nach der Rechtsprechung ergibt sich eine Haftung dieser Berufsgruppen unter den Voraussetzungen eines Vertrags mit Schutzwirkung zugunsten Dritter. Das dafür erforderliche Einbeziehungsinteresse sei durch Auslegung zu ermitteln. Es wird allein aufgrund der objektivierten Interessenlage bejaht und wesentlich auf die besondere staatlich anerkannte Sachkunde gestützt.[65]

Für diese Ansicht spricht, dass allein das Kriterium der Inanspruchnahme besonderen Vertrauens für alle Fälle der Berufshaftung zu unbestimmt und zu weit ist. Insbesondere müsste der Personenkreis der Anspruchsberechtigten eingegrenzt werden. Diese einschränkende Funktion erfüllen die Voraussetzungen eines Vertrags mit Schutzwirkung zugunsten Dritter besser als das allgemeine Erfordernis der Inanspruchnahme besonderen Vertrauens.

3. Abschnitt: Gesetzliche Schuldverhältnisse

A. Gesetzliche Schuldverhältnisse im Schuldrecht

Die wichtigsten gesetzlichen Schuldverhältnisse aus dem Bereich des Schuldrechts sind:

42 ■ Die **Geschäftsführung ohne Auftrag**, §§ 677 ff.

Der Geschäftsführer ist gegenüber dem Geschäftsherrn verpflichtet, die Geschäfte sorgfältig wahrzunehmen, damit der Geschäftsherr keinen Schaden an seinen Rechtsgütern erleidet. Außerdem ist er gemäß §§ 681, 666, 667 verpflichtet, Auskunft zu erteilen und das durch die Geschäftsführung Erlangte herauszugeben. Der Geschäftsherr muss dem Geschäftsführer die erforderlichen Aufwendungen ersetzen.[66]

■ Die **ungerechtfertigte Bereicherung**, §§ 812 ff.

Der Anspruchsgegner, der etwas – einen Vermögenswert – durch Leistung oder in sonstiger Weise auf Kosten des Anspruchstellers rechtsgrundlos erlangt hat, muss das Erlangte gemäß § 812 Abs. 1 S. 1 herausgeben und gemäß § 818 Abs. 2 die gezogenen Nutzungen ersetzen und die Surrogate herausgeben.

■ Die **unerlaubte Handlung**, §§ 823 ff.

Der Anspruchsteller kann vom Anspruchsgegner Schadensersatz verlangen, wenn der Anspruchsgegner durch sein rechtswidriges schuldhaftes Handeln in § 823 Abs. 1 geschützte Rechtsgüter verletzt oder schuldhaft ein Schutzgesetz missachtet hat, § 823 Abs. 2.

---

64 MünchKomm/Emmerich § 311 Rn. 195.
65 BGH, Urt. v. 14.06.2012 – XI ZR 145/11, BGHZ 193, 297, 315.
66 Siehe AS-Skript Schuldrecht BT 3 (2017), Rn. 64.

Die allgemeine Pflicht, sich so zu verhalten, dass die Rechtsgüter eines anderen nicht verletzt werden, begründet noch kein gesetzliches Schuldverhältnis. Erst mit Verwirklichung des Tatbestandes entsteht zwischen den bestimmten Personen – Schädiger und Geschädigter – eine Sonderbeziehung, die den Schädiger zum Schadensersatz verpflichtet und dem Geschädigten Obliegenheiten auferlegt, nämlich den Schaden möglichst gering zu halten (§ 254 Abs. 2).

B. Gesetzliche Schuldverhältnisse im Sachenrecht

Auch im Sachenrecht bestehen Regelungen, die Pflichten zwischen Personen regeln und damit ein Schuldverhältnis begründen. Dingliche Ansprüche bestehen dagegen aufgrund einer besonderen Beziehung zu einer Sache. Es besteht kein Schuldverhältnis zwischen Anspruchsteller und dem Verpflichteten. Umstritten ist, ob das nachbarrechtliche Gemeinschaftsverhältnis ein gesetzliches Schuldverhältnis begründet. **43**

Die Vorschriften des Sachenrechts begründen ein gesetzliches Schuldverhältnis, wenn darin bestimmt ist, dass eine Person einer anderen gegenüber zur Leistung verpflichtet ist oder Verhaltenspflichten zu beachten hat. Nachstehend aufgeführte Vorschriften begründen ein **gesetzliches Schuldverhältnis**: **44**

- Die Regeln über den **Fund** gemäß §§ 965 ff.

  Der Finder ist gemäß § 965 zur Anzeige, gemäß § 966 zur Aufbewahrung und gemäß § 967 zur Ablieferung verpflichtet, und er haftet im Falle der Verletzung dieser Pflichten auf Schadensersatz, doch hat er gemäß § 968 nur Vorsatz und grobe Fahrlässigkeit zu vertreten.

- Die Vorschriften, die das Verhältnis des **unrechtmäßigen Besitzers** zum Eigentümer regeln, begründen zwischen dem unrechtmäßigen Besitzer, der dem Eigentümer gegenüber verantwortlich ist, ein gesetzliches Schuldverhältnis.

  Der unrechtmäßige bösgläubige Besitzer muss dem Eigentümer Schadensersatz leisten, wenn er die Verschlechterung, den Untergang oder die Unmöglichkeit der Herausgabe verschuldet hat.

- Zwischen dem Eigentümer und dem **Nießbraucher** wird durch § 1030 ein gesetzliches Schuldverhältnis begründet. Der Nießbraucher ist verpflichtet, die bisherige wirtschaftliche Bestimmung der Sache aufrechtzuerhalten und nach den Regeln der ordnungsmäßigen Wirtschaft zu verfahren, § 1036; er muss die Sache erhalten, § 1041; es besteht eine Anzeigepflicht gemäß § 1042. Im Falle der Pflichtverletzung ist er zum Schadensersatz gemäß § 280 Abs. 1 verpflichtet.

- Bei einer **Grunddienstbarkeit** besteht zwischen den Eigentümern des dienenden und herrschenden Grundstücks ein gesetzliches Schuldverhältnis. Der Eigentümer des herrschenden Grundstücks ist dem Eigentümer des dienenden Grundstücks gemäß § 1020 zur schonenden Rechtsausübung verpflichtet.[67]

---

67 BGHZ 95, 144, 146 mit Anm. Schreiber JR 1986, 110.

■ Zwischen dem **Verpfänder und dem Pfandgläubiger** besteht wegen § 1215 ein gesetzliches Schuldverhältnis. Nach § 1215 ist der Pfandgläubiger zur Verwahrung des Pfands verpflichtet; die Pflichtverletzung löst einen Schadensersatzanspruch gemäß § 280 Abs. 1 aus.[68]

45 Der dingliche Anspruch besteht nur, wenn der Anspruchsteller und der in Anspruch Genommene die gesetzlich vorgeschriebene Beziehung zu einer Sache haben. Entfällt diese Sachbeziehung, so entfällt auch der Anspruch und es entstehen grundsätzlich keine Ersatz- bzw. Rückabwicklungsansprüche.

Beispiele:

1. Der Anspruch aus § 861 besteht nur, wenn der Anspruchsteller einmal Besitzer war und der Anspruchsgegner noch Besitzer ist. Verliert er den Besitz, so entfällt der Herausgabeanspruch und es entstehen keine Ersatzansprüche.

2. Der Herausgabeanspruch aus § 985 besteht nur, wenn der Anspruchsteller Eigentümer und der in Anspruch Genommene Besitzer der Sache ist. Mit dem Verlust des Eigentums entfällt die Anspruchsberechtigung, mit dem Verlust des Besitzes die Herausgabepflicht. Der Besitzer haftet grundsätzlich nicht wegen des Besitzverlustes. Nur der verklagte oder bösgläubige Besitzer ist gemäß §§ 989, 990 zum Schadensersatz verpflichtet.

3. Der Anspruch auf Duldung der Zwangsvollstreckung gemäß § 1147 besteht nur, solange der Anspruchsteller dinglich Berechtigter – Hypotheken- oder Grundschuldgläubiger – und der in Anspruch Genommene Eigentümer ist. Verliert der in Anspruch Genommene das Eigentum, so entfällt der Duldungsanspruch gegen ihn; Anspruchsverpflichteter ist der neue Eigentümer. Es entstehen gegen den bisherigen Eigentümer keine Ersatzansprüche.

4. Das Gleiche gilt für den Grundbuchberichtigungsanspruch aus § 894 und den Anspruch des Vormerkungsberechtigten aus § 888.

Im Gegensatz dazu begründet der schuldrechtliche Anspruch eine Beziehung von Person zu Person. Diese Beziehung dauert so lange fort, bis der Anspruch erfüllt worden oder ein vereinbarter bzw. gesetzlicher Beendigungsgrund eingetreten ist. Die Nichterfüllung des Anspruchs löst unter den vereinbarten oder gesetzlichen Voraussetzungen Ersatz- bzw. Rückabwicklungsansprüche aus.[69]

Die rechtlichen Beziehungen zwischen Grundstücksnachbarn sind insbesondere in den §§ 905 ff. geregelt. Aber auch zwischen Grundstücksnachbarn besteht eine Pflicht zur gegenseitigen Rücksichtnahme, deren Auswirkungen auf den konkreten Fall man unter dem Begriff des **nachbarrechtlichen Gemeinschaftsverhältnisses** zusammenfasst.[70] **Umstritten** ist, **ob** das nachbarrechtliche Gemeinschaftsverhältnis ein **gesetzliches Schuldverhältnis** begründet.

■ Ein Teil der Literatur nimmt ein gesetzliches Schuldverhältnis an, da das Nebeneinander von Grundstücken eine Interessen- und Konfliktlage schaffe, die rechtlich nur durch wechselseitige Rücksichtnahmepflichten der Grundstücksnachbarn angemessen erfasst werden könne, die auch in den §§ 906 ff. teilweise ihren Niederschlag gefunden hätten. Das Nachbarschaftsverhältnis enthalte damit über die allgemeinen

---

68 MünchKomm/Damrau § 1217 Rn. 5.

69 Zur Anwendbarkeit der Regeln des Schuldrechts, insbes. des Verzugs auf dingliche Ansprüche s.u. Rn. 235.

70 BGH, Urt. v. 11.07.2003 – V ZR 199/02, WM 2004, 231, 232 f.; Palandt/Grüneberg § 278 Rn. 3.

Rechtspflichten hinaus **besondere rechtliche Konfliktregelungen**, sodass die Annahme eines gesetzlichen Schuldverhältnisses ebenso gerechtfertigt sei wie bei den vergleichbaren Rechtsbeziehungen zwischen dem Eigentümer und dem unrechtmäßigen Besitzer nach §§ 987 ff. sowie dem Nießbraucher nach §§ 1030 ff.[71]

■ Die h.M. geht jedoch zu Recht davon aus, dass allein das nachbarrechtliche Gemeinschaftsverhältnis noch kein gesetzliches Schuldverhältnis zwischen den Grundstücksnachbarn begründet, denn es **beschränkt als besondere Ausprägung des Grundsatzes von Treu und Glauben (§ 242) nur die Rechtsausübung** im bestimmten Umfang, reicht aber als Grundlage für selbstständige Rechte und Pflichten nicht aus. Die das nachbarrechtliche Verhältnis regelnden Bestimmungen der §§ 906 ff. bilden ebenfalls nur eine Schranke in der Rechtsausübung, die dem jeweiligen Nachbarn auferlegt wird und die bei einem Personenwechsel den neuen Nachbarn trifft. Es handelt sich also nur um eine allgemeine, an die Sache „Nachbarschaft" gebundene Pflicht. Eine solche Pflicht begründet ebenso wie die allgemeine Schadensabwendungspflicht noch kein gesetzliches Schuldverhältnis.[72]

---

71 Looschelders Rn. 189; Maier/Bornheim JA 1995, 978, 983.

72 BGH, Urt. v. 16.02.2001 – V ZR 422/99, RÜ 2001, 254, 255; Palandt/Herrler § 903 Rn. 13.

2. Teil: Pflichten aus dem rechtsgeschäftlichen Schuldverhältnis

1. Abschnitt: Überblick

46 Das rechtsgeschäftliche Schuldverhältnis wird regelmäßig durch Vertrag begründet (§ 311 Abs. 1). Für das Zustandekommen des Vertrags ist lediglich eine Einigung der Parteien über die wesentlichen Vertragsbestandteile erforderlich. Jedoch beschränkt sich das entstandene Schuldverhältnis nicht auf die vereinbarten wesentlichen Vertragspflichten. Es besteht vielmehr eine Vielzahl verschiedener Verpflichtungen, die nicht notwendigerweise vereinbart werden müssen. Der Umfang der Verpflichtungen muss im Einzelfall ermittelt werden.

47 Mit dem wirksamen Vertragsschluss können folgende **Verpflichtungen** entstehen:

- **Leistungspflichten** (§ 241 Abs. 1)

    - **Hauptleistungspflichten** sind die Pflichten, derentwegen der Vertrag geschlossen wurde. Bei gegenseitigen Verträgen stehen die Hauptleistungspflichten im Gegenseitigkeitsverhältnis; jede Partei hat die betreffende Pflicht nur zu dem Zweck übernommen, von der anderen dafür die entsprechende Gegenleistung zu erhalten (wechselseitige Zweckbindung, synallagmatische Verknüpfung).

        Die Abgrenzung zu den anderen Pflichten, insbesondere den Nebenleistungspflichten, ist deswegen von Bedeutung, weil nur auf die Hauptleistungspflichten die §§ 320, 321 und 326 angewandt werden können.[73]

        Hauptleistungspflichten sind zunächst die vertragstypischen Leistungspflichten, d.h. beim Kauf die Pflicht des Verkäufers, den Kaufgegenstand zu übereignen und zu übergeben, und die Pflicht des Käufers, den Kaufpreis zu zahlen. Ob weitere Pflichten Hauptleistungspflichten sind, ist durch Auslegung zu ermitteln.

    - Die **Nebenleistungspflichten** dienen zur Vorbereitung, Durchführung und Sicherung der Hauptleistung.[74] Sie sind auf die Hauptleistung bezogen. Auf ihre Einhaltung besteht ein Erfüllungsanspruch, d.h. sie sind selbstständig einklagbar.

- **Pflichten zur Rücksichtnahme** (§ 241 Abs. 2)

    Die Pflichten zur Rücksichtnahme (die auch als „Schutzpflichten" oder „weitere Verhaltenspflichten" bezeichnet werden) sichern die Hauptpflicht und die Abwicklung des Schuldverhältnisses. Es besteht grundsätzlich kein Erfüllungsanspruch auf Einhaltung dieser Pflichten. Die Pflichtverletzung kann aber Schadensersatzansprüche aus § 280 Abs. 1 oder aus §§ 280 Abs. 1 u. 3, 282 begründen und zum Rücktritt gemäß § 324 berechtigen.

---

73 Palandt/Grüneberg Einf. v. § 320 Rn. 16.
74 Palandt/Grüneberg § 241 Rn. 5; BeckOK BGB/Sutschet § 241 Rn. 14.

Pflichten i.S.d. § 241 Abs. 2 sind z.B.:

- die **Leistungstreuepflicht**: Die Vertragsparteien müssen alles unterlassen, was den Vertragszweck oder den Leistungserfolg gefährden oder beeinträchtigen könnte;

- die **Schutzpflicht**: Die Parteien müssen sich so verhalten, dass die Rechtsgüter des anderen Teils nicht verletzt werden;

- die **Aufklärungspflicht**: Im Einzelfall sind die Parteien verpflichtet, den Vertragspartner über erhebliche Umstände aufzuklären.

Die Pflichten der Parteien sind wie folgt zu ermitteln:

- Zunächst ist zu prüfen, ob die Parteien eine Vereinbarung über die Verpflichtung getroffen haben. Bestehen keine ausdrücklichen und eindeutigen Abreden, so kann gegebenenfalls eine Lösung durch **erläuternde Vertragsauslegung** oder durch Anwendung gesetzlicher **Auslegungsregeln** gefunden werden. 48

- Bestehen keine Vereinbarungen der Parteien und ist auch aus den Umständen keine Regelung zu entnehmen, kommt das **dispositive Recht** zur Anwendung.

- Bleibt auch unter Berücksichtigung der Parteiabreden und des dispositiven Rechts eine Lücke in den vertraglichen Regelungen, so kann diese gegebenenfalls durch **ergänzende Vertragsauslegung** geschlossen werden.

Keine Pflichten der Parteien sind die **Obliegenheiten**. Die Nichtbeachtung einer Obliegenheit kann lediglich die Rechte einer Partei beschränken bzw. ausschließen. Es entstehen weder Erfüllungsansprüche noch Schadensersatzansprüche einer Partei.

2. Abschnitt: Ermittlung der Hauptleistungspflichten

Bezüglich der Hauptleistungspflichten, d.h. der Leistung und der Gegenleistung, können für eine ordnungsgemäße Vertragsabwicklung folgende **Konkretisierungen** erforderlich sein: 49

- Es kann notwendig sein, den **Umfang der Leistungspflichten** festzulegen.

- Ferner können die **Leistungsmodalitäten** (z.B. Ort und Zeit der Leistung) zu bestimmen sein.

A. Bestimmung des Umfangs der Leistungsverpflichtung

I. Bestimmung des Leistungsgegenstands durch Vertragsauslegung

Der Leistungsgegenstand kann, sofern er nicht eindeutig bestimmt ist, durch erläuternde Vertragsauslegung zu bestimmen sein. Im Einzelfall sind gesetzliche Auslegungsregeln zu berücksichtigen. Besteht eine Vertragslücke, kommt eine ergänzende Auslegung in Betracht. 50

Im Allgemeinen Teil des Schuldrechts ist als **Auslegungsregel** für die Bestimmung des Leistungsgegenstands **§ 311c** von Bedeutung. Verpflichtet sich jemand zur Veräußerung oder Belastung einer Sache, erstreckt sich diese Verpflichtung nach § 311c im Zweifel auch auf das Zubehör (§ 97) der Sache.

Beispiel: V verkauft dem K notariell seinen landwirtschaftlichen Betrieb. Später entsteht Streit darüber, ob V verpflichtet ist, die Traktoren zu übereignen.

Zwar haben die Parteien keine Vereinbarung darüber getroffen, ob eine Verpflichtung zur Übereignung der Traktoren besteht, doch die Auslegungsregel des § 311c ergibt, dass sich die Verpflichtung im Zweifel auch auf das Zubehör, also auf die Traktoren, bezieht.

(Die entsprechende Auslegungsregel für das dingliche Rechtsgeschäft ist § 926 Abs. 1 S. 2. Danach erstreckt sich die Einigung über den Eigentumsübergang an einem Grundstück im Zweifel auch auf das Zubehör.)

II. Bestimmung des Leistungsgegenstands bei nur bestimmbar vereinbarter Leistung

51 Wenn der Gegenstand der Leistung oder der Gegenleistung nur bestimmbar festgelegt worden ist, so muss die **Leistung bestimmt** werden.

- Für die Leistungsbestimmung gelten zunächst die **zwischen den Parteien vereinbarten Regeln**.

- **Gesetzliche spezielle Regeln** für die Leistungsbestimmung enthalten § 243 bezüglich der Gattungsschuld und die §§ 262 ff. bezüglich der Wahlschuld.

- Ergänzend können die **Auslegungsregeln** der §§ 315 ff. eingreifen.

1. Bestimmung des Umfangs der Leistung bei einer Gattungsschuld

52 Eine **Gattungsschuld** i.S.d. § 243 liegt vor, wenn die Parteien vereinbart haben, dass der Schuldner nicht eine individuell bestimmte Sache, sondern eine oder mehrere Sachen aus einer Sachgruppe mit bestimmten Gattungsmerkmalen zu leisten hat. Eine Gattung bilden alle Gegenstände, die durch gemeinsame Merkmale gekennzeichnet sind. Welche Gegenstände zu einer Gattung gehören, entscheidet sich nach der Vereinbarung der Parteien. Haben diese keine Abreden getroffen, ist die Verkehrsanschauung Beurteilungsgrundlage.

Die Gattungsschuld ist abzugrenzen von der **Spezies- oder Stückschuld**. Eine Speziesschuld liegt vor, wenn die Parteien den Leistungsgegenstand individuell bestimmt haben. Es muss nur ein bestimmter Gegenstand geleistet werden und nur dieser ist zur Erfüllung geeignet. Die Abgrenzung ist im Einzelfall streitig. Nach bislang h.M. reicht es für die Annahme einer Stückschuld aus, dass der Gegenstand des Vertrags bei dessen Abschluss individualisiert wird. Nach einer im Vordringen befindlichen Gegenansicht liegt eine Stückschuld dagegen nur vor, wenn es den Parteien auf die Lieferung einer ganz bestimmten Sache ankommt. Beim Verkauf von Massenware liegt danach regelmäßig ein Gattungskauf vor, selbst wenn ein bestimmtes Stück individualisiert wird.[75]

---

75 Palandt/Grüneberg § 243 Rn. 2; Diekmann ZGS 2009, 9 f.

Beispiel: Beim Kauf in einem Selbstbedienungsladen liegt nach bislang h.M. ein Spezieskauf vor, da die Kaufsache beim Vorlegen an der Kasse individualisiert ist. Die Gegenansicht nimmt einen Gattungskauf an, da es typischerweise weder den Käufer noch den Verkäufer interessiert, dass ausschließlich die vorgelegte Sache erfüllungsgeeignet sein soll.[76]

Haben die Parteien die Leistungspflicht auf einen Teil der Gattung oder vorhandenen Vorrat beschränkt, so handelt es sich um eine beschränkte Gattungs- oder **Vorratsschuld**.[77]

Die Gattungsschuld ist ein Sonderfall der Schuld mit bestimmbarem Leistungsgegenstand. Den Bestimmungsmaßstab enthält § 243 Abs. 1: Der Schuldner muss aus der Gattung eine Sache von mittlerer Art und Güte leisten. Entsprechend gilt für den Handelsverkehr die Vorschrift des § 360 HGB; danach ist Handelsgut mittlerer Art und Güte geschuldet. Der Schuldner muss nicht das Beste, darf aber auch nicht das Schlechteste leisten.

Nach § 243 Abs. 2 beschränkt sich das Schuldverhältnis auf einen bestimmten Gegenstand, d.h., die Gattungsschuld wird zur Speziesschuld, sobald der Schuldner das seinerseits Erforderliche getan hat. Welche Erfüllungshandlungen zur Herbeiführung der Konkretisierung gemäß § 243 Abs. 2 notwendig sind, hängt davon ab, ob eine Hol-, Bring- oder Schickschuld vorliegt.[78]

2. Bestimmung des Leistungsgegenstands bei einer Wahlschuld

Bei einer Wahlschuld werden „mehrere Leistungen in der Weise geschuldet, dass nur die eine oder die andere zu bewirken ist" (**§ 262**). 53

Die Gemeinsamkeit zwischen einer Gattungs- und einer Wahlschuld besteht darin, dass in beiden Fällen von mehreren Sachen nur eine geschuldet wird. Der Unterschied zwischen beiden Schuldarten besteht darin, dass bei der Gattungsschuld aus mehreren gleichartigen Sachen (Sachen aus bestimmter Gattung von mittlerer Art und Güte) nur eine Sache geschuldet wird, die der Schuldner aussuchen kann, § 243. Bei der Wahlschuld ist dagegen von mehreren ungleichartigen Sachen (alternativ) nur eine zu erbringen, die entweder der Schuldner (im Zweifel er, § 262) oder der Gläubiger auswählen darf. Maßgeblich für die Abgrenzung zwischen gleichartigen und ungleichartigen Sachen ist die Vorstellung der Parteien.[79]

Nach h.M. liegt eine Wahlschuld auch dann vor, wenn sich das Wahlrecht nicht auf verschiedene Leistungsgegenstände, sondern nur auf verschiedene Leistungsmodalitäten (z.B. Zeit, Ort) bezieht.[80]

Die Abgrenzung zwischen Gattungs- und Wahlschuld ist insbesondere im Hinblick auf den Umfang des Wahlrechts bedeutsam. Bei der Wahlschuld darf in den Grenzen des § 242 frei gewählt werden, während bei der Gattungsschuld die Sache gemäß § 243 Abs. 1 von mittlerer Art und Güte sein muss.[81]

---

76 Dieckmann ZGS 2009, 9 f.
77 Palandt/Grüneberg § 243 Rn. 3; MünchKomm/Emmerich § 243 Rn. 11.
78 Vgl. dazu unten Rn. 100 ff.
79 Palandt/Grüneberg § 262 Rn. 4.
80 BGH NJW 1995, 463, 464; Jauernig/Stadler § 262 Rn. 1.
81 Palandt/Grüneberg § 262 Rn. 5.

Die Wahlschuld zeichnet sich dadurch aus, dass der Gläubiger zwischen verschiedenen **Leistungen** wählen kann. Eine Wahlschuld liegt nicht vor, wenn der Gläubiger wahlweise verschiedene **Rechte** geltend machen kann (elektive Konkurrenz).

Beispiel: Der Schuldner erbringt die geschuldete Leistung nicht. Setzt der Gläubiger ihm eine Frist zur Leistung, hat er nach Fristablauf die Wahl gemäß § 323 Abs. 1 zurückzutreten, Schadensersatz statt der Leistung gemäß §§ 280 Abs. 1 u. 3, 281 zu verlangen oder seinen Erfüllungsanspruch weiter zu verfolgen. Wenn der Gläubiger nach Fristablauf zunächst Erfüllung verlangt, ist er nicht gemäß § 263 Abs. 2 an diese „Wahl" gebunden, da keine Wahlschuld vorliegt. Der Gläubiger kann auch nach einem Erfüllungsverlangen noch zurücktreten oder Schadensersatz statt der Leistung verlangen.[82]

3. Nachträgliche Leistungsbestimmung durch eine Partei oder einen Dritten

54   Die Parteien können ausdrücklich oder konkludent vereinbaren, dass eine Partei oder ein Dritter berechtigt sein soll, den Gegenstand der Leistung oder Gegenleistung zu bestimmen. Haben die Parteien keine Wertmaßstäbe vereinbart, die für die Bestimmung maßgebend sein sollen, gelten die **§§ 315 ff.**

a) Bestimmung des Gegenstands der Leistung gemäß § 315

55   **Voraussetzungen** des Leistungsbestimmungsrechts gemäß § 315:

- **Wirksamer Vertrag**: Die Parteien müssen sich zumindest insoweit geeinigt haben, dass die Leistung bestimmbar ist.

- Die Parteien haben **keine Leistungsbestimmung getroffen**.

  § 315 setzt die Unbestimmtheit des Leistungsinhalts voraus. Die Vorschrift greift nicht ein, wenn die Parteien den Inhalt und Umfang der Leistung durch objektive Beurteilungsmaßstäbe festgelegt haben.[83]

  Beispiele:

  1. Nach den Auslegungsregeln der §§ 612 Abs. 2, 632 Abs. 2, 653 Abs. 2 ist „im Zweifel" die taxmäßige oder die übliche Vergütung vereinbart. In diesen Fällen kann § 315 nur eingreifen, wenn keine Taxe und keine übliche Vergütung feststellbar ist.

  2. Die Parteien eines Mietvertrags vereinbaren, dass bei einer Vertragsverlängerung zu der „üblichen" Miete weiter vermietet werden soll.
  Es ist zunächst die übliche Miete zu ermitteln. Dies ist diejenige, die für vergleichbare Objekte bei einem Neuabschluss üblicherweise gefordert und gezahlt wird. Nur wenn eine übliche Miete betragsmäßig nicht festgelegt werden kann, kann das Bestimmungsrecht einer Partei nach § 315 in Betracht kommen.[84]

- Es muss – ausdrücklich oder konkludent – vereinbart sein, dass **eine der Parteien** eine **Leistungsbestimmung treffen soll** und welche Partei dieses Recht haben soll. Fehlt eine Vereinbarung darüber, wer die Leistungsbestimmung treffen soll, kann ergänzend § 316 eingreifen.

---

82 BGH, Urt. v. 20.01.2006 – V ZR 124/05, RÜ 2006, 179.
83 Palandt/Grüneberg § 315 Rn. 6.
84 BGH NJW-RR 1992, 517, 518.

Rechtsfolge: Die berechtigte Partei hat die Leistungsbestimmung „im Zweifel" nach billigem Ermessen zu treffen. Die Leistungsbestimmung erfolgt durch Erklärung gegenüber der anderen Partei (§ 315 Abs. 2). Ist die Bestimmung unbillig oder wird sie verzögert, trifft das Gericht gemäß § 315 Abs. 3 eine Leistungsbestimmung.

Beispiel:[85] Die S versorgt Endverbraucher im Bereich der Stadt H mit Gas. S bezieht ihrerseits das Gas von der G-GmbH. Die S gibt eine Preiserhöhung für Erdgas bekannt, da die Preise für Heizöl gestiegen sind und die G-GmbH die Preise für Gas an die Heizölpreise koppelt. Der Endverbraucher A ist mit der Erhöhung nicht einverstanden. Kann die S von A den erhöhten Betrag verlangen?

I. Ein eventueller kartellrechtlicher Beseitigungs- und Unterlassungsanspruch der H gegen S aus §§ 19 Abs. 1, 33 Abs. 1 GWB schließt eine Leistungsbestimmung nach § 315 nicht aus. Der Beseitigungs- und Unterlassungsanspruch ist ein deliktischer Anspruch, der anders als § 315 keine Gestaltungsmöglichkeit vorsieht.

II. Voraussetzungen des § 315

1. Die Parteien haben einen wirksamen Vertrag über die Gasversorgung geschlossen.

2. Weder der Vertrag noch das Gesetz enthält eine Leistungsbestimmung für Preiserhöhungen.

3. Der S müsste ein Leistungsbestimmungsrecht zustehen. Für die Versorgung mit Erdgas ist ein Leistungsbestimmungsrecht gesetzlich angeordnet (§ 39 Abs. 2 EnWG i.V.m. § 5 Abs. 2 GasGVV). Auch für das gesetzliche Leistungsbestimmungsrecht gilt § 315.

III. Rechtsfolge: S muss die Leistungsbestimmung „im Zweifel" nach billigem Ermessen treffen.

1. Der Grundsatz der Bestimmung nach billigem Ermessen (und nicht nach freiem Ermessen oder ohne Ermessensbindung) gilt auch für das gesetzlich eingeräumte Leistungsbestimmungsrecht.

2. Die Weitergabe von gestiegenen Bezugskosten ist nicht unbillig. Das Gasversorgungsunternehmen hat ein berechtigtes Interesse, Kostensteigerungen während der Vertragslaufzeit an die Kunden weiterzugeben.

3. Für die Billigkeit der Leistungsbestimmung der S spielt es keine Rolle, ob die G als Lieferant die Gaspreise an den Preis für leichtes Heizöl koppeln durfte. Im Rahmen des § 315 wird nur die Billigkeit im Vertragsverhältnis der Parteien geprüft.

Ergebnis: Da außer der Weitergabe der aufgrund der Koppelung gestiegenen Bezugskosten keine Anhaltspunkte für die Unbilligkeit bestehen, ist die Leistungsbestimmung der S nicht unbillig. S kann den erhöhten Betrag verlangen.

b) Bestimmung der Gegenleistung gemäß §§ 315, 316

§ 316 ergänzt die Regelung des § 315 für den Fall, dass bei einem gegenseitigen Vertrag die Gegenleistung nicht bestimmt ist und keine Vereinbarung darüber vorliegt, wer die Gegenleistung bestimmen soll.

56

Voraussetzungen des Leistungsbestimmungsrechts gemäß §§ 315, 316:

■ Gegenseitiger Vertrag

■ Die Leistung einer Partei ist nach Art und Umfang bestimmt, aber der Umfang der Gegenleistung ist nicht bestimmt.[86]

■ Es fehlt eine Einigung darüber, wer die Gegenleistung bestimmen soll.

Rechtsfolge: Das Bestimmungsrecht steht im Zweifel dem Gläubiger der Gegenleistung zu („demjenigen Teile … , welcher die Gegenleistung zu fordern hat"). Die Leistungsbestimmung ist im Zweifel nach billigem Ermessen zu treffen.

---

85 Nach BGH, Urt. v. 13.06.2007 – VIII ZR 36/06, BGHZ 172, 315.

86 Palandt/Grüneberg § 316 Rn. 2.

Die Bestimmung nach billigem Ermessen gilt nur im Zweifel. Die Bestimmung kann daher auch das so genannte freie Ermessen eines der Beteiligten sein, d.h., die Bestimmung soll erst bei offenbarer Unbilligkeit unverbindlich sein.[87] Die Bestimmung kann einer Partei auch in der Weise überlassen werden, dass die bestimmungsberechtigte Partei nur ihre Interessen berücksichtigen darf und grundsätzlich nicht die Interessen des anderen berücksichtigen muss – so genanntes freies Belieben. Die Grenzen eines solchen Bestimmungsrechts liegen bei der Sittenwidrigkeit, beim Verbot des Rechtsmissbrauchs sowie bei offensichtlicher Unsachlichkeit.[88]

Das Leistungsbestimmungsrecht nach den §§ 315, 316 hat nach der neueren Rechtsprechung des BGH nur noch einen sehr eingeschränkten Anwendungsbereich. Dies hängt damit zusammen, dass die §§ 612 Abs. 2, 632 Abs. 2 und 653 Abs. 2 vorrangig sind und der BGH den in diesen Vorschriften jeweils enthaltenen Begriff der „üblichen" Vergütung weit auslegt, da nicht feste Beträge, sondern auch eine Spanne als üblich angesehen werden kann. Darüber hinaus hat die ergänzende Vertragsauslegung Vorrang vor der Anwendung der §§ 315, 316.[89]

Fall 2: Honorarprofessor

Die X-KG mit 17 Familienmitgliedern als Kommanditisten möchte eine GmbH und Co. KG gründen. Um Klarheit über die steuerlichen Auswirkungen dieser Umwandlung zu erhalten, wird der Steuerexperte Prof. P vom geschäftsführenden Gesellschafter mit der Erstellung eines Gutachtens betraut. P kommt zu dem Ergebnis, dass die Umwandlung erhebliche steuerliche Vorteile bringe. Er verlangt als Honorar 18.000 €. Die KG verweigert die Bezahlung und macht geltend, es könne kein Vertrag zustande gekommen sein, weil eine Vergütungsabrede fehle. Das Gutachten sei auch zu teuer.

P hat seiner Honorarberechnung einen Stundensatz von 300 € zugrunde gelegt. Er weist darauf hin, dass bei Steuergutachten teilweise auch Seitenpreise gefordert oder die Vergütungen zumindest auch von der Höhe der jährlichen Steuerschuld abhängig gemacht werden. Steht P das geltend gemachte Honorar zu?

---

57 P könnte gegen die X-KG einen Anspruch aus **§ 631 BGB** haben.

I. Die KG und P müssten dazu einen wirksamen Werkvertrag geschlossen haben. Die X-KG, vertreten durch den vertretungsberechtigten Geschäftsführer, und P haben sich darüber geeinigt, dass ein Gutachten erstellt, also ein bestimmter Erfolg herbeigeführt werden sollte. Dabei musste unter Zugrundelegung der gesetzlichen Vorschriften ermittelt werden, welche steuerlichen Vorteile sich im Falle der Umwandlung ergeben würden. Das Gutachten stellt somit ein **geistiges Werk i.S.d. § 631** dar.[90] Da diese Tätigkeit nur gegen eine Vergütung zu erwarten war, gilt eine Vergütung gemäß § 632 Abs. 1 als stillschweigend vereinbart.

II. Fraglich ist, in welcher Höhe der Vergütungsanspruch besteht.

---

87 MünchKomm/Würdinger § 315 Rn. 31.

88 Palandt/Grüneberg § 315 Rn. 5; MünchKomm/Würdinger § 315 Rn. 32.

89 BGH, Urt. v. 04.04.2006 – X ZR 122/05, NJW 2006, 2472.

90 Palandt/Sprau Einf. v. § 631 Rn. 24.

1. Über die Höhe der Vergütung haben die Parteien keine **Vereinbarung** getroffen.

2. Gemäß **§ 632 Abs. 2** ist bei Fehlen einer Vereinbarung zunächst die taxmäßige Vergütung maßgeblich. Eine **Taxe** ist ein behördlich festgesetzter Preis. Für Steuergutachten bestehen keine Taxen.

3. In Ermangelung einer Taxe ist gemäß § 632 Abs. 2 die **übliche Vergütung** als vereinbart anzusehen. „Üblich" im Sinne der Vorschrift ist eine Vergütung, die zur Zeit des Vertragsschlusses nach einer **festen Übung** am Ort der Werkleistung gewährt zu werden pflegt.[91] Dabei kann nicht nur ein fester Satz oder ein fester Betrag als üblich angesehen werden. Die Üblichkeit kann sich auch aus einer im Markt verbreiteten Berechnungsregel ergeben. Im letzteren Fall ist die Üblichkeit nicht auf einen exakten Betrag fixiert, sondern umfasst eine gewisse Bandbreite. Üblich können damit auch bestimmte Spannen für Leistungen sein. **58**

Auch wenn eine Spanne ausreicht, lässt sich im vorliegenden Fall eine übliche Vergütung nicht feststellen. Da **verschiedene Berechnungsmethoden** angewandt werden, besteht keine feste Übung.

4. Es kommt eine **ergänzende Vertragsauslegung** in Betracht. **59**

   a) Die dafür erforderliche Vertragslücke kann nicht mit dem Hinweis auf die §§ 315, 316 verneint werden. Ein einseitiges Bestimmungsrecht des Gläubigers ist wenig interessengerecht, weil es nur der Billigkeitskontrolle unterliegt. Die ergänzende Vertragsauslegung ist deswegen vorrangig vor den §§ 315, 316.[92]

   b) Die Vertragslücke müsste sich durch die Ermittlung des hypothetischen Parteiwillens schließen lassen. Im vorliegenden Fall kann ein hypothetischer Parteiwille nicht festgestellt werden.

5. P könnte die Leistung gemäß **§§ 315, 316** bestimmt haben. **60**

   a) Dazu müssten die **Voraussetzungen** der §§ 315, 316 vorliegen.

   Der zwischen P und der KG abgeschlossene Werkvertrag ist ein gegenseitiger Vertrag.

   Die Leistungsverpflichtung des P ist im Einzelnen bestimmt, nur der Umfang der Gegenleistung des P ist nicht bestimmt.

   Die Parteien haben sich auch nicht darüber geeinigt, wem ein Leistungsbestimmungsrecht zustehen soll.

   b) Als **Rechtsfolge** ergibt sich daher Folgendes: **61**

   Die **Auslegungsregel des § 316** besagt, dass „im Zweifel" die Partei bestimmungsberechtigt ist, die die Gegenleistung zu fordern hat. Die Auslegung (auch die ergänzende) ist vorrangig. Da hier die Auslegung nicht zu einem Ergebnis führt, steht dem P das Leistungsbestimmungsrecht zu.

---

91 BGH, Urt. v. 04.04.2006 – X ZR 122/05, NJW 2006, 2472.
92 BGH, Urt. v. 26.09.2006 – X ZR 181/03, WRP 2007, 91.

Wenn die Leistung durch eine der Parteien bestimmt werden soll, ist im Zweifel anzunehmen, dass die Bestimmung nach billigem Ermessen zu treffen ist (§ 315 Abs. 1). Bei der Bestimmung sind die Interessen beider Parteien zu beachten. Es muss unter Berücksichtigung der Verkehrssitte und der Grundsätze von Treu und Glauben eine den wirtschaftlichen Verhältnissen **angemessene Preisgestaltung** vorgenommen werden.[93]

Ist – wie hier – ein Entgelt festzusetzen, so kommt es bei der Ausübung des billigen Ermessens auf den **Wert der zu vergütenden Leistung** an. Bei einem Gutachten ist dieser nach dem Aufwand, der Qualifikation des Gutachters und der wirtschaftlichen Bedeutung zu berechnen.[94] Der von P berechnete Stundensatz von 300 € erscheint danach nicht unbillig.

Falls die KG die von P getroffene Bestimmung für unbillig hält und sie nicht anerkennt, kann jeder Teil eine Entscheidung des Gerichts herbeiführen, § 315 Abs. 3 S. 2, und zwar entweder durch eine besondere, auf gerichtliches Gestaltungsurteil (nicht auf bloße Feststellung) gerichtete Klage oder innerhalb des auf Leistung gerichteten Rechtsstreits.[95]

Das Gericht entscheidet ebenfalls nach billigem Ermessen. Teilweise wird aber angenommen, dass der Ermessensspielraum des Gerichts im Verhältnis zu dem der bestimmungsberechtigten Partei insoweit enger ist, als das Gericht aufgrund seiner Verpflichtung zur Unparteilichkeit sich stets in der Mitte halten muss, während die Partei bis an die durch Billigkeit gekennzeichnete äußerste Grenze gehen darf.[96]

---

c) Bestimmung der Leistung durch einen Dritten gemäß §§ 317 ff.

62   Die Vorschrift des § 317 findet vor allem dann Anwendung, wenn die Parteien über einen regelungsbedürftigen Sachverhalt noch eine Vereinbarung treffen wollen und für den Fall, dass die Einigung nicht erzielt werden kann, ein Dritter die Leistungspflicht bestimmen soll.[97]

Beispiel: In einem langfristigen Pachtvertrag wird u.a. vereinbart: „Ändern sich die geldlichen und wirtschaftlichen Verhältnisse in einem Maße, dass es einer Partei nicht zugemutet werden kann, an dem Pachtzins festzuhalten, so soll ein angemessener Pachtzins neu vereinbart werden. Einigen sich die Parteien nicht, soll ein von der Industrie- und Handelskammer zu benennender Sachverständiger den angemessenen Pachtzins mit verbindlicher Wirkung festsetzen."

Soll der Begünstigte aus einem Vertrag zugunsten Dritter die Leistung bestimmen, handelt es sich nicht um die Leistungsbestimmung eines Dritten i.S.d. § 317. Da der Drittbegünstigte die Leistung selbst fordern kann, sind für seine Leistungsbestimmung die Regeln zur Leistungsbestimmung durch eine Partei (§§ 315, 316) anwendbar.[98]

---

93   BAG ZIP 1994, 148, 149; Jauernig/Stadler § 315 Rn. 7; Palandt/Grüneberg § 315 Rn. 10.

94   BGH NJW 1966, 539, 540; Palandt/Grüneberg § 315 Rn. 10.

95   Palandt/Grüneberg § 315 Rn. 17.

96   MünchKomm/Würdinger § 315 Rn. 29.

97   Joussen AcP 203, 429 ff.

98   BGH, Urt. v. 30.05.2003 – V ZR 216/02, WM 2004, 186, 187 ff.

B. Bestimmung der Leistungsmodalitäten

I. Bestimmung der Leistungszeit

Mit der Leistungszeit wird der Zeitpunkt der Leistungshandlung festgelegt. Der Schuldner muss also die geschuldete Leistungshandlung innerhalb der Leistungszeit vornehmen. Der Leistungserfolg kann später eintreten.[99] **63**

Beispiel: Bei einem Versendungskauf hat der Verkäufer die erforderliche Leistungshandlung bereits vorgenommen, wenn er die Sache an eine sorgfältig ausgewählte Versandperson übergibt. Der Leistungserfolg tritt regelmäßig erst später ein, nämlich dann, wenn der Spediteur – die Versandperson – die Sache aushändigt und damit der Eigentumserwerb durch den Käufer gemäß § 929 eintritt.

Entsprechend der unterschiedlichen Interessenlage der Parteien kommt es für die Leistungszeit auf zwei unterschiedliche Zeitpunkte an:

- **Fälligkeit**, d.h. der Zeitpunkt, an dem der Gläubiger die Leistung fordern kann, der Schuldner sie also **erbringen muss**. Die Festlegung dieses Zeitpunkts ist u.a. von Bedeutung für den Beginn des Schuldnerverzugs (§ 286) und die Rechte wegen Nichtleistung nach Fristsetzung (§§ 280 Abs. 1 u. 3, 281; § 323 Abs. 1).

- **Erfüllbarkeit**, d.h. der Zeitpunkt, von dem an der Schuldner die Leistung **erbringen darf** und der Gläubiger sie annehmen muss, sofern er nicht in Annahmeverzug nach §§ 293 ff. geraten will (vgl. dazu unten 4. Teil).

Der Zeitpunkt der Fälligkeit und der Erfüllbarkeit fallen **regelmäßig zusammen**, allerdings ergibt sich aus § 271 Abs. 2, dass die Erfüllbarkeit schon vor der Fälligkeit gegeben sein kann.

Für die Bestimmung der Leistungszeit gilt folgende **Stufenfolge**:

- Vorrangig ist auf die Vereinbarungen der Parteien abzustellen.

- Soweit keine Abreden vorliegen, können gesetzliche Spezialregelungen eingreifen.

- Fehlen auch Spezialregeln, so kann die Leistungszeit „aus den Umständen" zu entnehmen sein.

- Ist die Leistungszeit auch den Umständen nicht zu entnehmen, kann gemäß § 271 der Gläubiger die Leistung sofort verlangen.

Die Beweislast für einen späteren Leistungstermin aufgrund einer Vereinbarung oder den Umständen liegt beim Schuldner.[100]

1. Bestimmung der Leistungszeit durch Vereinbarung

Vereinbaren die Parteien eine bestimmte Leistungszeit, so ist diese Bestimmung vorrangig – auch vor gesetzlichen Spezialregelungen. **64**

Beispiel: Nach § 556 b Abs. 1 ist die Miete zu Beginn, spätestens bis zum dritten Werktag der einzelnen Zeitabschnitte, nach denen sie bemessen ist, zu entrichten. Die Parteien können aber andere Fälligkeitsregelungen treffen.

---

99 BGHZ 44, 178, 179.
100 BGH, Urt. v. 21.10.2003 – X ZR 218/01, WM 2004, 1400, 1401 f.

Unklare, missverständliche Fälligkeitsabreden müssen im Wege der **erläuternden Vertragsauslegung** konkretisiert werden.

Beispiele:

1. Die Zusage, Möbel „baldigst" zu liefern, verpflichtet zur Lieferung spätestens nach 6–8 Wochen.[101]

2. Die Vereinbarung, einen Pkw der Luxusklasse „schnellstmöglich" zu liefern, lässt die Fälligkeit des Lieferungsanspruchs spätestens nach drei Monaten eintreten.[102]

3. Beim Anschreibenlassen bleibt die Fälligkeit der Kaufpreisforderung unberührt. Der Verkäufer nimmt lediglich davon Abstand, die Forderung jetzt schon geltend zu machen und verzichtet auf die Einrede des Zurückbehaltungsrechts gemäß § 320. Der Verkäufer kann aber regelmäßig ohne Weiteres seine Kaufpreisforderung geltend machen und den Käufer in Verzug setzen.

Wird die **Fälligkeit einer Entgeltfortzahlung**[103] vertraglich vereinbart, sind die **Begrenzungen gemäß § 271 a** zu beachten:

- Der Fälligkeitszeitpunkt einer Entgeltforderung kann vertraglich auf **bis zu 60 Tage nach Empfang** der Gegenleistung verlegt werden. Eine weitergehende Verlegung ist gemäß § 271 a Abs. 1 S. 1 BGB nur wirksam, wenn sie ausdrücklich getroffen und nicht grob unbillig ist. Erhält der Schuldner erst später eine Rechnung, so bemisst sich gemäß § 271 a Abs. 1 S. 2 BGB der Zeitraum nicht ab dem Empfang der Gegenleistung, sondern der Rechnung. Stundung und Skonto sind hingegen nicht erfasst, ebenso wenig gemäß § 271 a Abs. 5 BGB Ratenzahlungen und Geschäfte mit einem Verbraucher-Schuldner.

- Erfordert die Fälligkeit zudem eine **Überprüfung oder Abnahme der Gegenleistung**, so kann gemäß § 271 a Abs. 2 BGB der Zeitpunkt hierfür maximal 30 Tage hinter den Empfang der Gegenleistung verlegt werden, es sei denn die Verlegung geschieht ausdrücklich und ist nicht grob unbillig. Die Regelung betrifft ausschließlich vertraglich vereinbarte Überprüfungs- und Abnahmezeitpunkte. Die werkrechtliche Abnahme (§ 640 BGB) muss, wenn nichts anderes vereinbart ist, gemäß § 271 Abs. 1 Var. 1 BGB ohnehin sofort erfolgen und § 377 HGB regelt keine Prüfpflicht zwecks Eintritts der Fälligkeit, sondern zwecks Anspruchserhaltung.

- Gemäß § 271 a Abs. 4 BGB bleibt abweichend von § 139 BGB der **übrige Vertrag wirksam**, auch wenn er eine nach § 271 a Abs. 1–3 BGB unwirksame Vereinbarung enthält. Die Leistung ist dann sofort fällig, es findet keine geltungserhaltende Reduktion statt.

2. Spezielle gesetzliche Regelungen bezüglich der Leistungszeit

65 Wichtige Spezialregelungen für die Leistungszeit finden sich beispielsweise in:

- **§ 556 b Abs. 1**: Fälligkeit der Miete;

- **§ 604**: Rückgabepflicht bei Leihe;

- **§§ 614** und **641**: Fälligkeit der Vergütung bei Dienst- und Werkverträgen.

---

101 OLG Nürnberg NJW 1981, 1104.
102 OLG Köln NJW-RR 1992, 561.
103 Dazu Lüdde, RÜ 2014, 636 f.

3. Leistungszeit aus den Umständen

Schon bei der Auslegung der Vereinbarung sind die Umstände zu berücksichtigen. Teilweise wird daher eine gesonderte Prüfung der Umstände für entbehrlich gehalten.[104] Da die Umstände aber im Wortlaut des § 271 ausdrücklich als besonderer Gesichtspunkt genannt sind, werden sie überwiegend gesondert geprüft.

Beispiele:　　　　　　　　　　　　　　　　　　　　　　　　　　　　　　　　66

1. Der Bauunternehmer verpflichtet sich gegenüber dem Grundstückseigentümer G zur Errichtung eines Einfamilienhauses zum Festpreis von 150.000 €.

Der Anspruch auf Errichtung des Hauses aus § 631 kann erst nach Erteilung der notwendigen Baugenehmigung fällig werden, da erst zu diesem Zeitpunkt die Errichtung des Hauses zulässig ist.

2. Der Anspruch des Arbeitnehmers auf Zahlung einer Weihnachtsgratifikation ist aufgrund der Zweckbestimmung der Gratifikation rechtzeitig vor Weihnachten, d.h. spätestens eine Woche vor Beginn dieses Festes fällig, sodass mit dem Geld noch vor dem Fest eingekauft werden kann.[105]

4. Allgemeine Regelung des § 271

Ist die Zeit für die Leistung weder bestimmt noch aus den Umständen zu entnehmen,　67
kann der Gläubiger gemäß **§ 271 Abs. 1** die Leistung **sofort** verlangen (d.h., sie ist fällig),
der Schuldner kann sie sofort bewirken (d.h., sie ist erfüllbar).

Die sofortige Erfüllbarkeit entspricht auch dem Schuldnerinteresse, denn er kann beispielsweise Lagerkosten sparen und die Voraussetzungen für den Erhalt der Gegenleistung schaffen. In Ausnahmefällen darf der Schuldner jedoch nur auf Verlangen des Gläubigers leisten. Man spricht hier von verhaltenen Ansprüchen.[106]

Beispiel: Gemäß §§ 695, 696 kann der Hinterleger vom Verwahrer jederzeit die Rückgabe der verwahrten Sache verlangen. Der Verwahrer darf hingegen die Sache nicht von sich aus vor Ablauf der vereinbarten Verwahrungszeit zurückgeben.

Nach **§ 271 Abs. 2** wirkt die Bestimmung einer Leistungszeit **im Zweifel** nur zugunsten des Schuldners; die Fälligkeit ist grundsätzlich hinausgeschoben, die Forderung ist aber bereits **vorher erfüllbar**. Auch hiervon gibt es Ausnahmen: Wenn die Festsetzung der Leistungszeit auch im Interesse des Gläubigers getroffen ist, darf der Schuldner die noch nicht fällige Forderung noch nicht erfüllen.[107]

Beispiel: Der Umkehrschluss aus § 488 Abs. 3 ergibt, dass der Schuldner ein verzinsliches Darlehen nicht vorzeitig zurückzahlen darf. In gleicher Weise ist die vorzeitige Erfüllbarkeit auch bei anderen verzinslichen Schulden zu verneinen, weil die Festlegung der Leistungszeit in diesen Fällen regelmäßig auch dem Interesse des Gläubigers an einer verzinslichen Geldanlage dient.[108]

II. Bestimmung des Leistungsorts

Unter dem Leistungsort ist der Ort zu verstehen, an dem der Schuldner die **geschuldete**　68
Leistungshandlung vorzunehmen hat. Bei gegenseitigen Verträgen ist der Leistungsort für jede Verpflichtung gesondert zu bestimmen.

104　MünchKomm/Krüger § 271 Rn. 30.
105　BAG NJW 1954, 1343, 1344.
106　MünchKomm/Krüger § 271 Rn. 4.
107　MünchKomm/Krüger § 271 Rn. 35.
108　Palandt/Grüneberg § 271 Rn. 11; Staudinger/Bittner § 271 Rn. 23.

Von dem Leistungsort ist der Ort zu unterscheiden, an dem der **Leistungserfolg** (die Erfüllung) eintritt. Dieser Ort wird auch als Erfolgsort bezeichnet.

Die Begriffe Leistungsort (an dem die Leistungshandlung vorzunehmen ist) und Erfolgsort (an dem die Erfüllung eintritt) werden in der Praxis und auch vom Gesetz nicht immer eindeutig unterschieden.

Wenn im Gesetz in verschiedenen Vorschriften – z.B. §§ 447, 448, 644 Abs. 2 BGB; § 29 ZPO – vom „Erfüllungsort" die Rede ist, so ist damit in Wahrheit der Leistungsort gemeint, nämlich der Ort, an dem die Leistungshandlung vorzunehmen ist.[109]

Der Leistungsort muss nicht, **kann** aber mit dem Erfolgsort **zusammenfallen**.

- **Bei** der **Hol- und Bringschuld** sind Leistungs- und Erfolgsort **identisch**.

  Beispiel: Wird aufgrund eines Kaufvertrags die Übereignung einer beweglichen Sache geschuldet, dann wird diese Sache im Regelfall bei der Holschuld beim Verkäufer als Schuldner übereignet. Der Verkäufer nimmt mit der Abgabe der Einigungserklärung und der Übergabe die erforderliche Leistungshandlung vor und der Käufer, der das Einigungsangebot annimmt, wird Eigentümer. Damit tritt der geschuldete Leistungserfolg an dem gleichen Ort ein, an dem die Leistungshandlungen vorgenommen werden. Das Gleiche gilt bei der Bringschuld.

- **Bei** der **Schickschuld** fallen Leistungs- und Erfolgsort **auseinander**. Der Leistungsort liegt beim Schuldner. Der Erfolgsort liegt dagegen beim Gläubiger bzw. an dem vertraglich vorgesehenen Ort.[110]

69 Für die **Bestimmung des Leistungsorts** gilt folgende **Stufenfolge**:

- Vorrangig sind die **Vereinbarungen** der Parteien.

- Für einzelne Verpflichtungen bestehen **gesetzliche Sonderregeln**.

  Beispiele: § 697 (Rückgabe der zur Verwahrung hinterlegten Sache an dem Ort, an dem die Sache aufzubewahren war); § 1194 (Zahlungsort bei der Grundschuld ist der Ort, an dem das Grundbuchamt seinen Sitz hat); § 270 (allgemeiner Zahlungsort).

- Fehlen Vereinbarungen oder spezielle Gesetze, kann der Leistungsort „**aus den Umständen**, insbesondere der Natur des Schuldverhältnisses" (§ 269) zu ermitteln sein.

  Da die Umstände schon bei der Auslegung zu berücksichtigen sind, wird teilweise eine gesonderte Prüfung für überflüssig gehalten.[111] Die besondere Hervorhebung der „Umstände" im Gesetz rechtfertigt aber eine gesonderte Prüfung.

  Beispiele:

  1. Der Dachdeckermeister D verpflichtet sich gegenüber dem Hauseigentümer E zur Neueindeckung des Hauses an der X-Straße.

  Leistungsort ist das Dach des Hauses des E in der X-Straße, da die Leistung nur an diesem Ort erbracht werden kann.

  2. Der Hauseigentümer E kauft bei dem Heizölhändler H 5.000 l Heizöl.

  Da der Kunde anders als Heizölhändler nicht über die erforderlichen Transportmittel verfügt und es üblich ist, dass größere Vorräte an Heizöl oder Kohle für den Haushalt vom Händler geliefert werden, ist aus den Umständen eine Bringschuld anzunehmen.[112]

  3. K bestellt beim Versandhaus V einen Farbfernseher.

  Ob im Versandhandel eine Bringschuld oder eine Schickschuld vorliegt, ist umstritten.

---

109 Palandt/Grüneberg § 269 Rn. 1.
110 Palandt/Grüneberg § 269 Rn. 1.
111 MünchKomm/Krüger § 269 Rn. 18.
112 Palandt/Grüneberg § 269 Rn. 12; MünchKomm/Krüger § 269 Rn. 20.

Teilweise wird eine Bringschuld bejaht, da der Verkäufer die Anlieferung der Ware übernehme.[113] Beim Verbrauchsgüterkauf ergebe sich dies aus § 474 Abs. 4 S. 1, wonach § 447 Abs. 1 nur in Ausnahmefällen anwendbar ist. Aber auch außerhalb eines Verbrauchsgüterkaufs sei die Annahme einer Bringschuld interessengerecht. Der Käufer könne den Gefahren des Versands weder ausweichen, noch könne er das Risiko auf einfache und billige Art versichern.

Insbesondere nach der Rechtsprechung ist im Versandhandel nach den Umständen im Zweifel eine Schickschuld anzunehmen.[114] Die weitgehende Nichtanwendung des § 447 Abs. 1 beim Verbrauchsgüterkauf ändere nichts an den Voraussetzungen einer Schickschuld.

4. K kauft von dem V einen Campinganhänger, bringt ihn nach Frankreich und meldet ihn ab. Als sich Mängel zeigen, verlangt er von V die Mängelbeseitigung in Frankreich. **70**

Nach der früher h.M. ist die Nacherfüllung an dem Ort vorzunehmen, an dem sich die Sache vertragsgemäß befindet.[115] Der BGH ist dieser Ansicht für den kaufrechtlichen Nacherfüllungsanspruch nicht gefolgt. Der Ort der Nacherfüllung sei nach den Umständen die Werkstatt des Verkäufers. Die Beseitigung der Mängel des Anhängers erfordere den Einsatz von geschultem Personal und Werkstatttechnik. Dies mache grundsätzlich die Verbringung des Anhängers in die Werkstatt des Verkäufers erforderlich.[116]

■ Ist auch eine Bestimmung aus den Umständen nicht möglich, so ist der Leistungsort beim Schuldner, d.h. bei seinem Wohnsitz (§ 269 Abs. 1) bzw. Geschäftssitz (§ 269 Abs. 2).

Beispiele:

1. K aus Nürnberg kauft in Berlin einen Dielenschrank für 1.900 €. Es kommt zu Unstimmigkeiten über die Versandkosten. K meint, V sei verpflichtet, den Schrank bei ihm ohne Kosten anzuliefern.

Da eine Abrede über den Leistungsort nicht getroffen worden ist, gilt § 269. Leistungsort ist der Geschäftssitz des V in Berlin. K muss den Schrank dort auf seine Kosten abholen, Grundsatz der Holschuld.

2. Ist der Erfüllungsort der Nacherfüllung weder vereinbart noch aus den Umständen zu entnehmen, ist die Nacherfüllung an dem Ort vorzunehmen, an dem der Verkäufer seinen Wohnsitz oder seine gewerbliche Niederlassung hat.[117]

C. Geldschuld

Die zu erbringende Gegenleistung besteht in vielen Fällen (z.B. beim Kaufvertrag, bei der Miete, der Pacht, dem Werk- und Dienstvertrag) in der Zahlung von Geld. Das BGB enthält keine grundsätzliche Regelung der Geldschuld. Einige Sondervorschriften finden sich in den §§ 244, 245, 270. Im Hinblick auf die betragsmäßige Fixierung sind zwei **Arten der Geldschuld** zu unterscheiden: **71**

Die normale Geldschuld ist eine **Geldsummenschuld** (= Nenn- bzw. Geldbetragsschuld), d.h., die geschuldete Geldleistung wird ausschließlich summenmäßig (betragsmäßig) in Währungseinheiten festgelegt (z.B. 100 €). Es gilt der Grundsatz des schuldrechtlichen Nominalismus, d.h., die Leistungspflicht des Geldsummenschuldners richtet sich ausschließlich nach dem **Nennbetrag der Schuld** und nicht nach dem Wert des Geldbetrags zur Zeit der Tilgung. Danach trägt also der Gläubiger der normalen Geld-

---

113 Palandt/Grüneberg § 269 Rn. 12; MünchKomm/Krüger § 269 Rn. 20.
114 BGH, Urt. v. 16.07.2003 – VIII ZR 302/02, NJW 2003, 3341; Lorenz JuS 2004, 105 ff.
115 Staudinger/Matusche-Beckmann § 439 Rn. 9.
116 BGH, Urt. v. 13.04.2011 – VIII ZR 220/10, Rn. 55, RÜ 2011, 414.
117 BGH, Urt. v. 13.04.2011 – VIII ZR 220/10, Rn. 29, RÜ 2011, 414.

schuld das Risiko einer Geldentwertung. Bei wirtschaftlich bedeutsamen langfristigen Verträgen werden deshalb häufig **Wertsicherungsklauseln** vereinbart, d.h., es werden Vereinbarungen getroffen, durch die eine normale Geldschuld zum Schutz des Gläubigers wertbeständig gemacht wird. Es wird z.B. vereinbart, dass sich der ursprünglich vereinbarte Geldbetrag entsprechend der Steigerung der Beamtengehälter oder des Lebenshaltungsindexes erhöhen soll.

Nach § 1 Abs. 1 PrKG (Preisklauselgesetz)[118] dürfen Gleitklauseln grundsätzlich nicht vereinbart werden. Gleitklauseln sind Wertsicherungsklauseln, mit denen die Parteien eine feste Koppelung (Anpassungsautomatik) zwischen der geschuldeten Leistung einerseits und einer bestimmten Vergleichsgröße (z.B. Index der Lebenshaltungskosten) andererseits vereinbaren. Bestimmte generelle Ausnahmen sind nach §§ 2 ff. PrKG zulässig.

Von der normalen Geldschuld zu unterscheiden ist die **Geldwertschuld**. Sie ist nicht von vornherein auf Zahlung einer bestimmten Geldsumme gerichtet, sondern auf den in Geld zu berechnenden Wert eines Gegenstands oder eines Vermögensanteils.[119] Zu den Geldwertschulden gehören insbesondere Schadens- und Wertersatzansprüche sowie Unterhaltsansprüche.[120]

Beispiel: Wer nach § 823 Abs. 1 Schadensersatz für die Zerstörung einer Sache zu leisten hat, muss gemäß § 251 den Betrag zahlen, der im Zeitpunkt der Zahlung zur Wiederbeschaffung einer gleichartigen Sache erforderlich ist.[121] Wer eine Sache beschädigt, muss gemäß § 823 Abs. 1 i.V.m. § 249 Abs. 1 den ursprünglichen Zustand wiederherstellen – Naturalrestitution – oder gemäß § 249 Abs. 2 den Betrag zahlen, der für eine erforderliche und mögliche Reparatur der Sache aufzubringen wäre.

72   Im Einzelfall kann Geld als **normale Spezies- oder Gattungsschuld** und nicht als Wertträger geschuldet sein.

Beispiel: Der Münzensammler K kauft vom Münzenhändler V eine individuell bestimmte Münze („dieser Friedrichstaler") oder eine Anzahl von Münzen bestimmter Art (z.B. Silbermünzen „Olympische Spiele 1972 in München"). Hier handelt es sich rechtlich nicht um eine Geldschuld, denn die Geldzeichen sind nicht in ihrer Funktion als Zahlungsmittel Leistungsgegenstand. Geschuldet sind vielmehr die Geldzeichen als körperlicher Gegenstand wegen ihres Sammler- und Metallwertes.

3. Abschnitt: Nebenleistungspflichten

73   Nebenleistungspflichten dienen der Vorbereitung, Durchführung und Sicherung der Hauptleistung. Sie haben ohne die Hauptleistung keinen selbstständigen Wert,[122] können aber auch noch nach Erfüllung der Hauptleistungspflicht bestehen.[123]

Da dem Gläubiger auf die Nebenleistung ein **Erfüllungsanspruch** zusteht, kann er bei Weigerung des Schuldners die Erfüllung einklagen und aus dem stattgebenden Leistungsurteil (Vollstreckungstitel i.S.d. § 704 ZPO) die Vollstreckung betreiben.

Der Anspruch auf Auskunftserteilung ist ein Anspruch auf Vornahme einer unvertretbaren Handlung, der gemäß § 888 ZPO vollstreckt wird. Der Anspruch auf Herausgabe von Urkunden (Sachen) wird vom Gerichtsvollzieher vollstreckt, indem die Sache weggenommen wird, § 883 Abs. 1 ZPO.

---

118   Kommentiert bei Palandt/Grüneberg Anh. zu § 245.
119   Palandt/Grüneberg §§ 244, 245 Rn. 16.
120   Palandt/Grüneberg §§ 244, 245 Rn. 16.
121   Palandt/Grüneberg § 251 Rn. 10.
122   Jauernig/Mansel § 241 Rn. 9.
123   Bodewig Jura 2005, 505 ff.

Nebenleistungspflichten können sich ergeben:

- aus einer Vereinbarung der Parteien,
- aus speziellen gesetzlichen Regelungen
- oder allgemein aus § 242.

A. Vereinbarte Nebenleistungspflichten

Den Parteien steht es frei, Nebenleistungspflichten besonders zu vereinbaren. Sind die **74** Abreden undeutlich oder unvollständig, ist der Umfang der Nebenleistung durch erläuternde Vertragsauslegung zu ermitteln.

Beispiel: M mietet in der Pension des P ein Zimmer für 14 Tage mit Frühstück. Es kommt zu Unstimmigkeiten darüber, ob P die Betten machen muss und wie oft das Zimmer gereinigt werden muss.
Der Umfang der Nebenleistungsverpflichtungen des P bezüglich Bettenmachen und der Reinigung des Zimmers muss im Wege der Vertragsauslegung unter Berücksichtigung der Verkehrssitte, Treu und Glauben und des Umstands ermittelt werden, dass M ein „Pensionszimmer" gemietet hat.

B. Gesetzlich speziell geregelte Nebenleistungspflichten

Beispiele für Nebenleistungspflichten kraft Gesetzes: **75**

1. Der bisherige Gläubiger muss gemäß § 402 dem neuen Gläubiger die zur Geltendmachung der Forderungen notwendige Auskunft erteilen und die zum Beweis der Forderung dienenden Urkunden herausgeben.

2. Der Dienstberechtigte ist gemäß § 617 zur Krankenfürsorge und gemäß § 618 zu Schutzmaßnahmen zugunsten des Dienstverpflichteten verpflichtet.

3. Der Beauftragte ist gegenüber dem Auftraggeber nach § 666 zur Auskunft und Rechenschaft verpflichtet. Vgl. auch §§ 681 S. 2, 713, die auf § 666 verweisen.

4. Nach § 14 UStG besteht im Geschäftsverkehr zwischen Unternehmen ein Anspruch auf eine Rechnung mit gesondert ausgewiesener Umsatzsteuer.[124]

C. Nicht speziell geregelte Nebenleistungspflichten

Auch ohne Vereinbarung und ohne spezielle gesetzliche Regelung kann der Schuldner **76** aufgrund des Vertrags verpflichtet sein, Nebenleistungen zu erbringen, damit der Gläubiger den Leistungsgegenstand überhaupt erhält bzw. sachgerecht verwenden kann. Die gesetzliche Grundlage dieser Nebenleistungspflichten wird – auch nach der Schuldrechtsreform weiterhin – nicht in § 241 Abs. 1, sondern in § 242 gesehen.[125] § 241 Abs. 1 sei nämlich lediglich eine leistungsbeschreibende und keine leistungsbegründende Norm.

Beispiel: Auch ohne besondere vertragliche Vereinbarung hat der Vermieter die Pflicht, den Mieter gegen Konkurrenz im selben Hause zu schützen, sofern der besondere geschäftliche Gebrauchszweck im Mietvertrag hervorgehoben oder dem Vermieter in sonstiger Weise bekannt ist.[126] Es gehört zur Gewährung des vertragsmäßigen Gebrauchs, dass in anderen Räumen des Gebäudes oder auf unmittelbar angrenzenden Grundstücken des Vermieters kein Konkurrenzunternehmen tätig ist. Der Schutz vor

---

124 BGH, Urt. v. 02.11.2001 – V ZR 224/00, WM 2002, 605.

125 Jauernig/Mansel § 241 Rn. 9; Palandt/Grüneberg § 242 Rn. 23; Brox/Walker § 2 Rn. 10.

126 OLG Düsseldorf, Urt. v. 06.07.2001 – 24 U 174/00, ZMR 2002, 38.

Konkurrenz ist aber nicht uneingeschränkt. Sein Umfang ist im Einzelfall nach Treu und Glauben unter Berücksichtigung der beiderseitigen Belange der Parteien zu ermitteln.

I. Mitwirkungspflichten

77   Der Schuldner kann verpflichtet sein, im Zusammenwirken mit dem Gläubiger die **Voraussetzungen für die Durchführung des Vertrags** zu schaffen und Erfüllungshindernisse zu beseitigen.

> **Beispiel:** Ein Autoverkäufer muss den Käufer unterstützen, Zweifel der Zulassungsbehörde im Rahmen des Zulassungsverfahrens auszuräumen.[127]

II. Auskunfts- und Rechenschaftspflichten

78   Ferner kann der Schuldner im Rahmen einer Nebenleistungspflicht auch zur Auskunftserteilung oder zur Rechenschaftslegung verpflichtet sein.

Im Allgemeinen Teil des Schuldrecht ist eine Auskunftspflicht in § 260 und eine Rechenschaftspflicht in § 259 geregelt. Darüber hinaus kann sich aus einer Vertragsauslegung eine allgemeine Pflicht zur Auskunftserteilung oder Rechenschaft ergeben. Voraussetzungen für eine Auskunftserteilungspflicht sind:[128]

- Bestehen einer besonderen rechtlichen Beziehung zwischen den Parteien

- Anspruchsteller ist auf die Information durch den Anspruchsgegner angewiesen

- Zumutbarkeit der Auskunftserteilung für den Anspruchsgegner

Eine Rechenschaftspflicht als Nebenleistungspflicht besteht bei allen Schuldverhältnissen, bei denen jemand fremde oder zumindest auch fremde Angelegenheiten besorgt.[129]

4. Abschnitt: Pflichten aus § 241 Abs. 2

79   Die interessengerechte Durchführung des Vertrags ist nicht schon dann gewährleistet, wenn die bestehenden Leistungsverpflichtungen – einschließlich Nebenleistungen – erfüllt werden. Vielmehr bestehen darüber hinaus weitere Verhaltenspflichten, die in § 241 Abs. 2 als Pflichten zur Rücksichtnahme bezeichnet werden.

> Die Terminologie ist uneinheitlich. Auch im Regierungsentwurf werden diese Pflichten als „weitere Verhaltenspflichten", „Schutzpflichten" und als „Rücksichtnahmepflichten" bezeichnet.[130] Ein inhaltlicher Unterschied ist damit nicht verbunden.

Die Rücksichtnahmepflichten entstehen bereits im Stadium der Vertragsanbahnung und dauern auch nach Vertragserfüllung als nachwirkende Vertragspflichten noch an.[131] Anders als bei den Leistungspflichten besteht grundsätzlich **kein einklagbarer Anspruch auf Erfüllung** der Rücksichtnahmepflichten, da diesen Pflichten kein selbst-

---

127 BeckOK/Sutschet § 241 Rn. 62.
128 BGHZ 95, 285, 287 f.; Palandt/Grüneberg § 260 Rn. 4 ff.; MünchKomm/Krüger § 260 Rn. 12.
129 BGH NJW 1979, 1304, 1305; MünchKomm/Krüger § 259 Rn. 6 ff.
130 BT-Drs. 14/6040 S. 125.
131 OLG Zweibrücken NJW-RR 2003, 1600; Palandt/Grüneberg § 242 Rn. 29; Bodewig Jura 2005, 505 ff.

ständiger Eigenzweck zukommt. Es sind letztlich Nichtschädigungspflichten. Erst die Verletzung dieser Pflichten löst Ansprüche aus § 280 Abs. 1 oder §§ 280 Abs. 1 u. 3, 282 aus oder begründet ein Rücktrittsrecht aus § 324.[132]

Ein klagbarer Anspruch auf Einhaltung einer Rücksichtnahmepflicht kann aber dann bestehen, wenn einem Rechtsgut eine unmittelbar bevorstehende konkrete Gefahr droht und das geschuldete Verhalten hinreichend bestimmt ist, sodass es im Vollstreckungsverfahren auch durchgesetzt werden kann.[133]

Die Einhaltung der Verhaltenspflichten bringt dem Gläubiger allein noch keinen Vorteil. Diese Pflichten dienen entweder nur mittelbar dem Erfüllungsinteresse oder sollen den Partner lediglich vor Vermögensnachteilen an seinen Rechtsgütern bewahren.

- Der Schuldner muss alles unterlassen, was die sachgerechte Verwendung des Gegenstands der Leistung verhindert oder beeinträchtigt – **Leistungstreuepflichten**.

- Jeder Vertragspartner muss den anderen über bestehende Gefahren bei der Durchführung des Vertrags aufklären – **Aufklärungspflichten**.

- Schließlich muss jede Partei sich so verhalten, dass an den Rechtsgütern des anderen Vertragspartners keine Nachteile entstehen – **Schutzpflichten**.

Mit Rücksicht darauf, dass es bei Vertragsschluss unmöglich ist, die für die sachgerechte Durchführung des Vertrags entstehenden Verhaltenspflichten aufzuführen und die Vertragsparteien im Regelfall als selbstverständlich davon ausgehen, dass diese Verhaltenspflichten beachtet werden, enthalten die Verträge im Regelfall keine Abreden über die Verhaltenspflichten. Die Verhaltenspflichten ergeben sich vielmehr aus § 241 Abs. 2.

A. Leistungstreuepflichten

Die Leistungstreuepflichten sind aus § 241 Abs. 2 folgende **leistungsbezogene** Pflichten der Parteien eines Schuldverhältnisses, mit dem Inhalt, alles zu unterlassen, was den Vertragszweck oder den Leistungserfolg gefährden oder beeinträchtigen könnte, sowie alles Zumutbare zu tun, um den Erfolg zu ermöglichen oder zu sichern.

80

Beispiel: A tritt an B eine Kaufpreisforderung gegen C ab. Aufgrund des der Abtretung zugrunde liegenden Kausalgeschäfts darf A den Vertragszweck, die Einziehung der Forderung durch B, nicht gefährden oder vereiteln, indem er z.B. die Leistung des nichts ahnenden C annimmt[134] und C von der Zahlungsverpflichtung nach § 407 Abs. 1 frei wird.

B. Aufklärungspflichten

Aufklärungspflichten bestehen nicht schlechthin, sondern **nur dann, wenn** der andere Teil nach den im Geschäftsverkehr herrschenden Anschauungen **redlicherweise eine Aufklärung erwarten darf**, denn die Aufklärungspflichten können nicht dazu dienen, der einen Vertragspartei zulasten der anderen das Geschäftsrisiko abzunehmen. Die Annahme einer Aufklärungspflicht setzt daher Aufklärungsbedürftigkeit auf der einen und Zumutbarkeit der Aufklärung auf der anderen Seite voraus.[135]

81

132 MünchKomm/Roth § 241 Rn. 18.
133 Bodewig Jura 2005, 505, 512.
134 MünchKomm/Roth § 241 Rn. 86.
135 Palandt/Grüneberg § 242 Rn. 37.

Beispiele:

1. V verkauft K einen neuartigen Fußbodenbelag und einen Klebstoff.

Aufgrund des natürlichen Interessenwiderstreits der Parteien besteht keine allgemeine Aufklärungspflicht. Jeder Vertragspartner muss das Verwendungsrisiko selbst tragen. In Ausnahmefällen kann jedoch der andere Partner nach Treu und Glauben und der Verkehrsauffassung redlicherweise eine Aufklärung über solche Umstände erwarten, die den Vertragszweck gefährden können. V muss daher K beispielsweise darauf hinweisen, dass für den Bodenbelag nur ein bestimmter Klebstoff geeignet ist und bei anderen Mitteln das Material unbrauchbar wird. Bezüglich des Klebstoffs muss er K aufklären, wenn das Mittel sehr feuchtigkeitsempfindlich ist und daher bei Feuchtigkeitseinfluss bei der Verwendung keine Klebewirkung erzielt wird.[136]

2. Die Anzeigenannahme einer Zeitung muss den Inserenten einer termingebundenen Anzeige auf einen bevorstehenden Druckerstreik hinweisen.[137]

C. Schutzpflichten

82   Aus jedem Schuldverhältnis folgen für alle Beteiligten umfassende Schutz-, Fürsorge-, Sorgfalts- und Obhutspflichten hinsichtlich der Person und des Vermögens der anderen Partei des Schuldverhältnisses. Die Parteien müssen sich danach bei der Anbahnung und Abwicklung des Schuldverhältnisses so verhalten, dass die Person, das Eigentum oder sonstige Rechtsgüter des anderen Teils nicht verletzt werden. Die Parteien eines Schuldverhältnisses haben also eine umfassende allgemeine **Nichtschädigungspflicht**.[138]

Beispiele:

1. Der Kaufhausinhaber ist in seinem Gefahrenbereich verpflichtet, seine (potenziellen) Kunden vor Schäden am Körper und Eigentum zu bewahren, sodass er Sorge tragen muss für Rutschfestigkeit des Bodenbelags, Verkehrssicherheit von Zugängen und Fahrstühlen, für gefahrlose Aufstellung von Waren usw.[139]

2. Der Mieter muss z.B. beim Umzug darauf achten, dass beim Herein- bzw. Heraustragen der Möbel das Eigentum des Vermieters (z.B. Türen, Geländer) nicht beschädigt wird.

3. Der Veranstalter einer Sportveranstaltung darf zum Schutz der Besucher vor Körper- und Sachschäden nicht mehr Eintrittskarten verkaufen als Plätze vorhanden sind und muss dafür Sorge tragen, dass weder Sportler durch die Unsicherheit der Anlage (z.B. schmierige Radrennbahn) noch Zuschauer durch das Sportgeschehen (z.B. Eishockeyspiel, Motorradrennen) verletzt werden können.

4. Ein Kraftfahrzeughändler, der mit einem Vermittlungsauftrag den Verkauf eines Kundenfahrzeugs übernommen hat, muss als Diebstahlsvorsorge darauf achten, dass das Lenkradschloss eingerastet, die Fahrzeugtüren ordnungsgemäß abgeschlossen und die Fahrzeugschlüssel vor einem Zugriff von Dieben geschützt sind. Es besteht aber keine Verpflichtung, das Ausstellungsgelände zu umzäunen.[140]

5. Abschnitt: Obliegenheiten

83   Neben den Rechtspflichten – Leistungspflichten einschließlich Nebenleistungspflichten einerseits und weiteren Verhaltenspflichten andererseits – gibt es im Schuldverhältnis weitere Verhaltensanforderungen in Form der Obliegenheiten.

---

136   BGHZ 88, 130, 136 f.
137   OLG München MDR 1985, 934.
138   BGH NJW 1983, 2813, 2814; Palandt/Grüneberg § 242 Rn. 35 f.; BeckOK BGB/Sutschet § 241 Rn. 89 ff.
139   BGH NJW 1962, 31; 1986, 2757; OLG Köln MDR 1999, 678.
140   OLG Hamm, Urt. v. 02.07.1998 – 28 U 163/97, NJW-RR 1999, 777.

Bei den Obliegenheiten handelt es sich also um Pflichten geringerer Intensität, nämlich **Verhaltensanforderungen im eigenen Interesse**, die dadurch gekennzeichnet sind, dass dem Berechtigten regelmäßig weder Erfüllungsansprüche noch Klage- und Vollstreckungsmöglichkeiten noch Schadensersatzansprüche bei Verletzung der Obliegenheit zustehen. Dem Belasteten sind vielmehr für den Fall der Nichtbeachtung andere Rechtsnachteile in Aussicht gestellt, insbesondere der Verlust oder die Minderung einer günstigen Rechtsposition.

- Durch drohende Rechtsnachteile wird der Obliegenheitsbelastete indirekt dazu angehalten, gewissen Verhaltensregeln, die der interessengerechten Vertragsabwicklung dienen, nachzukommen.[141]

Beispiele:

1. Gemäß § 377 Abs. 1 HGB hat beim beiderseitigen Handelsgeschäft der Käufer die empfangene Ware zu untersuchen und dem Verkäufer unverzüglich Anzeige zu machen, wenn sich ein Mangel zeigt. Unterlässt der Käufer die Anzeige, so gilt gemäß § 377 Abs. 2 HGB die Ware als genehmigt und der Käufer verliert seine Gewährleistungsrechte.

Diese Regelung dient dem Interesse des Verkäufers, nach jeder Lieferung möglichst schnell zu erfahren, ob er mit Gewährleistungsansprüchen zu rechnen hat.[142] Dieses Interesse erfordert aber keine rechtliche Verpflichtung des Käufers zur Prüfung und Beanstandung. Diese bleiben seinem Belieben überlassen. Kommt er seiner Obliegenheit nicht nach, erleidet er einen Rechtsverlust. Dadurch wird gleichermaßen erreicht, dass der Verkäufer schnell Gewissheit erlangt.

3. Beim gegenseitigen Vertrag besteht die Obliegenheit des Gläubigers, die Leistung des Schuldners nicht unmöglich zu machen. Andernfalls erleidet der Gläubiger den Rechtsnachteil, dass er gemäß § 326 Abs. 2 zur Gegenleistung verpflichtet bleibt, obwohl er die Leistung des Schuldners nicht erhält.

4. Gemäß § 293 besteht die Obliegenheit des Gläubigers, die ihm ordnungsgemäß angebotene Leistung des Schuldners anzunehmen, wenn er die nachteiligen Rechtsfolgen des Annahmeverzugs (z.B. den Gefahrübergang nach § 300 Abs. 2) vermeiden will.

5. Gemäß § 254 Abs. 2 ist der Geschädigte mit der Obliegenheit belastet, den Schuldner auf die Gefahr eines ungewöhnlich hohen Schadens aufmerksam zu machen; außerdem muss er im Rahmen des Zumutbaren dafür sorgen, den Schaden möglichst gering zu halten. Andernfalls entfällt oder mindert sich sein Schadensersatzanspruch.

- **In Ausnahmefällen** kann die Verletzung einer Obliegenheit zum **Schadensersatzanspruch** des Berechtigten führen, wenn eine Obliegenheit durch Parteiwillen oder nach Treu und Glauben zu einer Vertragspflicht wird.

Beispiel: Der BGH hat die Mitwirkung des Bestellers (§ 642) als Gläubigerobliegenheit und zugleich auch als Verpflichtung angesehen.[143] Danach bestehen bei fehlender Mitwirkung nicht nur die Rechte des Unternehmers aus §§ 642 ff., sondern auch ein Erfüllungsanspruch auf die Mitwirkung und gegebenenfalls (bei erfolglosem Fristablauf oder Entbehrlichkeit einer Fristsetzung) ein Schadensersatzanspruch aus §§ 280 Abs. 1 u. 3, 281, der auf Zahlung des vollständigen Werklohns gerichtet ist.

In der Literatur wird die Mitwirkung des Bestellers als Obliegenheit angesehen, die nur dann zu einer Verpflichtung wird, wenn ihre Verweigerung den Vertragszweck gefährdet.[144]

---

141 BGHZ 24, 378, 382.

142 BGHZ 110, 130, 138; Baumbach/Hopt HGB § 377 Rn. 1.

143 BGHZ 11, 80, 83; 50, 175, 178 f.; Armbrüster NZBau 2006, 153 ff.; AS-Skript Schuldrecht BT 1 (2016), Rn. 432 ff.

144 BeckOK/Voit § 642 Rn. 8.

Pflichten und Obliegenheiten aus vertraglichen Schuldverhältnissen

Hauptleistungspflichten

Hauptleistungspflichten sind die Pflichten, derentwegen der Vertrag geschlossen wurde.

- Der Umfang der Hauptleistungspflichten ist durch Auslegung zu ermitteln.

  - Bei der erläuternden Auslegung sind ausgehend vom Wortlaut der Erklärungen die Begleitumstände, der Vertragszweck und die Interessenlage sowie Treu und Glauben und die Verkehrssitte zu berücksichtigen.

  - Gesetzliche Auslegungsregeln sind in § 311 c sowie in den §§ 612 Abs. 2, 632 Abs. 2 und 653 Abs. 2 enthalten.

  - Eine Vertragslücke kann ggf. durch ergänzende Auslegung unter Ermittlung des hypothetischen Parteiwillens geschlossen werden.

- Ist eine Leistung lediglich bestimmbar, muss eine Leistungsbestimmung erfolgen. Dabei sind die vereinbarten, ggf. auch die gesetzlichen Wertmaßstäbe heranzuziehen. Nach den §§ 315 ff. kann eine Leistungsbestimmung durch eine Partei oder einen Dritten vorgenommen werden.

- Auch die Leistungsmodalitäten wie Leistungszeit und Leistungsort sind grundsätzlich durch Auslegung zu ermitteln. Liegen insoweit keine Abreden vor, können Spezialregelungen eingreifen oder die allgemeinen Regeln der §§ 269 und 271.

Nebenleistungspflichten

Nebenleistungspflichten dienen der Vorbereitung, Durchführung und Sicherung der Hauptleistung.

- vereinbarte Nebenleistungspflichten

- gesetzlich geregelte Nebenleistungspflichten

- Nebenleistungspflichten aus § 242

  - Mitwirkungspflichten

  - Auskunftserteilung, Rechenschaftslegung

  - Schutz vor Konkurrenz

Rücksichtnahmepflichten (§ 241 Abs. 2)

Rücksichtnahmepflichten sind im Gegensatz zu den Leistungspflichten nicht einklagbar.

- Leistungstreuepflichten

- Aufklärungspflichten

- Schutzpflichten

Obliegenheiten

Obliegenheiten sind Verhaltensanforderungen im eigenen Interesse.

3. Teil: Verletzung schuldrechtlicher Pflichten

1. Abschnitt: Überblick

Die einzelnen Tatbestände einer Pflichtverletzung sowie deren Rechtsfolgen sind in den §§ 275–292 und §§ 323–326 geregelt. Für eine systematische Darstellung, aber auch in einer Klausurlösung gibt es zwei unterschiedliche Ansatzpunkte, die allerdings eng miteinander verknüpft sind: Man kann von den **Folgen einer Pflichtverletzung** ausgehen (z.B. Schadensersatz, Rücktrittsrecht) oder von den **Tatbeständen der Pflichtverletzung** (z.B. Unmöglichkeit, Verzug).

85

A. Folgen der Verletzung schuldrechtlicher Pflichten

Die Verletzung von Leistungspflichten (§ 241 Abs. 1) oder Rücksichtnahmepflichten (§ 241 Abs. 2) kann verschiedene Rechtsfolgen auslösen:

86

- Die wichtigste Folge einer Pflichtverletzung ist das **Entstehen eines Schadensersatzanspruchs**. Ein solcher setzt zwar das Vertretenmüssen der Pflichtverletzung voraus, dieses wird aber gemäß § 280 Abs. 1 S. 2 vermutet. Der Schuldner muss vortragen und im Streitfall beweisen, dass er die Pflichtverletzung nicht zu vertreten hat.

- Eine weitere bedeutende Folge einer Pflichtverletzung kann das **Erlöschen des Leistungsanspruchs** sein.

  87

  - Im Falle der **Unmöglichkeit** erlischt der Leistungsanspruch automatisch gemäß § 275 Abs. 1. In den Fällen des § 275 Abs. 2 und 3 erlischt der Leistungsanspruch, wenn sich der Schuldner auf sein Leistungsverweigerungsrecht beruft. Braucht der Schuldner gemäß § 275 Abs. 1 bis 3 nicht zu leisten, erlischt sein Anspruch auf die Gegenleistung aus einem gegenseitigen Vertrag grundsätzlich gemäß § 326 Abs. 1 S. 1.

  - Die Leistungsansprüche erlöschen gemäß § 346 Abs. 1, wenn ein **Rücktrittsrecht** ausgeübt wird.

    Die Pflichtverletzungen aus dem Allgemeinen Teil, die zum Entstehen eines Rücktrittsrechts führen, sind die Unmöglichkeit (§§ 326 Abs. 5, 323), die Nichtleistung nach Fristsetzung (§ 323) und die Verletzung von Rücksichtnahmepflichten bei Unzumutbarkeit des Festhaltens am Vertrag (§ 324). Mit Ausübung des Rücktrittsrechts entsteht ein Rückgewährschuldverhältnis.

  - Gemäß § 281 Abs. 4 erlischt der Leistungsanspruch, wenn der Gläubiger **Schadensersatz statt der Leistung** verlangt.

    Ein Anspruch auf Schadensersatz statt der Leistung entsteht bei Unmöglichkeit (§§ 280 Abs. 1 u. 3, 283), Nichtleistung nach Fristsetzung (§§ 280 Abs. 1 u. 3, 281) sowie bei einer Verletzung von Rücksichtnahmepflichten, wenn dem Gläubiger die Leistung durch den Schuldner nicht mehr zuzumuten ist (§§ 280 Abs. 1 u. 3, 282).

- Anspruch auf **Rückforderung der Leistung**

  88

  - direkt gemäß § 326 Abs. 4

  - nach Ausübung eines Rücktrittsrechts gemäß § 346

  - nach h.M. auch als Rechtsfolge eines Schadensersatzanspruchs statt der Leistung

89 ■ Weitere Rechtsfolgen einer Pflichtverletzung können unter anderem sein:

- Aufwendungsersatzanspruch (§ 284),

- Anspruch auf Surrogate (§ 285),

- Gefahrübergang (§ 287) oder

- Verzinsungspflicht (§ 288).

B. Tatbestände der Pflichtverletzung

I. Überblick

90 Entsprechend der Aufteilung der Pflichten in Leistungspflichten (§ 241 Abs. 1) und Rücksichtnahmepflichten (§ 241 Abs. 2) lassen sich bei den Pflichtverletzungen zwei Gruppen unterscheiden, nämlich die Verletzung von Leistungspflichten und die Verletzung von Rücksichtnahmepflichten.

■ Verletzung von Leistungspflichten

- **Unmöglichkeit** liegt vor, wenn der Schuldner die geschuldete Leistung nicht erbringen kann (§ 275 Abs. 1). Der Unmöglichkeit gleichgestellt sind die Fälle des § 275 Abs. 2 (unzumutbarer Aufwand) und § 275 Abs. 3 (unzumutbare persönliche Leistungserbringung).

- Schon die bloße Nichtleistung bei Fälligkeit ist eine Pflichtverletzung, an die aber keine besonderen Rechtsfolgen geknüpft werden. Erhebliche Rechtsfolgen hat die **endgültige Nichtleistung**, die eine **erfolglose Fristsetzung** oder deren Entbehrlichkeit voraussetzt.

- Besonders geregelt ist auch der **Verzug**, der gemäß § 286 Abs. 1 S. 1 grundsätzlich eine Mahnung des Gläubigers voraussetzt.

- **Sonstige Verletzungen** von Leistungspflichten können einen Schadensersatzanspruch aus § 280 Abs. 1 begründen.

■ Verletzung von **Rücksichtnahmepflichten**

- Die Verletzung von Rücksichtnahmepflichten hat besondere Rechtsfolgen, wenn dem Gläubiger die Leistung durch den Schuldner nicht mehr zuzumuten ist (§§ 280 Abs. 1 u. 3, 282; § 324). Dies wird aber nur ausnahmsweise der Fall sein.

- Regelmäßig führt die Verletzung von Rücksichtnahmepflichten nur zu einem Schadensersatzanspruch aus § 280 Abs. 1.

91

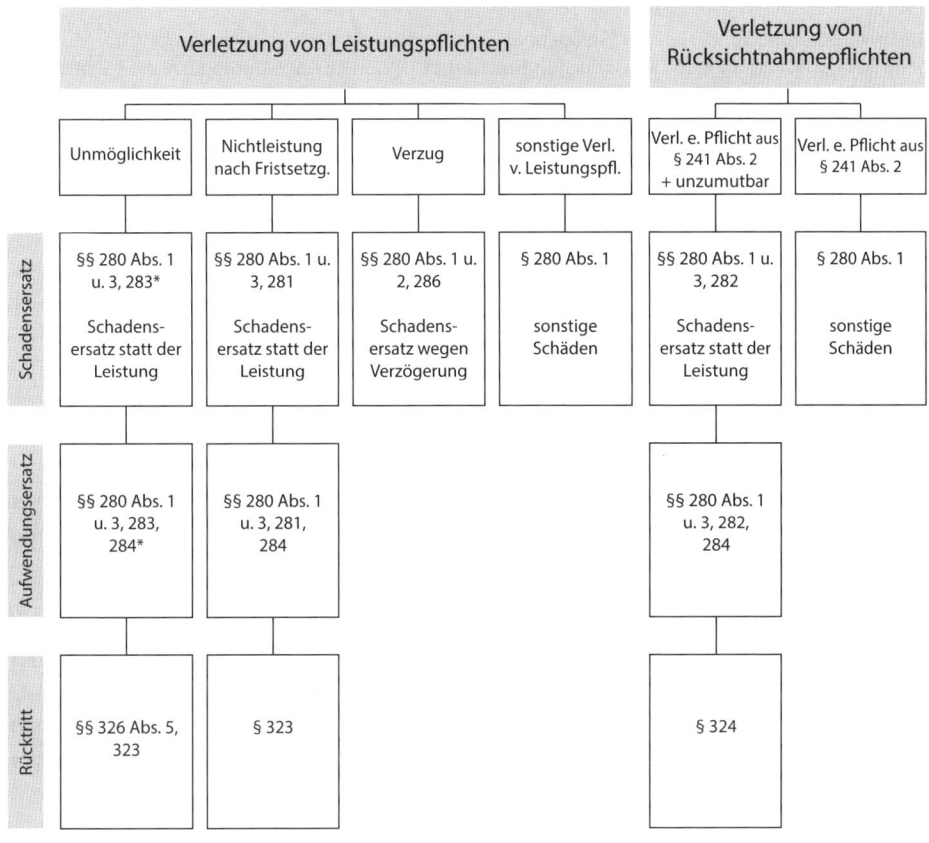

Im Schuldrecht AT geregelte Pflichtverletzungen und deren wichtigste Rechtsfolgen:

*§ 311a Abs. 2 ist nicht aufgeführt, da bei anfänglicher Unmöglichkeit keine Leistungspflicht besteht.

II. Abgrenzung der Pflichtverletzungen

Die Unmöglichkeit ist ein Spezialfall der endgültigen Nichtleistung. Daraus folgt insbe-   92
sondere, dass der Schadensersatzanspruch aus §§ 280 Abs. 1 u. 3, 283 **spezieller** ist als
der aus §§ 280 Abs. 1 u. 3, 281.

Für die Fälle der anfänglichen Unmöglichkeit besteht eine spezielle Regelung des Schadensersatzanspruchs in § 311a Abs. 2. Dieser Anspruch beruht allerdings nicht auf der Verletzung einer Leistungspflicht, da bei anfänglicher Unmöglichkeit keine Leistungspflichten bestehen.[145]

Der Verzug zeichnet sich dadurch aus, dass die Nichtleistung nicht endgültig, sondern
nur vorübergehend ist. Der Schadensersatzanspruch aus §§ 280 Abs. 1 u. 2, 286 regelt
daher nur die vorübergehende Nichtleistung und deren schadensrechtliche Folgen. Ist
die Nichtleistung endgültig, bestehen Spezialregelungen in § 311a Abs. 2, §§ 280 Abs. 1
u. 3, 283 und §§ 280 Abs. 1 u. 3, 281.

---

145 BT-Drs. 14/6040 S. 164.

Für die Verletzung von Leistungspflichten gibt es neben Unmöglichkeit, Nichtleistung nach Fristsetzung und Verzug im Schuldrecht AT keine Sonderregelung. Die sonstige Verletzung von Leistungspflichten kann einen Schadensersatzanspruch aus § 280 Abs. 1 begründen.

Beispiel: Beratungsfehler bei der Anlagenberatung begründen keine Gewährleistungsrechte, da es beim Beratungsvertrag kein Gewährleistungsrecht gibt. Ansprüche aus Unmöglichkeit, Nichtleistung nach Fristsetzung oder Verzug scheiden aus, da es nicht um eine endgültige oder vorübergehende Nichtleistung, sondern um eine Schlechtleistung geht. Es bleibt ein Anspruch des fehlerhaft Beratenen aus § 280 Abs. 1.

Bei der Verletzung von Rücksichtnahmepflichten bestehen Spezialregelungen dann, wenn dem Gläubiger die Leistung durch den Schuldner nicht mehr zuzumuten ist (§ 282) bzw. ihm ein Festhalten am Vertrag nicht mehr zuzumuten ist (§ 324). Diese Regelungen erfassen seltene Ausnahmefälle. Regelmäßig führt die Verletzung von Rücksichtnahmepflichten nur zu einem Schadensersatzanspruch aus § 280 Abs. 1.

III. Einordnung des Gewährleistungsrechts in das System der allgemeinen Vorschriften

93   Gewährleistungsvorschriften sind **vorrangige Sonderregeln.** Im Kauf- und Werkvertragsrecht wird allerdings weitgehend auf die Vorschriften des Allgemeinen Teils verwiesen (vgl. § 437 und § 634).

Dadurch dass der Käufer einer Sache gemäß § 433 Abs. 1 S. 2 einen Erfüllungsanspruch auf Übertragung einer mangelfreien Sache hat und ihm gemäß § 439 Abs. 1 ein Nacherfüllungsanspruch zusteht, ist es möglich, die **Gewährleistung im Kaufrecht** in das allgemeine Leistungsstörungsrecht einzuordnen. Die Verletzung des Anspruchs auf mangelfreie Lieferung ist ebenso wie die Verletzung des Nacherfüllungsanspruchs die Verletzung einer Leistungspflicht.

Für die Verletzung dieser Pflichten verweist § 437 weitgehend auf die Regelungen des Allgemeinen Teils. Schadensersatzansprüche des Käufers wegen eines Mangels und der Verletzung der Nacherfüllungspflicht können sich ergeben aus:

- §§ 437 Nr. 3, 311a Abs. 2 wegen anfänglicher Unmöglichkeit der Nacherfüllung,

- §§ 437 Nr. 3, 280 Abs. 1 u. 3, 283 wegen nachträglicher Unmöglichkeit der Nacherfüllung,

- §§ 437 Nr. 3, 280 Abs. 1 u. 3, 281: Schadensersatz statt der Leistung nach einer Fristsetzung zur Nacherfüllung, wobei die Fristsetzung auch nach § 440 oder § 281 Abs. 2 entbehrlich sein kann,

- §§ 437 Nr. 3, 280 Abs. 1 u. 2, 286 wegen Verzugs mit der Nacherfüllung,

  § 437 verweist zwar nicht direkt auf § 286, aber auf § 280 und damit über dessen Abs. 2 auch auf § 286.[146]

---

146   BT-Drs. 14/6040 S. 225; Palandt/Weidenkaff § 437 Rn. 36.

- §§ 437 Nr. 3, 280 Abs. 1 für alle Schäden, die allein auf der mangelhaften Lieferung beruhen und nicht auf dem vollständigen Ausbleiben oder der Verzögerung der Nacherfüllung.

Soweit der Käufer Schadensersatzansprüche geltend macht, die nicht im Zusammenhang mit einer mangelhaften Lieferung stehen, kommen die oben aufgeführten Schadensersatzansprüche in Betracht (wegen Unmöglichkeit, Verzug, Nichtleistung nach Fristsetzung oder sonstigen Pflichtverletzungen). Auch die Verletzung von Rücksichtnahmepflichten ist unabhängig vom Gewährleistungsrecht. Allerdings kann das Gewährleistungsrecht als Spezialregelung die Anwendung der Regeln über die Verletzung von Rücksichtnahmepflichten ausschließen.

Beispiel: § 280 Abs. 1 ist unanwendbar, soweit der Käufer geltend macht, der Verkäufer habe ihn nicht über Mängel der Kaufsache aufgeklärt.

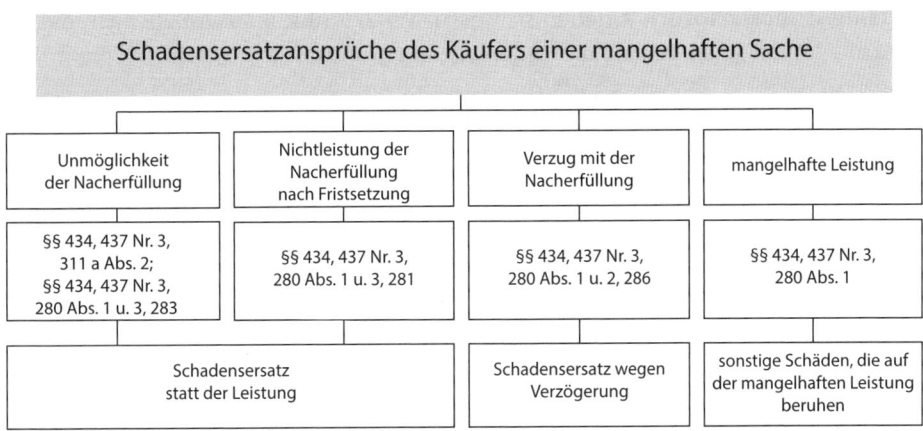

Im **Werkvertragsrecht** besteht eine nahezu identische Regelung. Der Besteller eines Werks hat gemäß § 633 Abs. 1 einen Anspruch auf Verschaffung des Werks frei von Sach- und Rechtsmängeln. Leistet der Werkunternehmer mangelhaft, besteht gemäß §§ 634 Nr. 1, 635 ein Nacherfüllungsanspruch. Werden diese Leistungspflichten verletzt, bestimmen sich die Rechte des Bestellers gemäß § 634 Nr. 3 und 4 weitgehend nach den Vorschriften des Allgemeinen Teils.

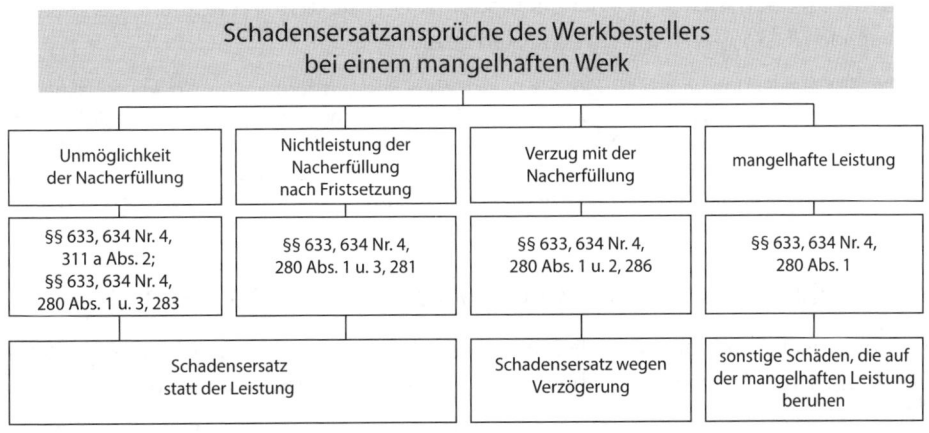

Im **Mietrecht** sind die §§ 536 ff. Sonderregelungen der Gewährleistung. Verweisungen wie in § 437 und § 634 enthält das Mietrecht nicht.

Das **Reisevertragsrecht** enthält in den §§ 651 c ff. ein spezielles Gewährleistungsrecht.

2. Abschnitt: Unmöglichkeit

94 Die Regelungen zur Unmöglichkeit der Leistung im Überblick:

- § 275 regelt den **Ausschluss des Leistungsanspruchs** bei Unmöglichkeit (Abs. 1) und gibt dem Schuldner Leistungsverweigerungsrechte in Fällen, in denen die Erbringung der Leistung einen unverhältnismäßigen Aufwand erfordert oder unzumutbar ist (Abs. 2 und 3).

- Die Auswirkungen einer Leistungsbefreiung gemäß § 275 Abs. 1 bis 3 auf den **Gegenleistungsanspruch** ergeben sich gemäß § 275 Abs. 4 aus § 326, nach dessen Abs. 1 S. 1 der Anspruch auf die Gegenleistung grundsätzlich erlischt.

  Ausnahmen von diesem Grundsatz enthalten § 326 Abs. 1 S. 2, § 326 Abs. 2 und 3 und die Gefahrtragungsregeln.

- Infolge der Befreiung von der Leistungspflicht gemäß § 275 Abs. 1 bis 3 können gemäß § 275 Abs. 4 **Sekundärleistungsansprüche** entstehen:

  - **§ 311a Abs. 2** regelt die Voraussetzungen eines Schadensersatzanspruchs und wahlweise eines Aufwendungsersatzanspruchs bei **anfänglicher** Unmöglichkeit.

  - **§§ 280 Abs. 1 u. 3, 283** enthalten die Voraussetzungen eines Schadensersatzanspruchs statt der Leistung bei **nachträglicher** Unmöglichkeit.

  - Gemäß **§§ 280 Abs. 1 u. 3, 283, 284** kann bei nachträglicher Unmöglichkeit **Aufwendungsersatz** verlangt werden.

  - **§ 285** enthält einen Anspruch auf **Surrogate**, die der Schuldner infolge der Leistungsbefreiung erlangt hat.

  - Gemäß **§ 326 Abs. 4 i.V.m. §§ 346–348** kann eine erbrachte Gegenleistung zurückgefordert werden.

- Gemäß **§§ 326 Abs. 5, 323** hat der Gläubiger ein **Rücktrittsrecht**, wenn der Schuldner nach § 275 Abs. 1–3 nicht zu leisten braucht.

  Da die Gegenleistung gemäß § 326 Abs. 4 auch ohne Rücktritt zurückgefordert werden kann, hat das Rücktrittsrecht vor allem eine Bedeutung bei der Teilunmöglichkeit und der Unmöglichkeit der Nacherfüllung, weil in diesen Fällen der Gegenleistungsanspruch gemäß § 326 Abs. 1 S. 1 Hs. 2 nur teilweise oder gemäß § 326 Abs. 1 S. 2 überhaupt nicht erlischt. Zum Erlöschen des Gegenleistungsanspruchs und der Begründung eines Rückforderungsanspruchs ist in diesen Fällen der Rücktritt erforderlich.

A. Ausschluss des Leistungsanspruchs gemäß § 275 Abs. 1–3

95 Unmöglichkeit liegt vor, wenn die geschuldete Leistung nicht erbracht werden kann. Der Anspruch auf eine unmögliche Leistung ist gemäß **§ 275 Abs. 1** ausgeschlossen.

In den Fällen des **§ 275 Abs. 2 und Abs. 3** kann die Leistung (theoretisch) erbracht werden, da dies aber für den Schuldner nicht zumutbar ist, hat der Schuldner ein Leistungsverweigerungsrecht. Wenn er dieses ausübt, braucht er die Leistung nicht zu erbringen. Die Fälle des § 275 Abs. 2 und 3 werden dann wie die Unmöglichkeit i.S.d. § 275 Abs. 1 behandelt.

§ 275 Abs. 4 verweist bezüglich der Rechte des Gläubigers für alle drei Fälle des Ausschlusses des Leistungsanspruchs auf die §§ 280, 283–285, 311 a und 326.

Die Tatbestände des § 275 Abs. 1–3 unterscheiden auch nicht zwischen **anfänglichen und nachträglichen** Leistungshindernissen. Diese Unterscheidung ist **nur relevant für** die **Schadens- und Aufwendungsersatzansprüche**, die sich bei anfänglichen Leistungshindernissen aus § 311 a Abs. 2 und bei nachträglichen Leistungshindernissen aus §§ 280 Abs. 1 und 3, 283, 284 ergeben.

I. Unmöglichkeit i.S.d. § 275 Abs. 1

Nach § 275 Abs. 1 ist der Anspruch auf die Leistung ausgeschlossen, soweit diese für den Schuldner oder für jedermann unmöglich ist. Danach ist nur der Anspruch auf die Leistung ausgeschlossen, ein **Vertrag**, der auf eine unmögliche Leistung gerichtet ist, ist aber **wirksam, § 311 a Abs. 1**.

96

Die Formulierung „soweit" schließt die teilweise Unmöglichkeit mit ein. Nicht übernommen wurde der Text des Regierungsentwurfs, in dem es hieß „soweit und solange". Von einer Regelung der vorübergehenden Unmöglichkeit wurde im späteren Gesetzgebungsverfahren Abstand genommen, u.a. auch weil die Regelung diesbezüglich im Regierungsentwurf unvollständig war und Folgeprobleme nicht erfasste. Die Einordnung vorübergehender Leistungshindernisse sollte wie bisher der Rechtsprechung und Literatur überlassen bleiben.[147]

Mit der Formulierung „für den Schuldner oder für jedermann unmöglich" wird die **subjektive Unmöglichkeit** (das Unvermögen) der **objektiven Unmöglichkeit gleichgestellt**.

Die Feststellung, ob eine Leistung unmöglich ist, hängt immer davon ab, welche Leistung geschuldet ist. Da aufgrund der Vertragsfreiheit der Inhalt der geschuldeten Leistungen nicht abschließend bestimmt werden kann, gibt es auch kein abschließendes System der Fallgruppen der Unmöglichkeit. Es gibt aber eine Reihe besonders prüfungsrelevanter Fallgruppen:

- Einer der häufigsten Fälle der Unmöglichkeit ist der **Untergang des Leistungsgegenstands**.

  - Bei der **Stückschuld** kann nach dem Untergang der Sache das konkret geschuldete Stück nicht mehr geleistet werden.

  - Bei der **Gattungsschuld** tritt grundsätzlich keine Unmöglichkeit ein, solange die Leistung aus der Gattung noch möglich ist.

---

147 BT-Drs. 14/7052 S. 183; zur vorübergehenden Unmöglichkeit vgl. unten Rn. 134 ff.

- Ist ein **Dritter Eigentümer** (und/oder Besitzer) der geschuldeten Sache, hängt die Unmöglichkeit davon ab, ob der Dritte bereit ist, das Eigentum zu übertragen bzw. die Sache herauszugeben.

- Die Unmöglichkeit kann auch darauf beruhen, dass der Gegenstand, an dem die Leistung zu erbringen ist (das **Leistungssubstrat**), untergegangen oder dass der **Leistungserfolg anderweitig eingetreten** ist.

- Wenn der Schuldner **Leistungen persönlich zu erbringen** hat, dazu aber nicht in der Lage ist, stellt sich die Frage, ob Unmöglichkeit vorliegt oder ob ein Dritter im Auftrag des Schuldners die Leistung erbringen kann.

- Eine Leistung kann **durch Zeitablauf** unmöglich werden.

- Die **vorübergehende Unmöglichkeit** hat sowohl Merkmale der Unmöglichkeit als auch solche der Leistungsverzögerung.

1. Untergang des Leistungsgegenstands bei der Stückschuld

97 Bei der Stückschuld ist nur eine ganz bestimmte Sache geschuldet. Deren Untergang führt dazu, dass der Schuldner die Leistung nicht mehr erbringen kann.

Beispiel: Die Originalskulptur eines bestimmten Künstlers wird völlig zerstört.

2. Unmöglichkeit bei der Gattungsschuld

98 Bei der Gattungsschuld wird eine Sache (oder mehrere Sachen) aus einer bestimmten Gattung geschuldet. Solange noch Sachen aus der Gattung verfügbar sind, tritt grundsätzlich keine Unmöglichkeit ein.

- Die Erfüllung der Schuld wird dagegen unmöglich, wenn die **gesamte Gattung untergeht**, d.h. auf dem Markt nicht mehr verfügbar ist.[148]

- Unmöglichkeit ist auch gegeben, wenn die Parteien vereinbart haben, dass die geschuldete Leistung nur aus einem bestimmten Teil der Gattung zu erbringen ist (**beschränkte Gattungsschuld** oder **Vorratsschuld**) und dieser Teil der Gattung nicht mehr verfügbar ist.

Ob eine normale Gattungsschuld oder eine bloße Vorratsschuld vorliegt, ist mangels ausdrücklicher Parteivereinbarung durch Auslegung zu ermitteln, wobei eine Vorratsschuld regelmäßig dann anzunehmen ist, wenn Lieferverträge mit dem Hersteller einer Ware geschlossen werden, die besondere Eigenschaften aufweist.[149]

Beispiele:

1. Der Weinhändler V verkauft K 120 Flaschen Riesling „Wehlener Sonnenuhr" Jahrgang 2013.

Es handelt sich um einen unbeschränkten Gattungskauf. Dies hat zur Folge, dass V auch dann zur Lieferung verpflichtet bleibt, wenn die für K vorgesehenen Flaschen in seinem Lager vernichtet werden. Denn der Schuldner einer unbeschränkten Gattungsschuld wird erst beim Untergang der gesamten Gattung von seiner Leistungspflicht befreit. Die unbeschränkte Gattungsschuld ist eine Beschaffungsschuld.

---

148   Palandt/Grüneberg § 243 Rn. 3.
149   MünchKomm/Emmerich § 243 Rn. 14; Palandt/Grüneberg § 243 Rn. 3.

2. Der Winzer V verkauft K 120 Flaschen Riesling „Wehlener Sonnenuhr" Jahrgang 2013.

Es handelt sich um einen Kaufvertrag über eine auf die Ernte des V beschränkte Gattungsschuld. Eine solche Gattungsbeschränkung ergibt sich aus einer Vertragsauslegung nach §§ 133, 157, da die Eingehung einer Verpflichtung zur Lieferung von Wein durch einen Winzer nach Treu und Glauben sowie der Verkehrssitte mangels gegenteiliger Anhaltspunkte nur so verstanden werden kann, dass die Lieferungsverpflichtung auf die eigene Ernte beschränkt ist.[150] Geht bei beschränkter Gattungsschuld der Vorrat unter, so wird der Schuldner gemäß § 275 Abs. 1 von der Leistungspflicht befreit. Eine Beschaffungspflicht besteht im Gegensatz zur unbeschränkten Gattungsschuld nicht.[151]

■ Der **häufigste Fall** der Unmöglichkeit bei einer Gattungsschuld liegt dann vor, wenn sich gemäß **§ 243 Abs. 2** das Schuldverhältnis auf einen bestimmten Gegenstand **konkretisiert** hat und dieser Gegenstand untergeht.

■ Eher selten ist der Fall, dass die Unmöglichkeit dadurch eintritt, dass bei Untergang der Sache die Leistungsgefahr gemäß **§ 300 Abs. 2** durch Annahmeverzug auf den Gläubiger übergegangen ist.

Nach **§ 243 Abs. 2** beschränkt sich das Schuldverhältnis auf einen bestimmten Gegenstand, d.h. die **Gattungsschuld wird zur Speziesschuld**, sobald der Schuldner das zur Leistung eines dem Standard des § 243 Abs. 1 bzw. § 360 HGB entsprechenden Gegenstands seinerseits Erforderliche getan hat. Der Schuldner muss also die nach dem Vertrag geschuldeten Erfüllungshandlungen erbringen, damit die Gattungsschuld durch Konkretisierung nach § 243 Abs. 2 zur Stückschuld wird mit der Folge, dass sich die Leistungspflicht des Schuldners nur noch auf diesen Gegenstand beschränkt.

99

Wenn nach Konkretisierung die Sache untergeht, liegt nach ganz h.M. Unmöglichkeit vor, weil nur noch eine bestimmte Sache geschuldet wurde und diese Sache nicht mehr geleistet werden kann.[152]

■ Welche Erfüllungshandlungen zur Herbeiführung der Konkretisierung gemäß § 243 Abs. 2 notwendig sind, hängt davon ab, ob eine Hol-, Bring- oder Schickschuld vorliegt.

■ Umstritten ist, ob der Schuldner die einmal herbeigeführte Konkretisierung wieder rückgängig machen kann mit der Folge, dass nunmehr wieder eine Gattungssache geschuldet wird.

a) Konkretisierung der Gattungsschuld im Falle der Holschuld

Bei einer Holschuld tritt Konkretisierung unter folgenden Voraussetzungen ein:

100

■ **Aussonderung** einer Gattungssache mittlerer Art und Güte

■ **Aufforderung** des Schuldners an den Gläubiger, die Sache abzuholen, oder Mitteilung der Leistungsbereitschaft.[153]

---

150 MünchKomm/Emmerich § 243 Rn. 14.
151 Palandt/Grüneberg § 243 Rn. 3; MünchKomm/Emmerich § 243 Rn. 14 f.
152 Fest ZGS 2005, 18, 21; Lorenz ZGS 2003, 421, 422; Faust ZGS 2004, 252, 256; a.A. Balthasar/Bolten ZGS 2004, 411, 414; Bitter ZIP 2007, 1881.
153 Palandt/Grüneberg § 243 Rn. 5; MünchKomm/Emmerich § 243 Rn. 31.

101   ■ **Umstritten** ist, ob für die Konkretisierung der **Ablauf einer angemessenen Frist** erforderlich ist, die der Gläubiger benötigt, um die Sache abzuholen. Der Ablauf einer Frist ist jedenfalls dann erforderlich, wenn die Parteien einen Zeitpunkt oder eine Frist für die Abholung vereinbart haben. Aber auch für den Fall, dass die Parteien keine Vereinbarung getroffen haben, wird überwiegend angenommen, eine Konkretisierung trete erst nach Ablauf einer angemessenen Frist für die Abholung ein.[154] Dafür spreche, dass der Schuldner es in der Hand habe, den Zeitpunkt der Mitteilung der Leistungsbereitschaft zu bestimmen. Der Gläubiger müsse nach Treu und Glauben (§ 242) eine faire Chance zum Abholen haben, damit durch die Konkretisierung die Leistungsgefahr auf ihn übergehe.

b) Konkretisierung bei der Bringschuld

102   Eine Bringschuld liegt vor, wenn der Schuldner die zur Erfüllung erforderlichen Leistungshandlungen am Wohnsitz (oder Geschäftssitz, vgl. § 269 Abs. 2) des Gläubigers vornehmen muss. Eine Konkretisierung kann daher immer erst mit dem **tatsächlichen Angebot beim Gläubiger** eintreten.

Beispiel: V verkauft K 300 Kilo Tomaten. V soll die Tomaten bei K anliefern. Als V bei K erscheint, lehnt K die Annahme ab. Auf dem Rückweg werden die Früchte bei einem von V nicht zu vertretenden Verkehrsunfall zerstört.

I. Anspruch des K auf Lieferung gemäß § 433 Abs. 1 S. 1
Der Anspruch ist mit Abschluss des Kaufvertrags entstanden. Er könnte gemäß § 275 Abs. 1 erloschen sein. Die Parteien haben eine Gattungsschuld vereinbart, die Lieferung aus der Gattung ist weiterhin möglich. Da V dem K die Früchte aber tatsächlich angeboten hat, ist gemäß § 243 Abs. 2 Konkretisierung auf diese Tomaten eingetreten. Mit der Zerstörung der Tomaten wurde V gemäß § 275 Abs. 1 von seiner Leistungspflicht befreit.

II. Anspruch des V gegen K auf Zahlung des Kaufpreises gemäß § 433 Abs. 2
Der Anspruch ist mit Abschluss des Kaufvertrags entstanden. Er könnte gemäß § 326 Abs. 1 S. 1 untergegangen sein, weil V die Erfüllung der Leistungsverpflichtung unmöglich geworden ist. K ist jedoch dadurch, dass er die Annahme der gelieferten Ware abgelehnt hat, in Annahmeverzug geraten. Da V die Unmöglichkeit nicht zu vertreten hat, trägt K gemäß § 326 Abs. 2 S. 1 Alt. 2 die Preisgefahr. Er muss den Kaufpreis zahlen, ohne die Gegenleistung zu erhalten.

103   *Hinweis: Mit einem tatsächlichen Angebot tritt, wenn der Gläubiger es ablehnt, zugleich Annahmeverzug ein. In diesem Fall geht nach dem Wortlaut des § 300 Abs. 2 die Gefahr auf den Gläubiger über. Hat der Schuldner ein tatsächliches Angebot abgegeben, ist § 300 Abs. 2 aber nicht anwendbar, da bereits eine Konkretisierung und damit ein* **Gefahrübergang** *nach § 243 Abs. 2 erfolgt ist. Ein Gefahrübergang nach § 300 Abs. 2 findet demgegenüber statt, wenn der Annahmeverzug durch ein wörtliches Angebot gemäß § 295 eingetreten ist oder ein Angebot gemäß § 296 überflüssig war.[155]*

---

154   MünchKomm/Emmerich § 243 Rn. 29; Palandt/Grüneberg § 243 Rn. 6; Looschelders Rn. 251; a.A. Jauernig/Berger § 243 Rn. 9.

155   Palandt/Grüneberg § 300 Rn. 6.

c) Konkretisierung bei der Schickschuld

Bei der Schickschuld hat der Schuldner das seinerseits Erforderliche zur Erfüllung getan, **104** wenn er eine **Gattungssache mittlerer Art und Güte** an eine **sorgfältig ausgewählte Versandperson übergeben** hat.

Beispiel: K kauft im Versandhandel des V ein neues Notebook Samsung X20. V versendet ein entsprechendes Gerät. Auf dem Transport wird das Notebook bei einem Unfall zerstört.

I. Der Anspruch des K gegen V auf Lieferung aus § 433 Abs. 1 S. 1 ist gemäß § 275 Abs. 1 erloschen. Es wurde zwar eine Gattungssache verkauft, gemäß § 243 Abs. 2 ist jedoch Konkretisierung eingetreten, da V das seinerseits Erforderliche getan hat. Er hat das Notebook einer sorgfältig ausgesuchten Transportperson übergeben. Mit dem Untergang der Kaufsache ist der Erfüllungsanspruch gemäß § 275 Abs. 1 erloschen.
II. Der Anspruch des V gegen K auf Zahlung des Kaufpreises aus § 433 Abs. 2 ist gemäß § 326 Abs. 1 S. 1 erloschen. Die Gefahrtragungsregel des § 447 greift gemäß § 474 Abs. 2 nicht ein, da es sich um einen Verbrauchsgüterkauf handelt.

d) Bindung an die Konkretisierung

Ob der Schuldner die einmal eingetretene Konkretisierung wieder rückgängig machen **105** kann mit der Folge, dass nunmehr wieder eine Sache aus der Gattung geschuldet wird, ist gesetzlich nicht geregelt. In Rechtsprechung und Literatur werden dazu mehrere im Ausgangspunkt **verschiedene**, aber im Ergebnis häufig gleiche **Meinungen** vertreten:

- Nach h.M. ist die Konkretisierung **grundsätzlich unwiderruflich**, da durch die Konkretisierung einerseits dem Gläubiger ermöglicht werden soll, bereits vor vollständiger Erfüllung über die Ware zu disponieren; andererseits soll dem Schuldner die Möglichkeit zur Spekulation auf Kosten des Gläubigers genommen werden.[156] In Ausnahmefällen sei dem Schuldner aber gemäß § 242 die Berufung auf die Konkretisierung verwehrt.

  Beispiele für die Ausnahmen:

  1. Der Gläubiger lehnt die Annahme der angebotenen Sache grundlos ab.

  2. Der Gläubiger hat keinerlei Interesse daran, dass der Schuldner gerade mit dem Gegenstand erfüllt, auf den sich die Leistungspflicht konkretisiert hat.[157]

- Nach der Gegenansicht ist § 243 Abs. 2 in erster Linie eine Schutzvorschrift zugunsten des Schuldners. Auf diesen Schutz kann jedoch der Schuldner verzichten und die Konkretisierung **grundsätzlich rückgängig** machen mit der Folge, dass dadurch wieder eine Sache aus der Gattung geschuldet wird.[158] Zum Schutz des Gläubigers seien aber bestimmte Ausnahmen zu machen, insbesondere dann, wenn der Gläubiger ein berechtigtes Interesse an der Lieferung des Gegenstands hat, auf den sich die Konkretisierung bezieht.

  Beispiel für eine Ausnahme: Die Entkonkretisierung ist ausgeschlossen, wenn der Gläubiger die konkretisierte Sache bereits geprüft bzw. selbst ausgesucht hat.[159]

---

156 BGH NJW 1982, 873; OLG Köln NJW 1995, 3129; MünchKomm/Emmerich § 243 Rn. 33 ff.; Looschelders Rn. 257.

157 MünchKomm/Emmerich § 243 Rn. 34.

158 Faust ZGS 2004, 252, 257; Staudinger/Schiemann § 243 Rn. 43; Jauernig/Berger § 243 Rn. 11.

159 Staudinger/Schiemann § 243 Rn. 43.

> **Fall 3: Fernseher in Flammen**
>
> Der Elektrogroßhändler V verkauft dem Einzelhändler K zu seinem Listenpreis 15 LCD-TV Philips PF. K soll die Geräte bei V abholen. Von den von der Fabrik gelieferten Geräten stellt V in seinem Lagerraum 15 Geräte für K bereit und bittet den K, diese wegen der beschränkten Lagerungsmöglichkeiten sofort abzuholen. Zwei Tage später kommt es ohne Verschulden des V zu einem Brand in dem Lagerraum, und die für K bereitgestellten Geräte werden zerstört.
>
> 1. K verlangt Erfüllung des Kaufvertrags. Er weist darauf hin, dass er erst am Tage des Lagerbrands die Aufforderung zum Abholen erhalten habe und ihm das Abholen so kurzfristig nicht möglich gewesen sei. V verlangt Bezahlung der zerstörten Geräte. Zu Recht?
>
> 2. Falls V kein Geld für die abgebrannten Geräte erhält, möchte er zumindest 15 andere Geräte der verkauften Serie bereitstellen und von K gegen Kaufpreiszahlung abholen lassen.

106   A. Anspruch des K auf Erfüllung und Zahlungsanspruch des V

      I.   Dem K könnte gegen den V ein Lieferungsanspruch gemäß **§ 433 Abs. 1 S. 1** zustehen.

         1. Mit der Einigung zwischen V und K über die Lieferung von 15 Fernsehgeräten gegen Zahlung des Listenpreises ist der Vertrag zustande gekommen und der Lieferungsanspruch gemäß § 433 Abs. 1 S. 1 entstanden.

         2. Der Anspruch auf die Lieferung könnte gemäß § 275 Abs. 1 untergegangen sein.

           Es tritt Unmöglichkeit ein, wenn sich das Schuldverhältnis gemäß § 243 Abs. 2 auf eine bestimmte Sache beschränkt und diese Sache untergeht. Im vorliegenden Fall ist danach mit dem Untergang der 15 Geräte Unmöglichkeit eingetreten, wenn der V im Zeitpunkt des Brandes bereits das seinerseits Erforderliche gemäß § 243 Abs. 2 getan hatte. V und K haben eine Holschuld vereinbart. Zur Konkretisierung bei einer Holschuld ist erforderlich, dass der Schuldner eine Sache mittlerer Art und Güte **ausgesondert** und **den Gläubiger zum Abholen aufgefordert** oder von seiner Leistungsbereitschaft Mitteilung gemacht hat.

           V hat die 15 Geräte in seinem Lagerraum bereitgestellt und K gebeten, sie sofort abzuholen.

107   Da K die Aufforderung zum Abholen erst am Tag des Lagerbrands erhalten hat, stellt sich die Frage, ob für die Konkretisierung nicht weiterhin der **Ablauf einer angemessenen Frist** zur Abholung erforderlich ist.

           a) Für das Erfordernis des Ablaufs einer Frist spricht, dass damit dem Gläubiger eine Chance gegeben wird, die Sache abzuholen, bevor die Leistungsgefahr auf ihn übergeht.[160]

---

160   Palandt/Grüneberg § 243 Rn. 5; Canaris JuS 2007, 793, 795.

b) Gemäß § 243 Abs. 2 tritt die Konkretisierung jedoch schon dann ein, wenn der Schuldner das seinerseits Erforderliche getan hat. Diese Voraussetzung ist schon mit der Aussonderung und der Mitteilung zum Abholen erfüllt. Der Ablauf einer Frist ist für die Konkretisierung nur dann erforderlich, wenn die Parteien dies vereinbart haben, indem sie einen Annahmezeitpunkt oder eine Annahmefrist bestimmt haben.[161] Mit dem Zugang der Aufforderung des V an K, die Fernsehgeräte abzuholen, ist die Konkretisierung eingetreten. Es kommt nicht darauf an, dass der Gläubiger praktisch keine Möglichkeit hatte, die Geräte vor der Zerstörung abzuholen.

Da sich das Schuldverhältnis vor dem Brand auf die 15 Fernsehgeräte beschränkt hat, ist der Anspruch auf Lieferung nach letztgenannter Ansicht gemäß § 275 Abs. 1 untergegangen.

Der Lieferungsanspruch des K aus § 433 Abs. 1 S. 1 ist gemäß § 275 Abs. 1 erloschen. **108**

II. V könnte gegen K ein Zahlungsanspruch aus **§ 433 Abs. 2** zustehen.

1. Mit dem Zustandekommen des Kaufvertrags ist der Kaufpreisanspruch entstanden.

2. Mit dem Untergang des Leistungsanspruchs gemäß § 275 Abs. 1 erlischt gemäß § 326 Abs. 1 S. 1 grundsätzlich auch der Anspruch auf die Gegenleistung. Der Gegenleistungsanspruch des V könnte hier allerdings gemäß **§ 326 Abs. 2 S. 1 Alt. 2** bestehen geblieben sein. **109**

Dann müsste sich K im **Annahmeverzug** befunden und V den Eintritt der Unmöglichkeit nicht zu verantworten haben. Nach § 299 tritt der Annahmeverzug jedoch nicht ein, wenn die Leistungszeit nicht bestimmt ist und der Gläubiger nur vorübergehend an der Annahme verhindert ist, es sei denn, dass der Schuldner ihm die Leistung eine angemessene Zeit vorher angekündigt hat. Diese Voraussetzungen liegen hier vor. Dem K war das Abholen kurzfristig nicht möglich. Da V die Leistung nicht vorher angekündigt hat, ist K nicht in Annahmeverzug geraten. Der Kaufpreisanspruch des V ist gemäß § 326 Abs. 1 S. 1 erloschen.

B. Anspruch des V auf **Bezahlung** aus § 433 Abs. 2 **nach erneuter Bereitstellung** anderer Fernsehgeräte **110**

Der Kaufpreisanspruch des V ist gemäß § 326 Abs. 1 S. 1 mit dem Erfüllungsanspruch des K erloschen, weil Konkretisierung auf die bereitstehenden Geräte eingetreten ist und diese untergegangen sind. Möglicherweise kann aber V die Konkretisierung rückgängig machen. K hätte dann wieder einen Erfüllungsanspruch aus § 433 Abs. 1 und V könnte gemäß § 433 Abs. 2 Bezahlung verlangen. Ob und unter welchen Voraussetzungen der Schuldner die **Konkretisierung rückgängig** machen kann, ist umstritten.

---

161 Staudinger/Schiemann § 243 Rn. 37; Jauernig/Berger § 243 Rn. 9; Erman/H.P. Westermann § 243 Rn. 15.

I. Teilweise wird vertreten, die Konkretisierung sei grundsätzlich unwiderruflich.[162] Nur in Ausnahmefällen sei dem Schuldner die Berufung auf die Konkretisierung gemäß § 242 verwehrt. Ein solcher Ausnahmefall liegt dann vor, wenn der Gläubiger keinerlei Interesse daran hat, dass der Schuldner gerade mit dem Gegenstand erfüllt, auf den sich die Leistungspflicht konkretisiert hat. Hier kann K kein berechtigtes Interesse geltend machen, dass V gerade mit den 15 zunächst bereitgestellten Fernsehgeräten erfüllt. V kann nach dieser Ansicht die Konkretisierung rückgängig machen.

II. Sieht man dagegen in der Regelung des § 243 Abs. 2 in erster Linie eine Schutzvorschrift zugunsten des Schuldners, kann dieser auf den Schutz verzichten und die Konkretisierung grundsätzlich rückgängig machen.[163] Ein Ausnahmefall ist nicht ersichtlich, zumal der Gläubiger K kein Interesse daran hat, dass V gerade mit den zuerst bereitgestellten Geräten erfüllt.

Nach allen Ansichten kann V die Konkretisierung rückgängig machen und dann Zahlung des Kaufpreises Zug um Zug gegen erneute Bereitstellung entsprechender Fernsehgeräte verlangen.

3. Geschuldeter Leistungsgegenstand gehört einem Dritten

111 Ist ein Dritter Rechtsinhaber des geschuldeten Leistungsgegenstands, insbesondere Eigentümer der geschuldeten Speziessache, so ist fraglich, ob (subjektive) Unmöglichkeit vorliegt, da im Regelfall der Schuldner die Leistung gegen Zahlung eines Entgelts erwerben und dann dem Gläubiger übertragen kann. Dabei gilt Folgendes:

■ Unmöglichkeit i.S.d. § 275 Abs. 1 liegt grundsätzlich nur dann vor, **wenn feststeht**, dass der **Dritte nicht zur Herausgabe oder Rechtsübertragung bereit** ist.

■ Nach ganz h.M. liegt vollständige Unmöglichkeit vor, wenn der Schuldner dem Gläubiger den **Besitz, aber nicht das Eigentum verschaffen** kann.[164] Vereinzelt wird für diesen Fall Teilunmöglichkeit bejaht.[165]

■ Ist der Dritte zur Herausgabe bereit, verlangt er aber einen **unverhältnismäßig hohen Preis**, kann ein Fall des § 275 Abs. 2 vorliegen.[166]

112 ■ Ist die **Herausgabebereitschaft des Dritten ungeklärt**, ist nach Beweislastregeln zu entscheiden:

■ Macht der Gläubiger einen **Erfüllungsanspruch** geltend, so hat er die Anspruchsvoraussetzungen und der Schuldner die Einwendungen zu beweisen. Da bei un-

162 Brox/Walker § 8 Rn. 8; Looschelders Rn. 256.
163 Medicus JuS 1966, 297, 300 ff.
164 Vgl. BGH Urt. v. 30.10.1998 – V ZR 367/97, NJW-RR 1999, 346; Looschelders Rn. 429.
165 Staudinger/Löwisch § 275 Rn. 61.
166 Dazu im Einzelnen unten Rn. 130 f.

klarer Herausgabebereitschaft die Einwendung der Unmöglichkeit nicht bewiesen ist, besteht der Erfüllungsanspruch.

Ausnahme: Die **Verurteilung zur Auflassung** ist grundsätzlich als unmöglich anzusehen, wenn der Schuldner nicht im Grundbuch eingetragen ist. Da die geschuldete Auflassungserklärung mit Rechtskraft des Urteils als abgegeben gilt, hat der Schuldner nach Rechtskraft keine Möglichkeit mehr, sich die Verfügungsmacht über das Grundstück noch zu verschaffen. Es obliegt dann dem Gläubiger, darzulegen und gegebenenfalls zu beweisen, dass dem Schuldner die Auflassung trotz fehlender Rechtsmacht möglich ist, beispielsweise gemäß § 185 Abs. 1 oder § 185 Abs. 2 oder gemäß §§ 883 Abs. 2, 888.[167]

■ Macht der Gläubiger einen **Schadensersatzanspruch** gemäß § 311 a Abs. 2 oder §§ 280 Abs. 1 u. 3, 283 geltend, muss grundsätzlich er die Anspruchsvoraussetzungen beweisen. Danach müsste der Gläubiger beweisen, dass der Dritte nicht zur Herausgabe bereit ist. Dies ist ihm aber regelmäßig nicht möglich. Die zur Beurteilung der Herausgabebereitschaft maßgeblichen Tatsachen beruhen auf den Beziehungen des Schuldners zum Erwerber. Aus diesem Grund trägt der Schuldner die Darlegungs- und Beweislast für die Herausgabebereitschaft.[168] Bei ungeklärter Herausgabebereitschaft kann daher der Gläubiger einen Schadensersatzanspruch geltend machen. **113**

■ Beruft sich der Gläubiger auf das **Erlöschen des Gegenleistungsanspruchs** gemäß § 326 Abs. 1 S. 1, müsste eigentlich er die für ihn günstige Tatsache des Untergangs beweisen. Da aber das Leistungshindernis in der Beziehung zwischen dem Schuldner und dem Dritten die Ursache hat, muss der Schuldner beweisen, dass der Dritte herausgabebereit ist.[169]

Hinweis: Die Unmöglichkeit bei fehlender Herausgabebereitschaft des Dritten ist kein Fall der vorübergehenden Unmöglichkeit. Bei dieser steht fest, dass zurzeit ein Leistungshindernis besteht, es ist nur offen, ob und wann dieses behoben werden kann. Steht das Eigentum an einer verkauften Sache einem Dritten zu, kann aber sofort eine Übereignung erfolgen, indem der Dritte das Eigentum an den Verkäufer oder direkt an den Käufer überträgt. Es steht daher nicht einmal fest, dass aktuell ein Leistungshindernis besteht. **114**

Fall 4: Ein Schiff, zwei Käufer

Frau V verkaufte K ihr Motorschiff für 230.000 €. K zahlte 50.000 € an. Als die Übergabe erfolgen sollte, kam es zu Unstimmigkeiten über das Alter des Schiffs. Der Streit zog sich hin, ohne dass es zu einer Einigung kam. Als sich bei V ein neuer Interessent (D) meldete, der sofort bereit war, 230.000 € zu bezahlen, verkaufte V das Schiff an D und übereignete es ihm. K will wissen, ob er von V Übereignung und Übergabe des Schiffs und ob er ohne Weiteres Schadensersatz statt der Leistung verlangen kann?

I. Anspruch K gegen V auf Übereignung und Übergabe aus **§ 433 Abs. 1 S. 1** **115**

Der Anspruch ist mit Abschluss des Kaufvertrags entstanden. Der Kaufvertrag ist selbst dann nicht formbedürftig, wenn es sich um ein eingetragenes Seeschiff han-

---

167 BGH NJW 1999, 2034, 2035.

168 BGH, Urt. v. 15.06.2005 – VIII ZR 271/04, WM 2005, 2248; Sutschet NJW 2005, 1404, 1405.

169 OLG Brandenburg, Urt. v. 17.07.2008 – 5 U 8/06, RÜ 2008, 616, 619.

delt.[170] Der Anspruch ist gemäß § 275 Abs. 1 untergegangen, wenn der V aufgrund der Veräußerung des Schiffs an D die Erfüllung des Lieferungsanspruchs des K unmöglich geworden ist.

1. Die V kann ohne Zustimmung des D die geschuldete Übereignung nicht vornehmen. Da sich jedoch D noch nicht endgültig geweigert hat, das Motorschiff zu übertragen, ist nicht auszuschließen, dass er zur Rückübereignung an V bzw. zu einer direkten Übereignung an K bereit ist. Solange nicht endgültig feststeht, dass der Schuldner nicht leisten kann, ist der Gläubiger daher berechtigt, seinen Leistungsanspruch zu verfolgen.[171]

2. Der Erfüllungsanspruch des K besteht fort. Er kann gegen V mit dem Antrag klagen, die V zur Abgabe eines Einigungsangebots und zur Übergabe des Motorschiffs zu verurteilen.

   Das Urteil auf Erfüllung, das zur Abgabe des Einigungsangebots und zur Übergabe des Motorschiffs verpflichtet, kann gemäß § 883 ZPO (Herausgabevollstreckung) aber nur vollstreckt werden, wenn die Schuldnerin V die Sache im Besitz hat. Erwirbt die V die Sache nicht, so ist die Herausgabevollstreckung fruchtlos.

116   II. K könnte gegen V einen Anspruch auf Schadensersatz statt der Leistung gemäß **§§ 437 Nr. 3, 280 Abs. 1 u. 3, 283** haben.

K und V haben einen wirksamen Kaufvertrag geschlossen. Ferner müsste die Sache mangelhaft sein.

1. Teilweise wird angenommen, das fehlende Eigentum des Verkäufers begründe einen Rechtsmangel i.S.d. § 435.[172] Auch nach dieser Ansicht greift im vorliegenden Fall das Gewährleistungsrecht nicht ein, da ein Rechtsmangel in dem Zeitpunkt vorliegen muss, in dem der Erwerb durch den Käufer vollzogen werden soll.[173] Beim Kauf beweglicher Sachen ist dies der Zeitpunkt der Übergabe. Diese ist hier nicht erfolgt.

2. Nach h.M. ist dagegen der Mangel des Eigentums schon gar kein Rechtsmangel i.S.d. § 435. Dafür spricht, dass sich die Verpflichtung des Verkäufers zur Eigentumsübertragung aus § 433 Abs. 1 S. 1 ergibt und nicht aus § 433 Abs. 1 S. 2. Danach sind bei fehlendem Eigentum selbst nach Übergabe der Kaufsache nicht die Gewährleistungsvorschriften, sondern die Vorschriften über die Nichterfüllung anwendbar.[174]

   Ein Anspruch aus §§ 437 Nr. 3, 280 Abs. 1 u. 3, 283 scheidet auch nach dieser Ansicht aus.

---

170 Palandt/Bassenge § 929 a Rn. 2.

171 BGHZ 62, 388, 393; BGH NJW 1988, 699, 700; 1999, 2034, 2035; BGH, Urt. v. 12.03.2003 – XII ZR 18/00, BGHZ 154, 171; MünchKomm/Ernst § 275 Rn. 52.

172 OLG Karlsruhe, Urt. v. 14.09.2004 – 8 U 97/04, ZGS 2004, 477; Jauernig/Berger § 435 Rn. 5; Canaris JZ 2003, 831, 832.

173 Palandt/Weidenkaff § 435 Rn. 7; MünchKomm/H.P. Westermann § 435 Rn. 6.

174 BGH, Urt. v. 19.10.2007 – V ZR 211/06, RÜ 2008, 1, 2; Palandt/Weidenkaff § 435 Rn. 8; BeckOK BGB/Faust § 435 Rn. 15; MünchKomm/Westermann § 435 Rn. 7.

III. K könnte gegen V ein Anspruch auf Schadensersatz gemäß **§§ 280 Abs. 1 u. 3, 283**   **117**
zustehen.

1. Zwischen V und K bestand im Zeitpunkt des Eintritts des Leistungshindernisses ein wirksamer Kaufvertrag.

2. Dem V müsste die Erfüllung der Verpflichtung, das Eigentum zu übertragen, unmöglich geworden sein. Das erscheint jedenfalls mit Rücksicht darauf, dass der Erfüllungsanspruch nicht infolge von Unmöglichkeit untergegangen ist (dazu oben Rn. 115) zweifelhaft. Wenn der Gläubiger Schadensersatz verlangt und ein Dritter Inhaber des Leistungsgegenstands ist, ist jedoch Unmöglichkeit anzunehmen, solange der Schuldner nicht dartut, dass er bereit und in der Lage ist, dem Gläubiger den Leistungsgegenstand zu verschaffen.[175]

Soweit also V nicht darlegt und gegebenenfalls beweist, dass sie bereit und in der Lage ist, das Motorschiff zu übertragen, ist von der Unmöglichkeit auszugehen.

3. Das Leistungshindernis ist von V zu vertreten (§ 280 Abs. 1 S. 2). K kann somit nach §§ 280 Abs. 1 u. 3, 283 vorgehen und von V Schadensersatz statt der Leistung verlangen.

---

4. Untergang des Leistungssubstrats

Regelmäßig tritt die Unmöglichkeit dann ein, wenn der Leistungsgegenstand nicht erbracht werden kann. Unmöglichkeit i.S.d. § 275 Abs. 1 kann aber auch darauf beruhen, dass der Gegenstand, an dem die Leistung zu erbringen ist (das **Leistungssubstrat**), **untergegangen** ist.   **118**

Beispiele:

1. Der U soll die Holzvertäfelung im Hause des B renovieren. Das Haus brennt ab, die Täfelung wird zerstört.

2. Der E hat sich dem K gegenüber verpflichtet, Strom zum Sonderpreis für die Fabrik des K zu liefern. Die Fabrik brennt ab.

3. Der Bauer B ruft den Tierarzt A an, damit dieser seine kranke Kuh behandelt. Noch vor Eintreffen des A verendet die Kuh.

5. Unmöglichkeit bei anderweitigem Erfolgseintritt

Auch wenn der **Leistungserfolg anderweitig eingetreten** ist, kann der Schuldner die Leistung nicht mehr erbringen. Es liegt Unmöglichkeit i.S.d. § 275 Abs. 1 vor. In diesen Fällen ist fraglich, ob nicht dem Schuldner ein (Teil-)Vergütungsanspruch zusteht. Gemäß § 326 Abs. 1 S. 1 müsste der Gegenleistungsanspruch erlöschen. Es erscheint jedoch unbillig, hier den Schuldner, der oft schon Aufwendungen gemacht hat, leer ausgehen zu lassen.   **119**

---

175 BGH, Urt. v. 15.06.2005 – VIII ZR 271/04, WM 2005, 2248; Sutschet NJW 2005, 1404, 1405.

Beispiel: Das zweijährige Kind K hat beim Spielen einen Knopf verschluckt; es kann kaum noch atmen. Der Vater V ruft den Arzt A an. Als dieser eintrifft, hat K bei einem Hustenanfall den Knopf bereits wieder ausgespuckt. A verlangt 100 € als übliche Vergütung für eine Notfallbehandlung.

I. Es ist ein Anspruch aus § 630 a Abs. 1 entstanden.
1. A und V haben vereinbart, dass A verpflichtet sein sollte, das Kind K gegen Zahlung eines Entgelts zu behandeln.
2. Da A und V die Höhe der Vergütung nicht bestimmt haben, ist gemäß § 630 b i.V.m. § 612 Abs. 2 ein Anspruch des A auf die übliche Vergütung entstanden.
II. Der Anspruch ist auch nicht gemäß § 326 Abs. 1 S. 1 untergegangen.
1. A ist die Erfüllung der Verpflichtung, eine fachgerechte Behandlung an K durchzuführen, unmöglich geworden. Nachdem der Knopf ausgehustet und das Atemhindernis des K beseitigt ist, kann eine ärztliche Behandlung mit dem Ziel, den Knopf zu entfernen, nicht mehr erbracht werden.
2. Der Anspruch ist nicht gemäß § 630 b i.V.m. § 615 S. 1 bestehen geblieben, da V nicht in Annahmeverzug geraten ist. Auch eine der Alternativen des § 326 Abs. 2 S. 1 greift nicht ein, sodass eigentlich der Vergütungsanspruch gemäß § 326 Abs. 1 S. 1 erlöschen müsste. Die Anwendung des § 326 Abs. 1 S. 1 wird der Interessenlage jedoch nicht gerecht. Die heute h.M. gibt dem Schuldner in den Fällen, in denen der Leistungserfolg unabhängig vom Willen der Parteien durch „Zufall" eintritt, einen Anspruch auf Teilvergütung (einschließlich eines Teilgewinns). Der Anspruch wird – jedenfalls für Werk- und Dienstverträge – aus der analogen Anwendung der §§ 615 und 645 i.V.m. § 630 b begründet. Danach kann A nicht nur Ersatz der Fahrtkosten, sondern auch eine Teilvergütung für die aufgewandte Zeit verlangen.[176]

Ein anderweitiger Erfolgseintritt liegt auch bei der **Selbstvornahme** der Leistung durch den Gläubiger vor.[177]

Beispiel: B beauftragt den Fliesenleger F, verlegt die Fliesen dann aber selbst.

I. Die Leistung des Fliesenlegers ist gemäß § 275 Abs. 1 unmöglich geworden.
II. Der Anspruch des F auf die Vergütung ist nicht gemäß § 326 Abs. 1 S. 1 erloschen. Da B die Fliesen selbst verlegt hat, ist er für die Unmöglichkeit allein verantwortlich. Der Zahlungsanspruch des F ist gemäß § 326 Abs. 2 S. 1 Alt. 1 bestehen geblieben. Gemäß § 326 Abs. 2 S. 2 muss sich F die durch den Wegfall der eigenen Leistungspflicht entstandenen Vorteile anrechnen lassen.

Erbringt der Nachunternehmer eine Leistung aufgrund eines Vertrags mit dem Auftraggeber direkt für diesen, wird ihm die Leistung an den Hauptunternehmer regelmäßig unmöglich.[178]

Beispiel: A beauftragt U mit Ausbaggerungsarbeiten in einem Hafen und der Entsorgung des Baggerguts. U will die Entsorgung nicht selbst durchführen und beauftragt S als Subunternehmer mit dieser Tätigkeit. S entsorgt einen Teil des Baggerguts, zerstreitet sich dann aber mit U über die Vergütung. Schließlich beauftragt A den S direkt. S entsorgt daraufhin den Rest des Baggerguts und verlangt von U Bezahlung.
Der Anspruch des S gegen U aus § 631 Abs. 1 ist mit Abschluss des Werkvertrags entstanden. Er ist gemäß § 326 Abs. 1 S. 1 Hs. 2 in entsprechender Anwendung des § 441 Abs. 3 gemindert.

1. Dadurch dass S die noch ausstehenden Entsorgungsarbeiten aufgrund eines Vertrags mit dem A durchgeführt hat, ist ihm die Erbringung dieser Werkleistung gegenüber dem Hauptunternehmer U unmöglich geworden.
2. Gemäß § 326 Abs. 1 S. 1 Hs. 2 wird der Vergütungsanspruch des S gegen U in entsprechender Anwendung des § 441 Abs. 3 gemindert. Für die Teilwerke, die S gegenüber A erbracht hat, kann er von U keine Bezahlung verlangen.

---

176 MünchKomm/Ernst § 275 Rn. 162.
177 BGH, Urt. v. 22.09.2004 – VIII ZR 203/03, NJW-RR 2005, 357.
178 BGH, Urt. v. 14.01.2010 – VII ZR 106/08, RÜ 2010, 215.

6. Unmöglichkeit bei persönlich geschuldeter Tätigkeit

Unmöglichkeit liegt auch vor, wenn der Schuldner die persönlich geschuldete Tätigkeit **120** bzw. das geschuldete Werk aus persönlichen Gründen nicht erbringen kann.

Hinweis zur Abgrenzung: In den Fällen des § 275 Abs. 3 kann der Schuldner die Leistung erbringen, es ist ihm lediglich unzumutbar. Ist der Schuldner aber aus tatsächlichen oder rechtlichen Gründen nicht in der Lage, die Leistung zu erbringen, liegt Unmöglichkeit i.S.d. § 275 Abs. 1 vor.

Ist – wie bei höchstpersönlichen Leistungen – nur der Schuldner zur Erbringung der Leistung in der Lage, liegt Unmöglichkeit vor, wenn der Schuldner nicht leisten kann.

Beispiel: Der Kunstmaler K schuldet dem B die Erstellung eines Porträts. K erkrankt schwer und gibt die Tätigkeit als Kunstmaler auf.

Ist aber keine höchstpersönliche Leistungserbringung geschuldet, stellt sich die Frage, ob der Schuldner (regelmäßig ein Werkunternehmer) berechtigt und verpflichtet ist, die Leistung durch einen Dritten zu erbringen.

Fall 5: Krankheitsbedingte Betriebseinstellung

Der Unternehmer U hat sich verpflichtet, für B den Hof zu pflastern. Nach Abschluss des Vertrags erkrankt U schwer. Auf ärztlichen Rat hin stellt er seinen Betrieb ein. Welche Ansprüche hat B gegen U?

I. B könnte gegen U ein Anspruch auf Erfüllung gemäß **§ 631 Abs. 1** zustehen. **121**

Der Anspruch auf Durchführung der Pflasterarbeiten ist mit Abschluss des Werkvertrags entstanden. Der Anspruch ist gemäß § 275 Abs. 1 untergegangen, wenn U die Erfüllung der Leistungsverpflichtung unmöglich geworden ist.

1. Kann der Schuldner selbst die Leistung nicht erbringen, liegt Unmöglichkeit vor, wenn höchstpersönliche Leistungen geschuldet sind. Werkleistungen sind höchstpersönlich, wenn es um künstlerische, wissenschaftliche oder sonstige Leistungen geht, bei denen es gerade auf die besondere Fähigkeit des Unternehmers ankommt.[179] Die Pflasterung eines Hofes ist **keine höchstpersönliche Leistung**.

2. Bei Werkleistungen liegt keine Unmöglichkeit vor, wenn **eigene Angestellte** des Werkunternehmers die Leistung erbringen können.[180] U hat aber den gesamten Betrieb eingestellt.

3. U kann die Werkleistung mit seinem Betrieb nicht erbringen. Er kann aber einen anderen Unternehmer mit der Durchführung der Arbeiten beauftragen und damit seine Leistungsverpflichtung erfüllen. Die vollständige Übertragung der Rechte und Pflichten des Werkvertrags (**Substitution**) ist als Vertragsübernahme nur mit Zustimmung des Bestellers zulässig.[181]

---

179 Staudinger/Peters/Jacoby § 633 Rn. 56; Wertenbruch ZGS 2003, 53 f.
180 Wertenbruch ZGS 2003, 53, 54.
181 BGH BB 1984, 1508, 1511; BeckOK BGB/Voit § 631 Rn. 45; Wertenbruch ZGS 2003, 53 f.

122

4. Fraglich ist aber, ob U einen **Subunternehmer** mit der Durchführung der Arbeiten beauftragen kann.

Die Berechtigung zur Beauftragung eines Subunternehmers kann besonders vereinbart sein. Das ist hier nicht der Fall.

Gemäß § 4 Abs. 8 Nr. 1 S. 2 VOB/B kann bei schriftlicher Zustimmung des Bestellers ein Subunternehmer eingeschaltet werden. Die Zustimmung ist gemäß § 4 Abs. 8 Nr. 1 S. 3 VOB/B entbehrlich, wenn es sich um Leistungen handelt, auf die der Betrieb des Auftragnehmers nicht eingerichtet ist. Die VOB sind allgemeine Geschäftsbedingungen, die hier nicht in den Vertrag einbezogen worden sind.

Ob der Werkunternehmer auch darüber hinaus berechtigt ist, bei eigener Leistungsverhinderung einen Subunternehmer mit der Herstellung des Werks zu beauftragen, ist umstritten.

a) Teilweise wird angenommen, solange nicht ausnahmsweise eine höchstpersönliche Verpflichtung vereinbart werde, stehe es dem Werkunternehmer frei, wie er den geschuldeten Erfolg herstelle. Die Erstellung des Werks könne auch an einen Subunternehmer übertragen werden.[182]

b) Nach der **h.M.** enthält § 4 Abs. 8 Nr. 1 S. 2 VOB/B einen allgemeinen Grundsatz. Die Beauftragung eines Subunternehmers ist danach **nur mit Zustimmung** des Bestellers zulässig.[183]

> Stimmt der Besteller allerdings der Übertragung auf einen Dritten zu, tritt keine Unmöglichkeit ein. Soll beispielsweise ein Konzert mit einem bestimmten Dirigenten aufgeführt werden und erkrankt dieser Dirigent, liegt keine Unmöglichkeit vor, wenn der Besteller des Konzerts der Aufführung mit einem Ersatzdirigenten zustimmt und ein solcher verfügbar ist.[184]

c) Für die letztere Ansicht spricht, dass der Besteller den Unternehmer regelmäßig mit Blick auf dessen persönliche und fachliche Kompetenz und Zuverlässigkeit auswählt. Der h.M. ist zumindest dann zu folgen, wenn – wie hier – der Unternehmer seinen Betrieb eingestellt hat. Es ist dem Besteller nicht zuzumuten, sich bezüglich der Gewährleistung an jemanden zu wenden, der selbst keinen Betrieb mehr führt.

Der Erfüllungsanspruch erlischt gemäß § 275 Abs. 1, wenn B der Beauftragung eines Subunternehmers nicht zustimmt.

II. Ein Schadensersatzanspruch des B gegen U aus **§§ 280 Abs. 1 u. 3, 283** scheidet aus, weil U die Unmöglichkeit nicht zu vertreten hat.

---

182 BeckOK BGB/Voit § 631 Rn. 45.
183 Wertenbruch ZGS 2003, 53, 59; Staudinger/Peters/Jacoby § 631 Rn. 108.
184 OLG München, Urt. v. 26.05.2004 – 7 U 3802/02, NJW-RR 2005, 616.

7. Einsatz übernatürlicher Kräfte

Die Verpflichtung zum Einsatz übernatürlicher, magischer oder parapsychologischer **123** Kräfte ist auf eine **unmögliche Leistung** gerichtet. Der Anspruch auf die Leistung ist gemäß § 275 Abs. 1 unmöglich.

Der Gegenleistungsanspruch geht aber nicht gemäß § 326 Abs. 1 S. 1 unter, wenn nach dem Willen der Parteien die Vergütung auch dann erbracht werden soll, wenn die Tauglichkeit der erbrachten Leistung **rational nicht nachweisbar** ist.

Auch wenn der Vergütungsanspruch nicht gemäß § 326 Abs. 1 S. 1 erlischt, besteht er dann nicht, wenn der Vertrag **sittenwidrig** i.S.d. § 138 Abs. 1 ist. Dies ist der Fall, wenn Personen ausgenutzt werden, die leichtgläubig, unerfahren oder psychisch labil sind oder sich in einer schwierigen Lebenssituation befinden.[185]

8. Geschuldete Leistung kann infolge Zeitablaufs nicht mehr erbracht werden

Allein durch Zeitablauf tritt **grundsätzlich keine Unmöglichkeit** ein. Der Schuldner **124** kommt lediglich unter den Voraussetzungen des § 286 in Verzug. Unmöglichkeit infolge Zeitablaufs ist nur dann gegeben, wenn die Leistung **nicht mehr nachholbar** ist. Ein solches **absolutes Fixgeschäft** liegt vor, wenn die Einhaltung der Leistungszeit so wesentlich ist, dass die verspätete Leistung keine Erfüllung mehr darstellt.[186]

Beispiele:

1. Der in Essen wohnende B bestellt bei dem Flughafentransferunternehmen U eine Beförderung zum Flughafen in Düsseldorf. B vereinbart mit U, dass das Fahrzeug ihn um 10:00 Uhr abholen soll, damit er das Flugzeug mit der Abflugzeit 12:30 Uhr noch erreicht. U gerät schon auf der Fahrt zu B in einen Verkehrsstau und kommt erst um 12:15 Uhr bei B an. Da U den B nicht mehr rechtzeitig zum Flugzeug bringen kann, ist es ihm unmöglich, die geschuldete Leistung zu erbringen.[187]

2. Der Flugbeförderungsvertrag ist regelmäßig nicht auf ein absolutes Fixgeschäft gerichtet.[188] Das Interesse des Fluggastes, sein Ziel möglichst schnell zu erreichen, entfällt durch eine verspätete Beförderung nicht. Der Vertragszweck kann auch durch eine verspätete Leistung noch erreicht werden.

Absolute Fixgeschäfte sind auch bei **Dauerschuldverhältnissen mit zeitabschnitts-** **125** **weise zu erbringenden Leistungen** anzunehmen.

Beispiele:

1. V vermietet M Geschäftsräume ab dem 1. Januar. Zur Übergabe kommt es aber erst am 1. April. M verlangt im Mai Schadensersatz.
Für den Zeitraum vom 1. Januar bis zum 1. April kann niemand mehr M die vermieteten Räume überlassen, es liegt Unmöglichkeit vor.[189] V ist M aus §§ 280 Abs. 1 u. 3, 283 zum Schadensersatz verpflichtet, es sei denn er kann sich gemäß § 280 Abs. 1 S. 2 entlasten.

---

185 BGH, Urt. v. 13.01.2011 – III ZR 87/10, RÜ 2011, 140.
186 BGH, Urt. v. 28.04.2009 – Xa ZR 113/08, RÜ 2009, 550.
187 MünchKomm/Ernst § 275 Rn. 46.
188 BGH, Urt. v. 28.05.2009 – Xa ZR 113/08, RÜ 2009, 550.
189 BGH WM 1991, 328.

2. Der Arbeitnehmer A erscheint am 24.06. nicht zur Arbeit.

Mit Ablauf des 24.06. liegt Unmöglichkeit vor. A kann zwar auch am 25.06. und danach die Arbeiten erbringen, die am 24.06. vorgesehen waren. Er schuldete aber die Arbeit am 24.06. und die Erbringung dieser Leistung ist zu einem späteren Zeitpunkt unmöglich.[190]

II. Leistungsverweigerungsrechte aus § 275 Abs. 2 und 3

126   Die Absätze 2 und 3 des § 275 regeln Fälle, in denen die Leistung zwar **rein tatsächlich möglich** ist, die **Leistungserbringung** für den Schuldner **aber** einen **unverhältnismäßigen Aufwand erfordert** (§ 275 Abs. 2) **oder** ihm aus persönlichen Gründen **unzumutbar** ist (§ 275 Abs. 3).

Rechtsfolge dieser Regelungen ist, dass der Schuldner die Leistung verweigern kann. Dies bedeutet unstreitig, dass die Leistungsverweigerungsrechte des § 275 Abs. 2 und 3 nur dann berücksichtigt werden, wenn sich der **Schuldner auf sein Recht beruft**.

Umstritten ist aber, ob der Erfüllungsanspruch nach Erhebung der Einrede als einredebehafteter Anspruch bestehen bleibt oder ob er erlischt.

- Die **Gesetzesbegründung ist nicht eindeutig.** Im Regierungsentwurf ist davon die Rede, dass die Leistungsverweigerungsrechte des § 275 Abs. 2 und 3 ihrer Rechtsnatur nach eine „bloße Einrede" darstellen.[191] Im Sprachgebrauch des BGB hat eine Einrede nicht das Erlöschen des betroffenen Rechts zur Folge, sondern lediglich die mangelnde Durchsetzbarkeit. Allerdings sollen die Regelungen in § 275 Abs. 2 u. 3 das „Entfallen der Primärleistungspflicht"[192] bzw. den „Wegfall der Primärleistungspflicht"[193] bewirken.

  Im Zivilprozessrecht sind Einreden alle Ausführungen des Beklagten, die das Eingreifen einer die Rechtsfolge vereitelnden Gegennorm darlegen. Danach werden unterschieden: die rechtshindernden Einreden (z.B. mangelnde Form, § 125), rechtsvernichtende Einreden (z.B. Rücktritt oder Unmöglichkeit) und rechtshemmende Einreden (die nur die Durchsetzbarkeit hindern wie z.B. Verjährung, § 214).

- In der Literatur werden die Leistungsverweigerungsrechte des § 275 Abs. 2 und 3 teilweise als Einreden angesehen, deren Geltendmachung nicht zum Erlöschen des Leistungsanspruchs führt, sondern lediglich die Durchsetzbarkeit hindert.[194]

- Nach der h.M. führt die Geltendmachung der Rechte des § 275 Abs. 2 und 3 zum **Erlöschen des Erfüllungsanspruchs.**[195] Die Erhebung der Einrede wirke auf den Zeitpunkt des Auftretens des Leistungshindernisses zurück.[196]

- Im Ergebnis ist der Streit bedeutungslos, da im Gesetz die Fälle des § 275 Abs. 1 bis 3 gleich behandelt werden (vgl. §§ 275 Abs. 4, 283, 285, 311 a, 326). Gerade dies spricht aber auch für die h.M., denn nur das Erlöschen des Leistungsanspruchs rechtfertigt

---

190   BAG NJW 1986, 1831, 1832; vgl. auch BAG NJW 1996, 1771, 1772 für die Überlassung eines Firmen-Pkw durch den Arbeitgeber.

191   BT-Drs. 14/6040 S. 129.

192   BT-Drs. 14/6040 S. 130 linke Spalte.

193   BT-Drs. 14/6040 S. 130 rechte Spalte.

194   MünchKomm/Ernst § 275 Rn. 97.

195   BeckOK BGB/Unberath § 275 Rn. 52; Palandt/Grüneberg § 275 Rn. 26; Otto Jura 2002, 1, 10.

196   Jauernig/Stadler § 275 Rn. 32.

auch das Erlöschen des Gegenleistungsanspruchs gemäß § 326 Abs. 1 S. 1 und das Entstehen eines Schadensersatzanspruchs statt der Leistung.

Macht der Schuldner ein bestehendes Leistungsverweigerungsrecht aus § 275 Abs. 2 oder Abs. 3 BGB nicht geltend, bleibt der Erfüllungsanspruch bestehen. Auch der Gläubiger kann keine Rechte wegen eines Leistungshindernisses geltend machen.

Beispiel: V verkauft dem K einen Oldtimer. Dieser wird nach Vertragsschluss durch einen Brand so erheblich beschädigt, dass V die Lieferung gemäß § 275 Abs. 2 verweigern kann. Wenn V von seinem Leistungsverweigerungsrecht aber nicht Gebrauch macht, kann K nicht gemäß §§ 323 Abs. 2, 326 Abs. 5 von dem Kaufvertrag zurücktreten.[197]

1. Leistungsverweigerung gemäß § 275 Abs. 2

§ 275 Abs. 2 soll die so genannte **faktische** oder auch praktische Unmöglichkeit erfassen. Das sind die Fälle, in denen die Leistung zwar theoretisch möglich ist, aber von einem vernünftigen Gläubiger nicht ernsthaft erwartet werden kann.

127

a) Verhältnis zwischen § 275 Abs. 2 und § 439 Abs. 3 (§ 635 Abs. 3)

Nach § 439 Abs. 3 S. 1 kann der Verkäufer die vom Käufer gewählte Art der Nacherfüllung „**unbeschadet des § 275 Abs. 2 und 3**" verweigern, wenn sie nur mit unverhältnismäßigen Kosten möglich ist. Der Werkunternehmer kann gemäß § 635 Abs. 3 die Nacherfüllung unter den gleichen Voraussetzungen verweigern.

Als Spezialregelungen sind **§ 439 Abs. 3 S. 1** und **§ 635 Abs. 3 vorrangig** vor § 275 Abs. 2. Diese Vorschriften erfassen nach ihrem ausdrücklichen Wortlaut jedoch nur ein Leistungsverweigerungsrecht **wegen unverhältnismäßiger Kosten**. Die Unzumutbarkeit der Nacherfüllung wegen eines unabhängig von den Kosten bestehenden anderen Aufwands ist von § 275 Abs. 2 erfasst.[198]

b) Verhältnis zwischen § 275 Abs. 2 und § 313

Das Verhältnis zwischen § 275 Abs. 2 und § 313 ist umstritten.

128

■ Nach einer verbreiteten Ansicht ist die so genannte **wirtschaftliche Unmöglichkeit** von § 275 Abs. 2 nicht erfasst. Für diese soll die Regelung über die Störung der Geschäftsgrundlage gemäß **§ 313 vorrangig** sein.[199]

Von wirtschaftlicher Unmöglichkeit wird gesprochen, wenn der Leistung solche Schwierigkeiten entgegenstehen, dass sie dem Schuldner wegen Überschreitung der „Opfergrenze" nicht mehr zugemutet werden kann.[200] Der Begriff wird vor allem auf die Fälle der allgemeinen Geldentwertung nach dem 1. Weltkrieg bezogen.[201]

---

197 BGH, Urt. v. 19.12.2012 – VIII ZR 96/12, RÜ 2013, 145.

198 BGH, Urt. v. 22.06.2005 – VIII ZR 281/04, RÜ 2005, 456.

199 MünchKomm/Finkenauer § 313 Rn. 154; Palandt/Grüneberg § 275 Rn. 29; § 313 Rn. 13, 32; Looschelders Rn. 439.

200 Palandt/Grüneberg § 275 Rn. 21; Canaris JZ 2001, 499, 501.

201 Palandt/Grüneberg § 275 Rn. 21; BeckOK BGB/Unberath § 275 Rn. 33; MünchKomm/Roth § 313 Rn. 140, 152.

■ Teilweise wird dagegen angenommen, **§ 275 Abs. 2** sei im Konkurrenzfall **vorrangig** vor § 313.[202] Die Frage nach einer Vertragsanpassung gemäß § 313 könne sich nur stellen, wenn der Schuldner nicht schon gemäß § 275 Abs. 2 frei geworden sei.

■ Schließlich wird auch die Ansicht vertreten, dass **§ 275 Abs. 2 und § 313** im Konkurrenzfall **nebeneinander anwendbar** seien.[203] Beide Regelungen begründeten Rechtsfolgen, deren endgültige Wirkung von einer Entscheidung des Schuldners abhänge. Dieser müsse das Leistungsverweigerungsrecht aus § 275 Abs. 2 nicht geltend machen und müsse auch nicht Vertragsanpassung gemäß § 313 beanspruchen. Dieser Rechtslage entspreche es am besten, wenn der Schuldner das Wahlrecht habe, auf welche Norm er sich berufen wolle.

129 Zu beachten ist, dass sich die Frage des Vorrangs der einen oder der anderen Norm **nur im Konkurrenzfall** stellt, nämlich dann, wenn in einem Fall die Voraussetzungen beider Normen vorliegen und dann entschieden werden muss, welche Rechtsfolge vorrangig gelten soll. Soweit nur eine der beiden Normen eingreift, besteht kein Anwendungsproblem.[204]

■ Erhöht sich sowohl der Schuldneraufwand als auch das Leistungsinteresse des Gläubigers, liegt kein grobes Missverhältnis i.S.d. § 275 Abs. 2 vor und es besteht kein Konkurrenzverhältnis zu § 313.

Beispiel: K kauft von dem Kunsthändler V für 4.000 € ein Bild, das D dem V vor einiger Zeit für 3.000 € angeboten hatte. Dabei gehen V und K davon aus, dass es sich um die Kopie eines Bildes des niederländischen Malers Pieter Lastman handelt. Als V das Werk von D kaufen will, erklärt dieser, es habe sich herausgestellt, dass es sich um ein Original handelt. Unter 150.000 € gebe er das Bild nicht her.

I. Ein Fall des § 275 Abs. 2 liegt nicht vor. Der Aufwand des Schuldners V (sein Einkaufspreis) hat sich vervielfacht. Allerdings ist auch das Gläubigerinteresse des K in dem gleichen Maß gestiegen. Es fehlt daher an dem in § 275 Abs. 2 vorausgesetzten groben Missverhältnis zwischen Schuldneraufwand und Gläubigerinteresse.
II. V kann gemäß § 313 Abs. 3 S. 1 vom Vertrag zurücktreten.

Auch in den als wirtschaftliche Unmöglichkeit bezeichneten Fällen der allgemeinen Geldentwertung steigt nicht nur der Gläubigeraufwand, sondern auch das Schuldnerinteresse. Die Voraussetzungen des § 275 Abs. 2 sind nicht gegeben. Da kein Konkurrenzfall vorliegt, stellt sich die Frage des Vorrangs der einen oder anderen Norm nicht.

■ Erhöht sich **nur der Aufwand beim Schuldner**, liegen die Voraussetzungen des § 313 nicht vor. Der Schuldneraufwand ist regelmäßig schon nicht Geschäftsgrundlage, oder die gemäß § 313 zu berücksichtigende vertragliche oder gesetzliche Risikoverteilung führt dazu, dass die Voraussetzungen einer Vertragsanpassung nicht vorliegen. Da kein Konkurrenzfall gegeben ist, kann in diesen Fällen § 275 Abs. 2 angewendet werden, ohne dass ein eventueller Vorrang des § 313 zu diskutieren ist.

---

202 Schulze/Ebers JuS 2004, 265, 266; Canaris JZ 2001, 499, 501; Eidenmüller Jura 2001, 824, 831; Schlüter ZGS 2003, 346.
203 Otto Jura 2002, 1, 5; Schwarze Jura 2002, 73, 78; Feldhahn NJW 2005, 3381, 3382; Mückl Jura 2005, 809, 811.
204 Stürner Jura 2010, 721.

Beispiel: V vermietet M einen Muldenkipper für zwei Wochen zu einem Preis von 1.120 €. Kurz nach Vertragsschluss bricht die Vorderachse des Kippers. Die Reparaturkosten betragen 80.000 € und übersteigen den Wert des Lkw erheblich.

I. Es kommt eine Vertragsanpassung gemäß § 313 Abs. 1 oder ein Rücktritt gemäß § 313 Abs. 3 in Betracht.
1. Dann müsste der Umstand, dass die Vorderachse des Fahrzeugs nicht bricht, Geschäftsgrundlage des Mietvertrags geworden sein. Geschäftsgrundlage sind die gemeinsamen Vorstellungen beider Vertragspartner, die nicht zum eigentlichen Vertragsinhalt erhoben worden sind, die beim Abschluss aber zutage getreten sind oder die dem Geschäftspartner erkennbaren oder von ihm nicht beanstandeten Vorstellungen der anderen Partei von dem Vorhandensein oder dem künftigen Eintritt oder Nichteintritt bestimmter Umstände, auf denen sich der Geschäftswille der Parteien aufbaut.[205] Es ist schon äußerst fraglich, ob der Umstand, dass die Vorderachse nicht bricht, Geschäftsgrundlage geworden ist. Die Parteien haben bei Vertragsschluss eher überhaupt keine Vorstellungen über die Haltbarkeit der Achse gehabt.
2. Jedenfalls gehört es zum Risiko des Vermieters, dass die Mietsache zur Verfügung gestellt werden kann. Die Voraussetzungen des § 313 liegen nicht vor.
II. Unter den Voraussetzungen des § 275 Abs. 2 kann V die Leistung verweigern. Der Aufwand des Schuldners beträgt 80.000 €, das Leistungsinteresse 1.120 €. Aufwand und Gläubigerinteresse stehen in einem groben Missverhältnis. V braucht gemäß § 275 Abs. 2 nicht zu leisten.[206]

c) Bestimmung des groben Missverhältnisses

Das Leistungsverweigerungsrecht aus § 275 Abs. 2 setzt voraus, dass der **Aufwand des** **130** **Schuldners** und das **Leistungsinteresse des Gläubigers in** einem **groben Missverhältnis** stehen.

- Mit dem Begriff des **Aufwands** werden sowohl Aufwendungen in Geld als auch Tätigkeiten und ähnliche persönliche Anstrengungen erfasst. Entscheidend ist nicht der Mehraufwand, sondern der Gesamtaufwand.[207]

- Bei der Bestimmung des **Leistungsinteresses** des Gläubigers ist davon auszugehen, welchen Wert der Gläubiger für eine vergleichbare Leistung aufwenden müsste. Das Gläubigerinteresse wird regelmäßig durch die von ihm zu erbringende Gegenleistung repräsentiert. Es kann aber auch insbesondere bei höheren oder niedrigeren Marktpreisen davon abweichen. Gegebenenfalls sind auch immaterielle Interessen zu berücksichtigen.

- Bei der Feststellung des **groben Missverhältnisses** ist gemäß § 275 Abs. 2 S. 2 ein eventuelles Vertretenmüssen des Leistungshindernisses durch den Schuldner zu berücksichtigen. Daneben können aber auch die Wertverhältnisse, der Inhalt des Schuldverhältnisses sowie Treu und Glauben virulent werden; es ist jedenfalls stets eine **Interessenabwägung im Einzelfall** erforderlich.[208]

Nach dem Inhalt des Schuldverhältnisses kann insbesondere zu berücksichtigen sein, dass der Schuldner für den Nichteintritt des Leistungshindernisses das Risiko übernommen hat. Wer sich beispielsweise zur Bergung von Tafelsilber aus der Titanic verpflichtet, übernimmt konkludent das Ri-

---

205 St.Rspr: BGH, Urt. v. 28.04.2005 – III ZR 351/04, NJW 2005, 2069.

206 Der BGH hat in einem vergleichbaren Fall im Jahr 1990 Unmöglichkeit gemäß § 275 Abs. 1 a.F. wegen des Überschreitens der „Opfergrenze" angenommen (BGH NJW-RR 1991, 204). Heute ist § 275 Abs. 2 anzuwenden (BGH, Urt. v. 20.07.2005 – VIII ZR 342/03, NJW 2005, 3284).

207 Mückl Jura 2005, 809, 811.

208 Vgl. Looschelders Rn. 435.

siko dafür, dass die Beschaffung wegen unvorhergesehener Schwierigkeiten aufwendiger wird als erwartet.[209]

Ein grobes Missverhältnis wird nur in wenigen Ausnahmefällen anzunehmen sein. Bei § 275 Abs. 2 handelt es sich um eine „eng auszulegende, nur selten anwendbare Ausnahmevorschrift".[210] Das grobe Missverhältnis muss ein **unmöglichkeitsähnliches Ausmaß** erreicht haben.[211]

Fall 6: Ein Grundstück, zwei Käufer

Mit notariellem Vertrag verkauft V dem K ein Grundstück für 80.000 €. Bevor das Grundstück an K übereignet wird, meldet sich der Makler M bei V und bietet ihm 90.000 €. V verkauft das Grundstück formgerecht an M und lässt es auf. M wird im Grundbuch eingetragen.

Als K von V Erfüllung verlangt, erklärt M, er gebe das Grundstück gegen Zahlung von 120.000 € gerne heraus. Kann K von V Übertragung des Grundstücks verlangen?

---

131   K könnte gegen V einen Anspruch auf Übereignung aus § 433 Abs. 1 S. 1 haben.

I.   V und K haben einen formwirksamen Kaufvertrag abgeschlossen (§§ 433, 311 b Abs. 1 S. 1).

II.   Der Anspruch ist gemäß § 275 Abs. 1 untergegangen, wenn V die Erfüllung unmöglich geworden ist. V ist nicht mehr Eigentümer des Grundstücks, denn er hat es wirksam an M übereignet. Da aber M zur Herausgabe bereit ist, ist V die Übereignung an K weiterhin möglich. V kann sich das Grundstück von M übereignen lassen und dann die Eigentumsübertragung an K vornehmen oder er kann M bitten, direkt an K zu übereignen und so den Anspruch des K auf Übereignung erfüllen.

III.   V kann die Leistung verweigern, wenn die Voraussetzungen des § 275 Abs. 2 vorliegen.

Der **Aufwand**, den V zur Erfüllung des Anspruchs des K auf Übereignung aufbringen muss, beträgt 120.000 €.

Das **Leistungsinteresse** des Gläubigers besteht in Höhe des Werts einer vergleichbaren Sache. Regelmäßig entspricht es der vom Gläubiger zu erbringenden Gegenleistung. Das sind hier 80.000 €.

Zwischen dem Aufwand und dem Leistungsinteresse muss ein **grobes Missverhältnis** bestehen. Bei dessen Ermittlung sind nicht nur die Wertverhältnisse, sondern auch der Inhalt des Schuldverhältnisses, Treu und Glauben und ein eventuelles Vertretenmüssen des Leistungshindernisses durch den Schuldner zu berücksichtigen. Ein Missverhältnis zwischen Aufwand und Leistungsinteresse rechtfertigt nur dann die Anwendung des § 275 Abs. 2, wenn es ein unmöglichkeitsähnliches Ausmaß erreicht. Da das grobe Missverhältnis durch eine umfassende Berücksichtigung aller

---

209   NK-BGB/Dauner-Lieb § 275 Rn. 41.

210   BGH, Beschl. v. 14.01.2009 – VIII ZR 70/08, RÜ 2009, 142.

211   MünchKomm/Ernst § 275 Rn. 71.

Umstände des Einzelfalls zu ermitteln ist, können prozentuale Wertverhältnisse nur einen ersten Richtwert ergeben. Regelmäßig genügt es nicht, dass der Aufwand das Leistungsinteresse des Gläubigers um weniger als 100% übersteigt.[212]

Danach wäre hier kein grobes Missverhältnis anzunehmen. Der Aufwand des V würde das Leistungsinteresse des Gläubigers (80.000 €) nur dann um 100% *übersteigen*, wenn er größer oder gleich 160.000 € betragen würde. Für den V bedeutet es eine erhebliche wirtschaftliche Belastung, wenn er als Einkaufspreis 150% des Verkaufspreises aufwenden muss. Insbesondere angesichts des Umstands, dass er diese Situation durch den Verkauf an M selbst herbeigeführt hat, liegt ein Extremfall, welcher der Unmöglichkeit i.S.d. § 275 Abs. 1 gleichsteht, aber nicht vor.

K hat mithin gegen V einen Anspruch auf Übereignung aus § 433 Abs. 1 S. 1.

Ein unmöglichkeitsähnliches Ausmaß könnte beispielsweise dann angenommen werden, wenn M das 33-fache des ursprünglichen Kaufpreises (d.h. 2.640.000 €) verlangen würde, ähnlich wie dies in einem Fall aus dem Jahr 1987 tatsächlich geschehen ist.[213]

Weitere **Beispiele** zu § 275 Abs. 2:   **132**

1. Eine vermietete Scheune ist abgebrannt.[214]

2. V vermietet eine Trabrennbahn, bei der die Wettannahmestellen und gastronomischen Einrichtungen asbestverseucht sind.[215]

3. Ein Reihenhaus mit einem Verkehrswert von 28.000 € ist für 350 € monatlich vermietet. Es zeigen sich Risse im Mauerwerk, deren Beseitigung nach einem Gutachten zwischen 95.000 € und 170.000 € kosten würde. Der BGH hat ein grobes Missverhältnis bejaht.[216]

4. V verkauft K einen jungen Dackel. Aufgrund einer anlagebedingten Fehlentwicklung des Knochenwachstums kommt es zu einer Fehlstellung des Sprunggelenks. Diese lässt sich nicht vollständig beseitigen, aber möglicherweise dadurch abmildern, dass das Tier von einem Spezialisten operiert wird. Regelmäßige tierärztliche Kontrolluntersuchungen wären erforderlich. Eventueller weiterer Aufwand bei Komplikationen ist unabsehbar.
Der BGH[217] entschied, dass der V die Nachbesserung gemäß § 275 Abs. 2 verweigern kann. Entscheidend war, dass die Operation nicht zu einer vollständigen Mängelbeseitigung geführt hätte, der Folgeaufwand unabsehbar war und der Mangel nicht von V zu vertreten, sondern anlagebedingt war.

2. Leistungsverweigerungsrecht gemäß § 275 Abs. 3

§ 275 Abs. 3 enthält eine Sonderregelung für die Fälle von Leistungen, die der Schuldner   **133**
persönlich zu erbringen hat. In diesen Fällen sollen nicht nur objektive, sondern auch auf die Leistung bezogene **persönliche Umstände des Schuldners** berücksichtigt werden und zu einem Leistungsverweigerungsrecht führen.

---

212 Jauernig/Stadler § 275 Rn. 26.
213 BGH NJW 1988, 699.
214 BGH WM 1977, 400, 401.
215 OLG Hamburg NZM 2002, 343.
216 BGH, Urt. v. 21.04.2010 – VIII ZR 131/09, NJW 2010, 2050.
217 BGH, Urt. v. 22.06.2005 – VIII ZR 281/04, RÜ 2005, 456.

Beispiele:

1. Eine Sängerin weigert sich aufzutreten, weil ihr Kind lebensgefährlich erkrankt ist.[218]

2. Ein türkischer Arbeitnehmer weigert sich zu arbeiten, weil er in der Türkei zum Wehrdienst einberufen ist und bei Nichtbefolgung des Einberufungsbefehls mit der Todesstrafe rechnen muss.[219]

Bei der **Erkrankung eines Arbeitnehmers** ist Unmöglichkeit der Arbeitsleistung gemäß § 275 Abs. 1 nur dann anzunehmen, wenn der Arbeitnehmer aufgrund seiner Erkrankung die geschuldete Leistung objektiv nicht erbringen kann. Ist dagegen die Leistung nicht schon naturgesetzlich oder rechtlich unmöglich, erfolgt eine Leistungsbefreiung gemäß § 275 Abs. 3.[220]

III. Vorübergehende Unmöglichkeit

134 Vorübergehende Unmöglichkeit liegt vor, wenn zu dem **Zeitpunkt, in dem die Leistung erbracht werden soll**, ein Leistungshindernis i.S.d. § 275 Abs. 1 bis 3 besteht und dieses zwar behebbar ist, aber nicht abzusehen ist, ob und wann es behoben wird.

Der Gesetzgeber wollte ursprünglich die vorübergehende Unmöglichkeit in § 275 Abs. 1 regeln.[221] Im Regierungsentwurf lautete § 275 Abs. 1: „Der Anspruch auf Leistung ist ausgeschlossen, soweit **und solange** diese für den Schuldner oder für jedermann unmöglich ist." In der Stellungnahme des Bundesrates wurden Folgeprobleme gesehen und ergänzende Regelungen in §§ 275 Abs. 3, 283, 285 und 311a für erforderlich gehalten.[222] Im späteren Verfahren wurde die Formulierung „und solange" gestrichen und die Lösung der Problematik – wie bisher – der Rechtsprechung überlassen.[223]

1. Ausnahmsweise Gleichstellung mit endgültiger Unmöglichkeit

135 Die vorübergehende Unmöglichkeit steht der endgültigen Unmöglichkeit gleich, wenn die Erreichung des Vertragszwecks infrage gestellt ist und deshalb dem Vertragsgegner die **Einhaltung des Vertrags nicht zuzumuten** ist.[224]

Die Gleichstellung führt dazu, dass der **Erfüllungsanspruch gemäß § 275 Abs. 1 erlischt**. Die weiteren Rechtsfolgen des Leistungshindernisses richten sich gemäß § 275 Abs. 4 nach §§ 280, 283 bis 285, 311a und 326. Wird die Erbringung der Leistung später möglich, lebt die Leistungspflicht nicht auf.

2. Vorübergehende Unmöglichkeit ohne Gleichstellung

136 Umstritten ist die Behandlung der vorübergehenden Unmöglichkeit, wenn sie der endgültigen Unmöglichkeit nicht gleichsteht.

■ Nach h.M. gilt § 275 auch bei vorübergehender Unmöglichkeit in Bezug auf die Primärleistungspflicht. Der Erfüllungsanspruch ist dann „zurzeit" unmöglich.[225]

---

218 BT-Drs. 14/6040 S. 130.
219 BAG NJW 1983, 2782.
220 Henssler/Muthers ZGS 2002, 219, 223; Löwisch NJW 2003, 2049.
221 BT-Drs. 14/6040 S. 128 f.
222 Stellungnahme des Bundesrates BT-Drs. 14/6857 S. 11.
223 Gegenäußerung der Bundesregierung BT-Drs. 14/6857 S. 47.
224 BGH, Urt. v. 19.10.2007 – V ZR 211/06, Rn. 24, RÜ 2008, 1, 3; Looschelders Rn. 430.
225 Palandt/Grüneberg § 275 Rn. 10; Brox/Walker § 22 Rn. 16; Looschelders Rn. 430.

Klausurhinweis: Eine entsprechende Leistungsklage ist dann als vorübergehend unbegründet abzuweisen, soweit nicht die Voraussetzungen einer Klage auf künftige Leistung gemäß § 259 ZPO gegeben sind.[226]

■ Ob die weiteren Vorschriften über die Unmöglichkeit (§§ 311 a Abs. 2, 283, 326) Anwendung finden, ist umstritten.

  ■ Teilweise wird dies bejaht, es soll aber analog § 281 Abs. 1 S. 1, § 323 Abs. 1 S. 1 der erfolglose Ablauf einer Frist (oder deren Entbehrlichkeit) erforderlich sein.[227]

  ■ Die Gegenansicht wendet nicht die Unmöglichkeitsregeln, sondern die §§ 281, 323 analog an (analog, weil wegen der Anwendung des § 275 Abs. 1–3 ein fälliger Anspruch fehlt).[228]

  ■ Nach beiden Ansichten ist daher für die Geltendmachung von Sekundärleistungsansprüchen der erfolglose Ablauf einer Frist (oder deren Entbehrlichkeit) erforderlich.

Fall 7: Audi auf Abwegen

V verkauft K einen gebrauchten Audi A4 für 9.800 €. Bevor es zur Übergabe kommt, wird das Fahrzeug bei V gestohlen.

1. K verklagt V auf Übereignung und Übergabe. V beruft sich darauf, dass ihm die Übergabe unmöglich sei. Demgegenüber wendet K ein, dass nach einer Statistik der Autoversicherer über 50% der gestohlenen Fahrzeuge wiedererlangt werden.

2. K verlangt nicht die Übereignung und Übergabe, sondern bittet seinen Anwalt um Auskunft, unter welchen Voraussetzungen er zurücktreten und/oder Schadensersatz statt der Leistung verlangen kann.

Frage 1: K verlangt Übereignung und Übergabe   **137**

Ein Anspruch des K auf Übereignung und Übergabe kann sich aus **§ 433 Abs. 1 S. 1** ergeben. K und V haben einen wirksamen Kaufvertrag geschlossen. Der Erfüllungsanspruch des K könnte jedoch gemäß § 275 Abs. 1 untergegangen sein. Mit Rücksicht darauf, dass über 50% der gestohlenen Kraftfahrzeuge wiedererlangt werden, kann allerdings eine endgültige Unmöglichkeit nicht festgestellt werden. Es liegt lediglich **vorübergehende Unmöglichkeit** vor.

I. Diese könnte der endgültigen Unmöglichkeit gleichzustellen sein. Dann müsste die Erreichung des Vertragszwecks infrage gestellt und dem Vertragspartner K die Einhaltung des Vertrags nicht zuzumuten sein. Eine Gleichstellung wird regelmäßig nur bei langfristigen Leistungshindernissen in Betracht kommen, wenn deren Ende nicht absehbar ist. Gestohlene Autos werden jedoch, wenn sie wiedererlangt werden, nach relativ kurzer Zeit dem Eigentümer wieder ausgehändigt. Im vorliegenden Fall

---

226 Brox/Walker § 22 Rn. 16.
227 Looschelders Rn. 430.
228 MünchKomm/Ernst § 275 Rn. 151.

ist die vorübergehende Unmöglichkeit der **endgültigen Unmöglichkeit nicht gleich-zustellen**.

II. Liegen die Voraussetzungen für eine Gleichstellung mit der endgültigen Unmöglichkeit nicht vor, sind die Auswirkungen der vorübergehenden Unmöglichkeit umstritten. Dies gilt auch für die Frage der Auswirkungen auf den Erfüllungsanspruch.

1. Teilweise wird bei der „einfachen" vorübergehenden Unmöglichkeit § 275 für nicht anwendbar gehalten. Diese Regelung setze eine dauernde oder eine der dauernden gleichzustellende vorübergehende Unmöglichkeit voraus.[229] Vorübergehende Leistungshindernisse könnten lediglich eine Leistungsverzögerung begründen. Bei Zweifeln bezüglich der Leistungsfähigkeit des Schuldners müsse der Gläubiger gemäß § 281 oder § 323 vorgehen. Danach ist grundsätzlich eine Fristsetzung erforderlich. Nach Fristablauf könne der Gläubiger den Erfüllungsanspruch durch Rücktritt oder durch Geltendmachen des Schadensersatzanspruchs statt der Leistung (§ 281 Abs. 4) zum Erlöschen bringen.

2. Nach wohl h.M. greift auch bei vorübergehender Unmöglichkeit § 275 Abs. 1–3 ein.[230] Der Schuldner werde für die Zeit der Unmöglichkeit, aber auch nur so lange von der Leistungspflicht befreit. Eine auf die Primärleistung gerichtete Klage sei als „zurzeit unbegründet" abzuweisen. Nach Beendigung des Leistungshindernisses lebe die Leistungspflicht wieder auf.

3. Für die h.M. spricht, dass bei vorübergehender Unmöglichkeit ein Leistungshindernis i.S.d. § 275 Abs. 1–3 besteht. Dieses ist zwar nur zeitlich begrenzt, unterscheidet aber die vorübergehende Unmöglichkeit von der reinen Leistungsverzögerung. Auch bei vorübergehender Unmöglichkeit ist daher der Leistungsanspruch gemäß § 275 Abs. 1–3 ausgeschlossen. K hat zurzeit keinen Anspruch aus § 433 Abs. 1 S. 1.

138 **2. Frage:** Voraussetzungen des Rücktritts und des Schadensersatzanspruchs

Auch die Rechtsfolgen der vorübergehenden Unmöglichkeit bezüglich eines Schadensersatzanspruchs statt der Leistung oder eines Rücktrittsrechts sind umstritten.

I. Wendet man bei vorübergehender Unmöglichkeit nur die Vorschriften über die Leistungsverzögerung an, ist ein Rücktrittsrecht oder ein Schadensersatzanspruch statt der Leistung von den Voraussetzungen des § 323 oder §§ 280 Abs. 1 u. 3, 281 abhängig. Der Gläubiger muss dem Schuldner eine Frist setzen, soweit diese nicht ausnahmsweise entbehrlich ist. Nach Fristablauf besteht ein Rücktrittsrecht und die Möglichkeit, Schadensersatz statt der Leistung zu verlangen.

139 II. Auch wenn die h.M. § 275 Abs. 1–3 bei vorübergehender Unmöglichkeit für anwendbar hält, beurteilt sie die Anwendung der weiteren Vorschriften über die Unmöglichkeit unterschiedlich.

---

229 Jauernig/Stadler § 275 Rn. 10, mit Hinweis auf die Entscheidung des BGH v. 19.10.2007 – V ZR 211/06, RÜ 2008, 1, 3.
230 Palandt/Grüneberg § 275 Rn. 10; Arnold JZ 2002, 866, 868; Schulze/Ebers JuS 2004, 265, 267.

1. Teilweise werden auch die §§ 311 a Abs. 2, 283, 326 für anwendbar gehalten, aber mit der Besonderheit, dass analog § 281 Abs. 1 S. 1, § 323 Abs. 1 S. 1 eine Fristsetzung erforderlich sein soll.[231]

2. Nach der Gegenansicht sollen bei vorübergehender Unmöglichkeit die §§ 311 a Abs. 2, 283, 326 keine Anwendung finden. Vielmehr sollen die §§ 281 und 323 gelten.[232] Da es aber wegen der Anwendung des § 275 Abs. 1–3 an einem fälligen Anspruch des Gläubigers fehle, sei eine analoge Anwendung der §§ 281 und 323 erforderlich. Für einen Schadensersatzanspruch statt der Leistung und ein Rücktrittsrecht ist auch nach dieser Ansicht grundsätzlich der Ablauf einer angemessenen Frist erforderlich.

Nach allen Ansichten ist für ein Rücktrittsrecht oder einen Schadensersatzanspruch statt der Leistung eine Fristsetzung erforderlich, soweit diese nicht gemäß § 281 Abs. 2 oder § 323 Abs. 2 entbehrlich ist.

B. Erlöschen oder Bestehenbleiben des Gegenleistungsanspruchs

Ist der Schuldner von der Leistungspflicht gemäß § 275 Abs. 1–3 befreit, richtet sich bei einem gegenseitigen Vertrag das Schicksal des Anspruchs auf die Gegenleistung nach § 326. Nach **§ 326 Abs. 1 S. 1 geht** der **Anspruch** auf die Gegenleistung **grundsätzlich unter**. **140**

Es gibt jedoch **Ausnahmen** von diesem Grundsatz:

- Der Gegenleistungsanspruch bleibt dann bestehen, wenn **besondere Gefahrtragungsregeln** eingreifen (z.B. §§ 446, 447, 644, 645, 615). So geht die Preisgefahr etwa gemäß §§ 446, 447 auf den Käufer über, wenn der Verkäufer die Kaufsache übergeben oder beim Versendungskauf die Sache an eine sorgfältig ausgewählte Versandperson ausgehändigt hat.[233]

  Hinweis: Das ist der häufigste Fall des Bestehenbleibens der Gegenleistung und gleichzeitig derjenige, der sich in einer Klausur nicht beim Lesen des § 326 ergibt.

  Die §§ 644, 645 sind Spezialregelungen im Verhältnis zu § 326. Das gilt auch für die Regelung in § 326 Abs.1 S. 1.[234] Wird die Erstellung des Werks vor Abnahme unmöglich, hat der Unternehmer keinen Vergütungsanspruch, weil er gemäß § 644 Abs. 1 S. 1 die Gefahr bis zur Abnahme des Werks trägt. Die Verantwortlichkeit des Gläubigers (§ 326 Abs. 2 S. 1 Alt. 1) ist im Werkvertragsrecht speziell in § 645 geregelt. Die Regelungen über den Annahmeverzug sind inhaltlich gleich (§ 326 Abs. 2 S. 1 Alt. 2 und § 644 Abs. 1 S. 2).

  Im Arbeitsrecht erlischt der Lohnanspruch nicht nach § 326 Abs. 1 S. 1, soweit eine der Regeln über den „Lohn ohne Arbeit" eingreift (z.B.: Annahmeverzug des Arbeitgebers, § 615 S. 1; Betriebsrisiko beim Arbeitgeber, § 615 S. 3).

---

231 Wieser MDR 2002, 858, 861; vgl. auch die Stellungnahme des Bundesrates BT-Drs. 14/6857 S. 11, 13.

232 Arnold JZ 2002, 866, 868.

233 Vgl. zum Übergang der Preisgefar im Kaufrecht AS-Skript Schuldrecht BT 1 (2016), Rn. 246 ff.

234 Palandt/Sprau § 645 Rn. 4.

- Im Fall der **Teilunmöglichkeit** geht der Gegenleistungsanspruch nicht vollständig unter, sondern wird gemäß § 326 Abs. 1 S. 1 Hs. 2 in entsprechender Anwendung des § 441 Abs. 3 gemindert.

- § 326 Abs. 1 S. 2 betrifft das Gewährleistungsrecht. Ist bei einer **mangelhaften Leistung** die Nacherfüllung unmöglich, erlischt der Anspruch auf die Gegenleistung nicht automatisch nach § 326 Abs. 1 S. 1, auch nicht in Höhe des Minderwertes. Die im Kauf- und Werkvertragsrecht vorgesehenen Gewährleistungsrechte sind spezieller.

- § 326 Abs. 2 S. 1 Alt. 1: Der Gegenleistungsanspruch bleibt bestehen, wenn der **Gläubiger** für die Unmöglichkeit **allein oder weit überwiegend verantwortlich** ist.

- § 326 Abs. 2 S. 1 Alt. 2: Tritt die Unmöglichkeit zu einem Zeitpunkt ein, in dem der Gläubiger im **Annahmeverzug** ist und ist der Schuldner für die Unmöglichkeit nicht verantwortlich, bleibt der Gegenleistungsanspruch ebenfalls bestehen.

- § 326 Abs. 3: Verlangt der Gläubiger gemäß § 285 das **Surrogat** (d.h. die Herausgabe des Ersatzes oder die Abtretung des Ersatzanspruchs), erhält er eine Leistung, die das Bestehenbleiben des Gegenleistungsanspruchs rechtfertigt.

I. Anwendungsbereich des § 326

141 Schon aufgrund der systematischen Stellung (im 2. Titel: Gegenseitiger Vertrag) ergibt sich, dass § 326 **nur bei gegenseitigen Verträgen** anwendbar ist. Der Tatsache, dass die §§ 320 ff. auf einen Leistungsaustausch gerichtet sind, entnimmt man, dass es sich um gegenseitige Austauschverträge handeln muss. Gegenseitige Austauschverträge sind Verträge, bei denen sich eine Leistung und eine Gegenleistung in der Weise gegenüberstehen, dass die Leistung um der Gegenleistung willen erbracht wird.[235]

- **Keine** gegenseitigen Verträge sind die einseitig verpflichtenden Verträge, wie z.B. die **Schenkung** (§ 516) oder die **Bürgschaft** (§ 765).

- Ebenfalls keine gegenseitigen Verträge sind die so genannten unvollkommen zweiseitigen Verträge, bei denen zwar beide Parteien Leistungspflichten haben, diese aber **nicht im Gegenseitigkeitsverhältnis** stehen; z.B. **Leihe, Auftrag, unentgeltliche Verwahrung**. Auch beim **Maklervertrag** stehen sich zu keinem Zeitpunkt Hauptleistungspflichten gegenüber. Der Anspruch auf den Maklerlohn entsteht erst, wenn infolge der Tätigkeit des Maklers der Vertrag mit dem Dritten zustande gekommen ist.

- Der **Gesellschaftsvertrag** wird zwar als gegenseitiger Vertrag angesehen, es handelt sich aber nicht um einen Austauschvertrag, da die Gesellschafter keine Leistungen austauschen, sondern sich zu einem gemeinsamen Zweck zusammenschließen. Die §§ 320 ff. sind daher grundsätzlich unanwendbar.[236]

---

235 BGH, Urt. v. 19.05.2006 – V ZR 40/05, NJW 2006, 2773, 2775; Palandt/Grüneberg Einf. v. § 320 Rn. 5.
236 OLG München NZG 2000, 1124; Palandt/Sprau § 705 Rn. 13.

■ **Gegenseitige Austauschverträge** sind z.B.: Kaufvertrag, Werkvertrag, Reisevertrag, Mietvertrag, Pachtvertrag, Dienstvertrag und entgeltlicher Geschäftsbesorgungsvertrag. Beim verzinslichen Darlehen stehen das Verschaffen und Belassen des Kapitals (als Leistung des Darlehensgebers) und die Abnahme der vereinbarten Geldsumme, die Rückzahlung und die Zinszahlung im Austauschverhältnis.[237]

Auch atypische Verträge sind regelmäßig gegenseitige Verträge. Entscheidend ist, ob nach dem Willen der Parteien Leistung und Gegenleistung miteinander verknüpft sind.

■ Gleichgültig ist, an wen die Leistung bzw. die Gegenleistung zu erbringen ist. Auch ein **Vertrag zugunsten Dritter** kann ein gegenseitiger Vertrag i.S.d. §§ 320 ff. sein.[238]

II. Verantwortlichkeit des Gläubigers, § 326 Abs. 2 S. 1 Alt. 1

Der Gläubiger hat keine vertragliche Pflicht, die Leistung nicht unmöglich zu machen. **142** Es handelt sich vielmehr um eine **Obliegenheit**, deren Verletzung den Nachteil mit sich bringt, dass der Gläubiger die Gegenleistung in dem in § 326 Abs. 2 bestimmten Umfang (vereinbarte Vergütung minus Ersparnisse des Schuldners) erbringen muss, ohne die Leistung zu erhalten. Für welche Umstände der Gläubiger verantwortlich ist, ist weder in § 326 Abs. 2 noch in anderen Vorschriften geregelt. Nach h.M. sind aber die §§ 276–278 entsprechend anwendbar.[239]

Demnach hat der Gläubiger in nachstehenden Fällen den Umstand, der das Leistungshindernis verursacht hat, zu verantworten, wenn der Gläubiger

■ eine dem Schuldner gegenüber obliegende Verhaltenspflicht verletzt hat,

■ ihm eine Obliegenheitsverletzung vorgeworfen werden kann oder

■ er durch Vertrag das Risiko für diesen Umstand übernommen hat.[240]

1. Verletzung einer Verhaltenspflicht

Der Gläubiger hat die Unmöglichkeit zu verantworten, wenn er oder seine Hilfspersonen die ihm gegenüber dem Schuldner bestehenden Verhaltenspflichten in Bezug auf den Leistungsgegenstand unter Außerachtlassung der im Verkehr erforderlichen Sorgfalt verletzt haben. In diesem Fall gelten die **§§ 276, 278 analog**, weil die einem anderen gegenüber bestehende Verhaltenspflicht missachtet worden ist.[241] **143**

Beispiel: Die Mietsache wird aufgrund einer Verletzung der Obhutpflicht des Mieters zerstört. Der Anspruch des Vermieters auf die Miete erlischt nicht gemäß § 326 Abs. 1 S. 1, er bleibt gemäß § 326 Abs. 2 Alt. 1 bestehen, da der Mieter die Unmöglichkeit allein zu vertreten hat.

---

237 Jauernig/Berger § 488 Rn. 12 ff.
238 Palandt/Grüneberg Einf. v. § 320 Rn. 5.
239 Brox/Walker § 22 Rn. 38; Looschelders Rn. 699.
240 BGH, Urt. v. 18.10.2001 – III ZR 265/00, RÜ 2002, 10; Palandt/Grüneberg § 326 Rn. 9; nach MünchKomm/Ernst § 326 Rn. 61 soll ausschließlich die vertragliche Risikoübernahme entscheidend sein.
241 BGHZ 66, 349, 353; Looschelders Rn. 699.

2. Obliegenheitsverletzung

144 Der Gläubiger hat die Unmöglichkeit zu vertreten, wenn er die Unmöglichkeit durch vorwerfbare Unvorsichtigkeit in eigenen Angelegenheiten bzw. Obliegenheitsverletzungen verursacht hat. Denn es würde dem Verbot widersprüchlichen Verhaltens widersprechen, wenn der Gläubiger die wirtschaftlich nachteiligen Folgen seines eigenen Verhaltens auf den vertragstreuen Schuldner abwälzen könnte.[242]

Beispiel: U hat sich verpflichtet, die Holzvertäfelung im Hause des E zu erneuern. Kurz vor der Fertigstellung der Arbeiten bricht infolge Unvorsichtigkeit des E ein Brand aus. Die Holzvertäfelung wird zerstört. U verlangt Bezahlung.

I. Der Zahlungsanspruch aus § 631 Abs. 1 ist mit Abschluss des Werkvertrags entstanden.
II. Da das Werk nach Zerstörung der Holzvertäfelung nicht mehr erstellt werden kann, ist dem U die Herstellung des Werks unmöglich geworden. Da E durch vorwerfbare Unvorsichtigkeit in eigenen Angelegenheiten den Brand verursacht hat, ist er für die Unmöglichkeit allein verantwortlich. Er muss daher die volle Vergütung abzüglich der Ersparnisse (§ 326 Abs. 2 S. 2) zahlen.

Dem Gläubiger obliegt es auch, den Leistungserfolg nicht selbst herbeizuführen und dadurch dem Schuldner die Leistung unmöglich zu machen.[243] Die **Selbstvornahme** hat der Gläubiger regelmäßig auch allein oder weit überwiegend zu verantworten.[244] Auch bei einer Leistungsverzögerung muss der Gläubiger dem Schuldner grundsätzlich gemäß §§ 281, 323 eine Frist setzen.

3. Vertragliche Risikoübernahme

145 Der Gläubiger hat die Unmöglichkeit zu vertreten, wenn er vertraglich das Risiko dafür übernommen hat, dass ein bestimmtes Leistungshindernis nicht eintritt.

Beispiel: Nach dem Inhalt eines Bauvertrags hat der Bauherr grundsätzlich für die erforderliche Baugenehmigung zu sorgen, sodass er im Allgemeinen auch das Risiko für die Erteilung der Baugenehmigung trägt.[245]

4. Beiderseitig zu vertretende Unmöglichkeit

146 Ein klassisches Klausurthema ist die beiderseitig zu vertretende Unmöglichkeit, bei der sowohl der Schuldner als auch der Gläubiger das Leistungshindernis zu vertreten haben. Nach h.M. **erlischt** in diesen Fällen der **Gegenleistungsanspruch gemäß § 326 Abs. 1 S. 1**. Er bleibt nicht (auch nicht teilweise) gemäß § 326 Abs. 2 S. 1 Alt. 1 bestehen, da beim beiderseitigen Vertretenmüssen der Gläubiger für die Unmöglichkeit **nicht allein oder weit überwiegend verantwortlich** ist.

Es bestehen gegenseitige Schadensersatzansprüche aus **§§ 280 Abs. 1 u. 3, 283 und § 280 Abs. 1**, bei deren Berechnung jeweils gemäß **§ 254** die Mitverschuldensquote zu berücksichtigen ist. Hat der Gläubiger die Gegenleistung schon erbracht, kann er zurücktreten und die Gegenleistung (regelmäßig den Kaufpreis) anteilig zurückverlangen.

---

242 Staudinger/Schwarze § 326 Rn. C 11.
243 BGH, Urt. v. 22.09.2004 – VIII ZR 203/03, NJW-RR 2005, 357.
244 BGH, Urt. v. 22.09.2004 – VIII ZR 203/03, NJW-RR 2005, 357.
245 BGH JZ 1966, 409.

Fall 8: Fehler beim Verladen

K kaufte bei dem Pferdezüchter V einen Hengst zum Preis von 1.500 €. Die Parteien vereinbarten, dass K das Pferd abholen sollte und dass es bis dahin „verladefromm" sein sollte. Einen Monat später erschien K mit einem Transporter, um das Pferd abzuholen. Ein Verladetraining hatte V mit dem Hengst nicht vorgenommen. Der Hengst wollte den Anhänger daher nicht betreten. V und K versuchten gemeinsam, das Pferd in den Hänger zu ziehen. Dabei geriet das Tier unter eine eingelegte Stange, sodass sich ein Querschnittssyndrom entwickelte und das Pferd wenige Tage später eingeschläfert werden musste.

1. Kann V von K Zahlung des Kaufpreises verlangen, wenn V und K den Tod des Tieres zu gleichen Anteilen zu vertreten haben?

2. Haben V und K gegenseitige Schadensersatzansprüche?

I. V könnte gegen K einen Anspruch auf Bezahlung des Kaufpreises aus **§ 433 Abs. 2**   **147** haben.

Der Zahlungsanspruch ist mit Abschluss des Kaufvertrags entstanden. Er könnte nach **§ 326 Abs. 1 S. 1** untergegangen sein.

1. V ist die Erfüllung der Leistungsverpflichtung, den Hengst gemäß § 433 Abs. 1 S. 1 zu übereignen und zu übergeben, unmöglich geworden. Der Erfüllungsanspruch des K ist gemäß **§ 275 Abs. 1** untergegangen. Nach dem Grundsatz des § 326 Abs. 1 S. 1 ist der Anspruch auf die Gegenleistung damit erloschen.

2. Der Anspruch könnte aber gemäß **§ 326 Abs. 2 S. 1 Alt. 1** bestehen geblieben sein. Dann müsste der Gläubiger (K) das Leistungshindernis **allein** oder weit überwiegend zu verantworten haben. K hat den Tod des Pferdes zu 50% zu verantworten. Dies ist aber **keine weit überwiegende Verantwortung**.

Die Formulierung „weit überwiegend" ist im Gesetzgebungsverfahren gewählt worden, um Fälle zu erfassen, bei denen im Anwendungsbereich des § 254 die „weit" überwiegende Verantwortlichkeit der Alleinverantwortlichkeit gleichgestellt wird.[246] Die „weit überwiegende" Verantwortlichkeit ist wertungsmäßig eine Alleinverantwortlichkeit, weil ihr kein nach § 254 zu berücksichtigender Verursachungsbeitrag der anderen Partei gegenübersteht.

a) Teilweise wird angenommen, der Anspruch auf die Gegenleistung würde auch dann bestehen bleiben, wenn der Gläubiger das Leistungshindernis nicht allein oder weit überwiegend zu verantworten habe.[247] Die beiderseitige Unmöglichkeit sei im neuen Schuldrecht nicht geregelt. Es seien daher die für das frühere Recht geltenden Grundsätze anwendbar. Eine sachgerechte Lösung könne nur darin bestehen, dass der Schuldner zumindest teilweise seinen Anspruch auf die Gegenleistung behält. Unter dieser Prämisse sei eine Lösung contra legem unvermeidbar.[248]

---

246 Canaris JZ 2001, 499, 511.

247 Stoppel Jura 2003, 224, 227.

248 Stoppel Jura 2003, 224, 227.

Nach dieser Ansicht bleibt der Anspruch auf die Gegenleistung in voller Höhe oder jedenfalls in einer der Mitverschuldensquote des Anspruchsgegners entsprechenden Höhe bestehen.

b) Nach mittlerweile h.M. ergibt sich aus § 326 Abs. 2 S. 1 Alt. 1 eindeutig, dass der Gegenleistungsanspruch des Schuldners der unmöglich gewordenen Leistung nur dann bestehen bleibt, wenn der Gläubiger die Unmöglichkeit allein oder so weit überwiegend zu vertreten hat, dass dem Schuldner kein Verursachungsbeitrag gemäß § 254 zuzurechnen ist.[249] Mit der Formulierung „allein oder weit überwiegend" regelt das Gesetz den Fall der beiderseitig zu vertretenden Unmöglichkeit insoweit, dass ausgeschlossen wird, dass der Anspruch auf die Gegenleistung dann bestehen bleibt, wenn der Schuldner einen nach § 254 zurechenbaren Verursachungsbeitrag geleistet hat. Eine teleologische Reduktion des § 326 Abs. 2 S. 1 Alt. 1 scheidet aus, da nicht angenommen werden kann, der Gesetzgeber habe den Fall der beiderseitig zu vertretenden Unmöglichkeit nur versehentlich mitgeregelt.

Der Kaufpreisanspruch bleibt nicht gemäß § 326 Abs. 2 S. 1 Alt. 1 bestehen. Er ist gemäß § 326 Abs. 1 S. 1 erloschen.

II.   K könnte gegen V einen Anspruch aus **§§ 280 Abs. 1 u. 3, 283** haben.

1. Zwischen V und K bestand ein Kaufvertrag und damit ein Schuldverhältnis.

2. V ist die Erfüllung des Anspruchs aus § 433 Abs. 1 S. 1 durch Übergabe und Übereignung unmöglich geworden.

3. V kann sich nicht gemäß § 280 Abs. 1 S. 2 entlasten, da er die Unmöglichkeit zu vertreten hat.

4. V ist zum Schadensersatz statt der Leistung verpflichtet. Der Schuldner muss den Wert der Kaufsache ersetzen, der mangels anderer Angaben mit dem Kaufpreis identisch ist. K hat den Kaufpreis aber noch nicht bezahlt. Er ist gemäß § 326 Abs. 1 S. 1 auch nicht zur Zahlung des Kaufpreises verpflichtet, sodass er keinen Schaden hat. Es besteht kein Anspruch des K gegen V aus §§ 280 Abs. 1 u. 3, 283.

148   III.   V könnte gegen K ein Anspruch auf Schadensersatz aus **§ 280 Abs. 1** zustehen.

1. Zwischen V und K bestand ein Kaufvertrag und damit ein Schuldverhältnis.

2. K müsste eine **Pflicht aus diesem Schuldverhältnis verletzt** haben.

a) **Teilweise** wird in der Literatur beim beiderseitigen Vertretenmüssen eine Pflichtverletzung des Gläubigers verneint. Der Gläubiger habe zwar (anteilig) die Unmöglichkeit zu vertreten. Für den Gläubiger der Leistung stelle das Verursachen der Unmöglichkeit aber keine Pflichtverletzung i.S.d. § 280 Abs. 1 dar, sondern **lediglich eine Obliegenheitsverletzung**.[250] Die Pflichtverletzung

---

249   Palandt/Grüneberg § 326 Rn. 15; Jauernig/Stadler § 326 Rn. 22; Canaris, FS E. Lorenz, 147, 158 ff.; Gruber JuS 2002, 1066; Rauscher ZGS 2002, 333, 336; Meier Jura 2002, 118, 128; Schulze/Ebers JuS 2004, 366, 368.

250   Staudinger/Schwarze § 326 Rn. C 150.

könne auch nicht darin gesehen werden, dass der Gläubiger das Entfallen der Gegenleistung gemäß § 326 Abs. 2 S. 1 Alt. 1 zumindest anteilig zu verantworten habe (s.o. I. 3. a)).

b) Nach der h.M. erlischt bei beiderseitigem Vertretenmüssen der Gegenleistungsanspruch gemäß § 326 Abs. 1 S. 1. Wenn der Gläubiger die Unmöglichkeit der Leistung verursacht, ist dies nicht nur eine Obliegenheitsverletzung, sondern auch die Verletzung der Pflicht, die Gegenleistung zu erbringen. K hat daher eine Pflicht aus dem Schuldverhältnis mit V verletzt.

3. K kann sich nicht gemäß § 280 Abs. 1 S. 2 entlasten.

4. V kann von K Schadensersatz verlangen. Der Schaden des V ist das Entfallen des Kaufpreisanspruchs in Höhe von 1.500 €. Da V ein hälftiges Mitverschulden trifft, ist der Anspruch gemäß § 254 Abs. 1 entsprechend zu kürzen. V hat gegen K einen Schadensersatzanspruch aus § 280 Abs. 1 in Höhe von 750 €.

VI. Ein weiterer Schadensersatzanspruch des V gegen K könnte sich aus **§ 823 Abs. 1** ergeben.

1. Beim Verladen war V noch Eigentümer des Hengstes. K hat durch sein Verhalten das Eigentum des V verletzt.

2. K handelte rechtswidrig und schuldhaft.

3. K ist gemäß §§ 823 Abs. 1, 249 ff. zum Schadensersatz verpflichtet.

a) In der Literatur wird vertreten, bei beiderseitigem Vertretenmüssen der Unmöglichkeit der Leistung könne kein Schadensersatzanspruch bestehen. Ein solcher scheide aus Gründen der allgemeinen Schadensdogmatik a priori aus, da für die Schadensbestimmung der Vergleich mit der Vermögenslage zugrunde gelegt werde, wie sie sich bei pflichtgemäßem Handeln entwickelt hätte. Schadensersatzansprüche seien in beiden Richtungen ausgeschlossen, da bei pflichtgemäßem Handeln der einen Person die jeweils andere den Schaden verursacht hätte.[251]

b) Nach der h.M. schließt das beiderseitige Vertretenmüssen einen Schadensersatzanspruch nicht aus. Es handelt sich um einen Fall kumulativer Kausalität, bei der jeder Verursacher grundsätzlich für den gesamten Schaden haftet. Bei einer kumulativen Kausalität durch Gläubiger und Schuldner besteht nur die Besonderheit, dass § 254 Abs. 1 zu beachten ist.[252] Auch der Anspruch des V aus § 823 Abs. 1 ist gemäß § 254 Abs. 1 zu kürzen.

V hat gegen K einen Schadensersatzanspruch aus § 823 Abs. 1 auf Zahlung von 750 €.

---

251 MünchKomm/Ernst § 326 Rn. 79.

252 Palandt/Grüneberg § 326 Rn. 15; Jauernig/Stadler § 326 Rn. 22; Looschelders Rn. 704 f.

Abwandlung:

Vor dem Verladeversuch hatte K den Kaufpreis schon bezahlt. Kann K Rückzahlung der 1.500 € verlangen?

I. Ein Anspruch des K gegen V könnte sich aus **§§ 326 Abs. 4, 323, 346** ergeben.

1. K und V haben einen wirksamen gegenseitigen Vertrag geschlossen.

2. Aus dem Kaufvertrag war V zur Übergabe und Übereignung des Pferdes verpflichtet. Die Erfüllung dieser Verpflichtung ist V durch den Tod des Tieres gemäß § 275 Abs. 1 unmöglich geworden.

3. Gemäß §§ 275 Abs. 4, 326 Abs. 5 besteht ein Rücktrittsrecht des Gläubigers, auf das § 323 entsprechende Anwendung findet. Da eine Fristsetzung entbehrlich ist, sind die Voraussetzungen des Rücktrittsrechts gegeben.

4. Der Rücktritt könnte jedoch gemäß **§ 323 Abs. 6** ausgeschlossen sein. Dann müsste K für den Umstand, der zum Rücktritt berechtigt **allein oder weit überwiegend verantwortlich** sein.

   a) **Teilweise** wird angenommen, dass der Rücktritt des Gläubigers auch dann ausgeschlossen ist, wenn der Verschuldensanteil des Gläubigers die Grenze des § 323 Abs. 6 unterschreitet. Der Schuldner dürfe die ausgehandelten Vorteile nicht schon dann verlieren, wenn der Verschuldensanteil des Gläubigers unterhalb der in § 323 Abs. 6 genannten Grenze des überwiegenden Verschuldens liege. Das Rücktrittsrecht solle **bereits** dann ausgeschlossen sein, **wenn** der Gläubiger das Leistungshindernis überwiegend oder **zur Hälfte zu vertreten** habe.[253] Danach ist ein Rücktritt des K ausgeschlossen.

   b) Nach der **h.M.** ist § 323 Abs. 6 dem **Wortlaut entsprechend** anzuwenden. Wegen eines Verschuldens des Gläubigers ist der Rücktritt nur dann ausgeschlossen, wenn der Gläubiger die Unmöglichkeit allein oder weit überwiegend zu verantworten hat.[254] Für die h.M. spricht der eindeutige Wortlaut des Gesetzes.

5. Gemäß § 346 Abs. 1 sind die empfangenen Leistungen zurückzugewähren. Da K die Unmöglichkeit in gleichem Umfang wie V zu vertreten hat, ist fraglich, ob ihm ein uneingeschränkter Anspruch auf Rückzahlung des Kaufpreises zusteht.

   a) In der Literatur wird vertreten, die Wirkungen des Rücktritts seien bei beiderseitigem Vertretenmüssen zu modifizieren. Der Rücktritt sei auf den Teil der Gegenleistung beschränkt, der dem Verschuldensanteil des Rücktrittsgegners entspreche.[255] Eine Beschränkung der Rechtsfolgen des Rücktrittsrecht sei erforderlich, da der Schuldner keine Schadensersatzansprüche habe, die mit dem Anspruch auf Rückgewähr der Gegenleistung verrechnet werden könnten.

253 Staudinger/Schwarze § 326 Rn. C 152.
254 BGH, Urt. v. 11.11.2014 – VIII ZR 37/14, RÜ 2015, 211; Looschelders Rn. 705a.
255 Staudinger/Schwarze § 326 Rn. C 152.

b)Nach h.M. ist indes es nicht erforderlich, die Wirkungen des Rücktritts zu be-schränken. Der Gläubiger hat einen Schadensersatzanspruch aus § 280 Abs. 1 (s.o. Ausgangsfall III.) und § 823 Abs. 1 (s.o. Ausgangsfall IV.). Mit diesen Ansprü-chen kann er gegen den uneingeschränkten Anspruch auf Rückzahlung des Kaufpreises aufrechnen.[256]

Wenn K den Rücktritt erklärt, hat er einen Anspruch auf Rückzahlung des Kaufpreises in Höhe von 1.500 €. Der Anspruch erlischt gemäß § 389 in Höhe von 750 €, wenn V mit seinen Ansprüchen aus § 280 Abs. 1 und § 823 Abs. 1 aufrechnet.

II. Ein weiterer Anspruch des K gegen V auf Rückzahlung des Kaufpreises könnte sich aus **§§ 326 Abs. 4, 346** ergeben.

1. K müsste eine nach § 326 nicht geschuldete Gegenleistung bewirkt haben. Der Anspruch des V gegen K auf Zahlung des Kaufpreises ist gemäß § 326 Abs. 1 S. 1 erloschen (s.o. Ausgangsfall I.). K hat daher eine nicht geschuldete Gegenleistung bewirkt.

2. Gemäß §§ 326 Abs. 4, 346 Abs. 1 kann K Rückzahlung des Kaufpreises verlangen.

3. Der Anspruch erlischt gemäß § 389 in Höhe von 750 €, wenn V die Aufrechnung mit seinen Schadensersatzansprüchen erklärt.

III. Annahmeverzug des Gläubigers, § 326 Abs. 2 S. 1 Alt. 2

Der Anspruch auf die Gegenleistung bleibt bestehen, wenn sich der Gläubiger bei Ein-tritt der Unmöglichkeit im Annahmeverzug (§ 293 ff.) befindet **und** der Schuldner den zur Unmöglichkeit führenden **Umstand nicht zu verantworten** hat. Befindet sich der Gläubiger im Annahmeverzug, hat der Schuldner gemäß § 300 Abs. 1 nur Vorsatz und grobe Fahrlässigkeit zu vertreten.

149

Beispiel: V verkauft K eine Partie Südfrüchte. Bei der Lieferung durch V verweigert K grundlos die Ab-nahme. V nimmt die Früchte mit zurück und lagert sie in einem ungekühlten Raum, wo sie nach kurzer Zeit verderben. V verlangt den Kaufpreis.

I. Der Anspruch aus § 433 Abs. 2 ist mit Vertragsschluss entstanden.
II. Fraglich ist, ob der Anspruch gemäß § 326 Abs. 1 S. 1 untergegangen ist.
1. Mit dem Anliefern der Ware durch V ist nämlich Konkretisierung gemäß § 243 Abs. 2 eingetreten, so dass das Verderben der Früchte daher zur Unmöglichkeit führte.
2. K hat die Unmöglichkeit nicht gemäß § 326 Abs. 2 S. 1 Alt. 1 zu vertreten.
3. Der Kaufpreisanspruch könnte gemäß § 326 Abs. 2 S. 1 Alt. 2 bestehen geblieben sein.
a) Bei Eintritt der Unmöglichkeit befand sich K im Annahmeverzug.
b) § 326 Abs. 2 S. 1 Alt. 2 setzt zusätzlich voraus, dass der Schuldner (hier: V) den Umstand, der zur Un-möglichkeit führt, nicht zu verantworten hat. Wegen des Annahmeverzugs des K hat V gemäß § 300 Abs. 1 nur Vorsatz und grobe Fahrlässigkeit zu vertreten. Das Lagern der Früchte in einem ungekühlten Raum ist als grob fahrlässig anzusehen, sodass V den Umstand, der zur Unmöglichkeit führte, zu verant-worten hat. Der Kaufpreisanspruch ist nicht gemäß § 326 Abs. 1 S. 1 Alt. 2 bestehen geblieben.

---

256 Looschelders Rn. 705a.

c) Die Gefahrtragungsregel des § 446 greift hier nicht ein, da danach nur die Gefahr des zufälligen Untergangs oder der zufälligen Verschlechterung übergeht. Zufällig ist ein Untergang oder eine Verschlechterung nur dann, wenn sie von keiner der Parteien zu vertreten ist.[257]
Der Zahlungsanspruch ist gemäß § 326 Abs. 1 S. 1 untergegangen.

IV. Anrechnungspflicht gemäß § 326 Abs. 2 S. 2

150   Gemäß § 326 Abs. 2 S. 2 muss sich der Schuldner **ersparte Aufwendungen** anrechnen lassen, wenn der Anspruch auf die Gegenleistung gemäß § 326 Abs. 2 S. 1 bestehen bleibt.

Beispiele: Transport- und Materialkosten; Vergütung von Arbeitnehmern, Lieferanten oder Subunternehmern[258]

Für den Fall, dass der Käufer einer Sache die Mängelbeseitigung selbst vornimmt, wird teilweise ein Anspruch des Käufers auf die vom Verkäufer ersparten Aufwendungen (analog) § 326 Abs. 2 S. 2 bejaht.[259] Die Rechtsprechung hat eine analoge Anwendung des § 326 Abs. 2. S. 2 abgelehnt,[260] die §§ 437 ff. enthielten abschließende Regelungen, die eine unmittelbare oder analoge Anwendung des § 326 Abs. 2 S. 2 ausschlössen. Der Gesetzgeber habe bewusst auf die Regelung eines **Selbstvornahmerechts des Käufers** verzichtet. Ein solches Recht unterliefe auch den Vorrang der Nacherfüllung.

C. Sekundärleistungsansprüche

151   Sekundärleistungsansprüche entstehen als Folge einer Pflichtverletzung. Sie können an die Stelle der verletzten Primärpflicht treten (Schadensersatz „statt der Leistung") oder neben die verletzte Primärpflicht (z.B. Anspruch auf den Verzögerungsschaden aus §§ 280 Abs. 1 u. 2, 286). Im Unmöglichkeitsrecht sind folgende Sekundärleistungsansprüche geregelt:

- **§ 311a Abs. 2**: bei einem **anfänglichen Leistungshindernis** nach Wahl des Gläubigers entweder Schadensersatz „statt der Leistung" oder Aufwendungsersatz in dem in **§ 284** bestimmten Umfang

- Bei einem **nachträglichen Leistungshindernis**

  - kann der Gläubiger gemäß §§ 280 Abs. 1 u. 3, **283** Schadensersatz „statt der Leistung" verlangen.

  - Wahlweise kann er einen Aufwendungsersatzanspruch aus §§ 280 Abs. 1 u. 3, 283, **284** geltend machen.

- **§ 285** enthält einen Anspruch auf das stellvertretende commodum.

- Gemäß **§ 326 Abs. 4** i.V.m. §§ 346–348 kann der Gläubiger eine erbrachte Gegenleistung zurückfordern.

---

257   Palandt/Weidenkaff § 446 Rn. 8.

258   MünchKomm/Ernst § 326 Rn. 90.

259   Ulrici Jura 2005, 612; Katzenstein ZGS 2004, 300; Herresthal/Riehm NJW 2005, 1457, 1460.

260   BGH, Urt. v. 23.02.2005 – VIII ZR 100/04, RÜ 2005, 288, 290; BGH, Urt. v. 22.06.2005 – VIII ZR 1/05, RÜ 2005, 575, 578; Urt. v. 07.12.2005 – VIII ZR 126/05, RÜ 2006,134, 135 f.

I. Anspruch aus § 311a Abs. 2 wegen eines anfänglichen Leistungshindernisses

152

§ 311a Abs. 2: Voraussetzungen und Rechtsfolgen
I. Vertrag
II. Schuldner braucht nach § 275 Abs. 1 bis 3 nicht zu leisten und das Leistungshindernis lag schon bei Vertragsschluss vor
III. Kein Anspruch, wenn der Schuldner das Leistungshindernis bei Vertragsschluss nicht kannte und seine Unkenntnis auch nicht zu vertreten hat
IV. Rechtsfolge: Schadensersatz statt der Leistung oder Aufwendungsersatz in dem in § 284 bestimmten Umfang

Hinweis: Der Anspruch aus § 311a hat in seinem direkten Anwendungsbereich eine relativ geringe Bedeutung. Weitaus häufiger ist seine Anwendung im Gewährleistungsrecht des Kaufrechts gemäß § 437 Nr. 3 bei unbehebbaren Mängeln, die schon vor Vertragsschluss bestehen. Wird beispielsweise ein Unfallwagen verkauft, ohne dass diese Beschaffenheit als vertragsgemäß vereinbart wurde, liegt ein unbehebbarer Mangel vor. Selbst bei einer ordnungsgemäß ausgeführten Reparatur ist der Mangel, der in der Eigenschaft als Unfallwagen liegt, nicht behebbar.[261]

1. Voraussetzungen

Der Anspruch aus § 311a Abs. 2 setzt einen wirksamen **Vertrag** voraus. Dabei stellt **153**
§ 311a Abs. 1 klar, dass ein anfängliches Leistungshindernis einem wirksamen Vertrag nicht entgegensteht. Andere Wirksamkeitshindernisse (z.B. §§ 125, 134, 138) sind dagegen beachtlich und können daher die Unwirksamkeit des Vertrags begründen.[262]

Es muss ein **Leistungshindernis** gemäß § 275 Abs. 1–3 schon **bei Vertragsschluss** bestehen. Entstehen Leistungshindernisse nach Vertragsschluss, kann sich der Schadensersatzanspruch aus §§ 280 Abs. 1 u. 3, 283 ergeben.

In den Fällen des **§ 275 Abs. 2 und 3** ist **nicht** auf den **Zeitpunkt der Geltendmachung des Leistungsverweigerungsrechts** abzustellen. Dann gäbe es in diesen Fällen keine anfänglichen Leistungshindernisse, denn kein Schuldner würde das Leistungsverweigerungsrecht geltend machen und dann den Vertrag abschließen. Entscheidend ist, ob die Voraussetzungen des Leistungsverweigerungsrechts gemäß § 275 Abs. 2 und 3 schon bei Vertragsschluss vorlagen.

Der Schuldner haftet gemäß **§ 311a Abs. 2 S. 2** nicht, wenn er das Leistungshindernis bei Vertragsschluss **nicht kannte** und seine **Unkenntnis auch nicht zu vertreten** hat. Der Anspruch aus § 311a Abs. 2 setzt keine Pflichtverletzung voraus, weil die Leistungspflicht zumindest in den Fällen des § 275 Abs. 1 von Anfang an nicht besteht. Die Entlastungsregelung kann daher auch nicht an das Nichtvertretenmüssen einer Pflichtverletzung anknüpfen, wie es § 280 Abs. 1 S. 2 vorsieht.

---

261 BGH, Urt. v. 12.03.2008 – VIII ZR 253/05, RÜ 2008, 348, 350; BGH, Urt. v. 19.12.2012 – VIII ZR 117/12, RÜ 2013,150.

262 Jauernig/Stadler § 311a Rn. 4.

Beispiel für ein anfängliches Leistungshindernis: Gefälschtes Gemälde wird als Original verkauft.[263]

Hinweis: Abgesehen vom Zeitpunkt des Leistungshindernisses, ist der Bezugspunkt des Vertretenmüssens der entscheidende Unterschied zwischen den Ansprüchen aus §§ 280 Abs. 1 u. 3, 283 einerseits und aus § 311 a Abs. 2 anderseits. Deshalb kann – jedenfalls in Klausuren – nicht offenbleiben, welche Anspruchsgrundlage einschlägig ist.[264]

154 Umstritten ist, ob der Schuldner **analog § 122** haftet, wenn er gemäß § 311a Abs. 2 S. 2 nachweist, dass er das Leistungshindernis bei Vertragsschluss nicht kannte und seine Unkenntnis auch nicht zu vertreten hat.

- Teilweise wird eine analoge Anwendung des § 122 befürwortet.[265] Die Regelung in § 311a Abs. 2 S. 2 führe dazu, dass der Schuldner aufgrund eines bloßen Motivirrtums von seiner Leistungspflicht ersatzlos frei werde. Darin liege ein Wertungswiderspruch zum Regelungsmodell der §§ 119 Abs. 2, 122.

- Die h.M. lehnt eine analoge Anwendung des § 122 ab.[266] Es fehle an einer Regelungslücke. Überdies habe sich der Gesetzgeber für das Verschuldensprinzip entschieden. Dem entspreche es, dass bei fehlendem Verschulden jede Partei den ihr entstandenen Schaden selbst tragen müsse.

2. Rechtsfolgen

155 Der Schuldner ist zum Schadensersatz statt der Leistung oder zum Aufwendungsersatz in dem in § 284 bestimmten Umfang verpflichtet. Soweit der Schuldner nur teilweise von seiner Leistungspflicht befreit ist oder ein Fall der qualitativen Unmöglichkeit vorliegt, gilt gemäß § 311 a Abs. 2 S. 3 der § 281 Abs. 1 S. 2 u. 3 sowie Abs. 5 entsprechend. Ein Fall der anfänglichen qualitativen Unmöglichkeit liegt etwa dann vor, wenn es sich bei einem verkauften Pkw – entgegen der Zusicherung – um einen Unfallwagen handelt.[267]

II. Anspruch aus §§ 280 Abs. 1 u. 3, 283

156

§§ 280 Abs. 1 u. 3, 283: Voraussetzungen und Rechtsfolge
I. Schuldverhältnis
II. Pflichtverletzung: Leistungsbefreiung gemäß § 275 Abs. 1–3, wobei das Leistungshindernis nach Vertragsschluss eingetreten sein muss Für anfängliche Leistungshindernisse enthält § 311a Abs. 2 eine Spezialregelung.
III. Kein Anspruch, wenn der Schuldner die Pflichtverletzung nicht zu vertreten hat (§ 280 Abs. 1 S. 2)
IV. Rechtsfolge: Schadensersatz statt der Leistung

263 BGH NJW 1993, 2103; Jauernig/Stadler § 311 a Rn. 3.
264 Ebenso Looschelders Rn. 622; anders (wohl für die Praxis): Palandt/Grüneberg § 311a Rn. 2.
265 Canaris JZ 2001, 499, 507.
266 Palandt/Grüneberg § 311a Rn. 15; MünchKomm/Ernst § 311a Rn. 41.
267 Looschelders Rn. 625.

1. Schuldverhältnis

Ein Schadensersatzanspruch aus den §§ 280 Abs. 1 u. 3, 283 setzt zunächst das Bestehen eines Schuldverhältnisses voraus. Die Regeln der §§ 280 Abs. 1 u. 3, 283 gelten grundsätzlich sowohl für die Leistungspflichten aus einem **vertraglichen** als auch aus einem **gesetzlichen Schuldverhältnis**. **157**

Beispiele:

1. Führt der Geschäftsführer ein fremdes Geschäft ohne Auftrag, ist er verpflichtet, dem Geschäftsherrn das durch die Geschäftsführung Erlangte gemäß §§ 681, 667 herauszugeben. Ist die Herausgabe unmöglich geworden, muss er gemäß §§ 280 Abs. 1 u. 3, 283 Schadensersatz leisten.[268]

2. Der Erbe E hat sich die Erfüllung des zugunsten des V ausgesetzten Vermächtnisses dadurch unmöglich gemacht, dass er den Vermächtnisgegenstand schuldhaft zerstört hat. E muss gemäß §§ 280 Abs. 1 u. 3, 283 Schadensersatz leisten, da er die Unmöglichkeit der Erfüllung des Vermächtnisanspruchs aus § 2174 (und damit eines Anspruchs aus einem gesetzlichen Schuldverhältnis) zu vertreten hat.[269]

Die Anwendung der §§ 280 Abs. 1 u. 3, 283 auf gesetzliche Schuldverhältnisse kann jedoch durch **Sonderregeln** ausgeschlossen sein.

■ Der Bereicherungsschuldner ist gemäß § 812 Abs. 1 zur Herausgabe des Erlangten verpflichtet. Ist ihm dies unmöglich, so finden nicht die §§ 280 Abs. 1 u. 3, 283, sondern **§ 818 Abs. 2** als eine Sonderregelung Anwendung mit der Folge, dass der Schuldner Wertersatz (nicht Schadensersatz!) zu leisten hat, unabhängig davon, ob er die Unmöglichkeit zu vertreten hat oder nicht. Schadensersatzansprüche kommen nur bei verschärfter Haftung gemäß §§ 989, 990, 292, 818 Abs. 4 (§ 819 Abs. 1) in Betracht.

■ Der Deliktsschuldner ist gemäß §§ 823, 249 Abs. 1 zur Naturalrestitution verpflichtet, sodass nach diesen Vorschriften auch eine Leistungs- oder Herausgabepflicht bestehen kann. Ist die Erfüllung dieser Verpflichtung unmöglich geworden, gelten nicht die §§ 280 Abs. 1 u. 3, 283, sondern **§ 251** als Sonderregel, da diese Vorschrift auch dann Anwendung findet, wenn die Schadensersatzleistung in Form von Naturalrestitution (z.B. Herausgabe einer Sache, Reparatur der beschädigten Sache) erst nachträglich unmöglich geworden ist.[270]

Die Vorschriften der §§ 280 Abs. 1 u. 3, 283 gelten grundsätzlich nur für unmöglich gewordene Leistungsverpflichtungen aus einem Schuldverhältnis. Für die **dinglichen Ansprüche** bestehen überwiegend Sonderregeln. **158**

■ Auf den dinglichen Herausgabeanspruch aus § 985 können die §§ 280 Abs. 1 u. 3, 283 nicht angewandt werden, da die Leistungsstörungen im Zusammenhang mit dem Herausgabeanspruch aus **§ 985** durch die besonderen Leistungsstörungsregeln der §§ 989, 990 abschließend geregelt sind.[271]

■ Auf den Anspruch aus **§ 1004** sind die §§ 280 Abs. 1 u. 3, 283 ebenfalls nicht anwendbar.[272]

---

268 BGH, Urt. v. 21.12.2005 – III ZR 9/05, NJW 2006, 986, 987 f.; Jauernig/Mansel § 667 Rn. 7.
269 BGH, Urt. v. 16.03.2005 – IV ZR 272/03, WM 2005, 1230.
270 Palandt/Grüneberg § 251 Rn. 3.
271 Palandt/Herrler § 985 Rn. 13; MünchKomm/Baldus § 985 Rn. 86.
272 BeckOK BGB/Fritzsche § 1004 Rn. 118.

2. Pflichtverletzung – Leistungsbefreiung gemäß § 275 Abs. 1–3 nach Vertragsschluss

159 *Hintergrund: Nach der allgemeinen Regelung des § 280 Abs. 1 S. 1 ist für einen Schadensersatzanspruch eine Pflichtverletzung erforderlich. Da das Vertretenmüssen gemäß § 280 Abs. 1 S. 2 eine selbstständige Regelung erfahren hat, bezeichnet der Begriff der Pflichtverletzung nur die* **objektive Verletzung vertraglicher Pflichten**. *Das subjektive Vertretenmüssen ist erst in einem weiteren Schritt gemäß § 280 Abs. 1 S. 2 zu prüfen. Pflichtverletzung und Vertretenmüssen haben aber eine direkte Beziehung zueinander, da der Schuldner gemäß § 280 Abs. 1 S. 2 „die Pflichtverletzung" zu vertreten haben muss. Der Begriff der Pflichtverletzung bestimmt auch den zu ersetzenden Schaden, denn gemäß § 280 Abs. 1 S. 1 ist der „hierdurch" – d.h. der durch die Pflichtverletzung – entstandene Schaden zu ersetzen.*

160 Bei einem Anspruch aus §§ 280 Abs. 1 u. 3, 283 kommen für die Pflichtverletzung mehrere **Bezugspunkte** infrage:

- Schon die Nichtleistung bei Fälligkeit ist eine Pflichtverletzung. Diese reicht aber nicht aus, um einen Schadensersatzanspruch statt der Leistung zu begründen. Ansonsten wäre der Verweis in § 280 Abs. 3 auf die „zusätzlichen Voraussetzungen" des § 281, des § 282 oder des § 283 überflüssig.

161 - Ein Teil der Literatur sieht die Pflichtverletzung in dem „Unmöglichmachen der Leistung", d.h. in dem **positiven Tun oder Unterlassen**, das Umstände herbeiführt, die eine Leistungsbefreiung nach § 275 Abs. 1–3 zur Folge haben.[273] Nach dieser Ansicht muss der Gläubiger für einen Schadensersatzanspruch aus §§ 280 Abs. 1 u. 3, 283 darlegen und im Streitfall beweisen, dass eine Handlung des Schuldners das Leistungshindernis herbeigeführt hat.

    Der fünfte Senat des BGH hat in einer Entscheidung ausgeführt, dass für den Anspruch aus §§ 280 Abs. 1 u. 3, 281 allein die Nichtleistung keine Pflichtverletzung darstellt.[274] Der Verkäufer eines Grundstücks schulde nur die **Handlungen**, die für die Umschreibung des Eigentums erforderlich sind, nicht jedoch den Erfolg selbst. Überträgt man diese Rechtsprechung auf den Anspruch aus §§ 280 Abs. 1 u. 3, 283, ist es nur konsequent, die Pflichtverletzung in der Verletzung einer Handlungspflicht zu sehen.

162 - Nach ganz h.M. ist die erforderliche Pflichtverletzung schon die **endgültige Nichtleistung aufgrund eines nachträglich aufgetretenen Leistungshindernisses** i.S.d. § 275 Abs. 1–3.[275] Der Gläubiger muss nur darlegen und gegebenenfalls beweisen, dass ein Leistungshindernis gemäß § 275 Abs. 1–3 eingetreten ist. Ob eine Handlung des Schuldners das Leistungshindernis verursacht hat oder nicht ist lediglich für die Frage der Entlastung des Schuldners gemäß § 280 Abs. 1 S. 2 von Bedeutung und damit vom Schuldner und nicht vom Gläubiger darzulegen und zu beweisen. Diese spezielle Pflichtverletzung verdrängt die in § 280 Abs. 1 S. 1 enthaltene allgemeine Voraussetzung einer Pflichtverletzung. Liegt die Voraussetzung des § 283 vor, dass **der Schuldner (nachträglich) gemäß § 275 Abs. 1–3 von seiner**

---

273 Schapp JZ 2001, 583, 586; Schwab JuS 2002, 1, 3.

274 BGH, Urt. v. 19.10.2007 – V ZR 211/06, RÜ 2008, 1 ff.

275 MünchKomm/Ernst § 283 Rn. 4, § 280 Rn. 10 ff.; Jauernig/Stadler § 283 Rn. 5, 7; Reichenbach Jura 2003, 512, 515; Mückl JA 2004, 928.

Leistungspflicht befreit ist, braucht eine allgemeine Pflichtverletzung i.S.d. § 280 Abs. 1 S. 1 nicht mehr geprüft zu werden.[276]

Auch für einen Gewährleistungsanspruch aus §§ 434, 437 Nr. 3, 280 Abs. 1 u. 3, 283 kommen für die Pflichtverletzung drei Bezugspunkte infrage: die mangelhafte Lieferung als Verletzung der gemäß § 433 Abs. 1 S. 2 bestehenden Pflicht zur mangelfreien Leistung, das „Unmöglichmachen der Nacherfüllung" und das endgültige Nichterbringen der Nacherfüllung aufgrund eines nachträglichen Leistungshindernisses gemäß § 275 Abs. 1 bis 3. Nach h.M. ist die den Anspruch aus §§ 437 Nr. 3, 280 Abs. 1 u. 3, 283 begründende Pflichtverletzung **die endgültige Nichterfüllung der Nacherfüllungspflicht** aufgrund eines nachträglichen Leistungshindernisses i.S.d. § 275 Abs. 1–3.[277] Allein die mangelhafte Lieferung begründet keinen Schadensersatzanspruch statt der Leistung.[278] **163**

3. Keine Entlastung gemäß § 280 Abs. 1 S. 2

Gemäß § 280 Abs. 1 S. 2 besteht kein Schadensersatzanspruch, wenn der Schuldner die Pflichtverletzung nicht zu vertreten hat. Aus der Formulierung des § 280 Abs. 1 S. 2 ergibt sich, dass der Schuldner für das Nichtvertretenmüssen die Darlegungs- und Beweislast trägt. Wenn feststeht, dass der Schuldner objektiv Pflichten aus einem Schuldverhältnis verletzt hat, ist es gerechtfertigt, von ihm zu verlangen, dass er sich entlastet.[279] **164**

Bei einem Anspruch aus §§ 280 Abs. 1 u. 3, 283 kann sich der Schuldner entlasten, wenn er darlegt und im Streitfall beweist, dass er den **Eintritt des Leistungshindernisses nicht zu vertreten** hat.[280]

Beispiel: Gleiches gilt, wenn der Gläubiger das Leistungshindernis selbst beseitigt hat (Selbstvornahme).[281]

4. Rechtsfolgen

Gemäß §§ 280 Abs. 1 u. 3, 283 kann der Gläubiger **Schadensersatz statt der Leistung** verlangen. Der Anspruch auf Schadensersatz tritt an die Stelle des Anspruchs auf die Leistung. Schadensersatzansprüche, die nicht „statt der Leistung" gewährt werden, treten neben die Ansprüche auf Erfüllung. **165**

a) Abgrenzung Schadensersatz statt oder neben der Leistung

Der Anspruch auf Schadensersatz statt der Leistung aus §§ 280 Abs. 1 u. 3, 283 ist wie der Anspruch auf Schadensersatz statt der Leistung aus §§ 280 Abs. 1 u. 3, 281 von den Ansprüchen auf den Verzögerungsschaden und den Ersatz sonstiger Schäden abzugrenzen. **166**

Hinweis: Bei dem Anspruch auf Schadensersatz statt der Leistung aus § 311a kann es keinen Schadensersatz neben der Leistung geben, da bei anfänglicher Unmöglichkeit nie ein Anspruch auf die Leistung bestanden hat.

---

276 MünchKomm/Ernst § 283 Rn. 4.
277 Lorenz NJW 2002, 2497, 2501.
278 Vgl. dazu auch AS-Skript Schuldrecht BT 1 (2016), Rn. 167 ff.
279 BT-Drs. 14/6857 S. 49.
280 Palandt/Grüneberg § 283 Rn. 4.
281 Brox/Walker § 22 Rn. 53.

Die Abgrenzung des Anspruchs auf Schadensersatz statt der Leistung von den Ansprüchen auf Schadensersatz neben der Leistung ist umstritten, wobei der Streit im Falle des Anspruchs aus §§ 280 Abs. 1 u. 3, 283 im Ergebnis regelmäßig keine Rolle spielt.

167   ■ Nach einer in der Literatur vertretenen Ansicht gehören zum Schadensersatzanspruch statt der Leistung nur die Schäden, die allein auf das endgültige Ausbleiben der Leistung zurückzuführen sind. Die Abgrenzung sei **rein zeitlich** vorzunehmen. Danach sind mit dem Schadensersatzanspruch aus §§ 280 Abs. 1 u. 3, 283 alle Schäden zu ersetzen, die nach dem Eintritt der Unmöglichkeit entstanden sind.[282]

168   ■ Die h.M. vertritt eine **inhaltliche Abgrenzung** der Schadensarten. Zum Schadensersatz statt der Leistung gehören danach die Schäden, die an die Stelle der Leistung treten und die Leistung damit funktional ersetzen.[283]

169   Die Ansichten kommen bei einem Anspruch aus §§ 280 Abs. 1 u. 3, 283 regelmäßig zum gleichen Ergebnis, denn auch nach h.M. kann es nach Eintritt der Unmöglichkeit keine Verzögerungsschäden geben. Da der Leistungsanspruch nicht mehr besteht, kann der Schuldner nicht mit der Leistung in Verzug kommen.

Hinweis: Das Entstehen eines sonstigen Schadens nach Eintritt der Unmöglichkeit und als deren kausale Folge mag theoretisch möglich sein, hat aber noch keine praktische oder examenswichtige Bedeutung gehabt. Zur Abgrenzung der Schadensarten im Einzelnen unten Rn. 213 ff.

b) Berechnung des Ersatzanspruchs

170   Grundsätzlich hat die Schadensberechnung **konkret** zu erfolgen, d.h., der Gläubiger muss die im Einzelfall tatsächlich erlittenen Vermögenseinbußen darlegen. Nach der Rechtsprechung können Kaufleute und Gewerbetreibende – bei Geschäften über bewegliche Sachen – den Schaden **wahlweise auch abstrakt** berechnen. Die abstrakte Schadensberechnung beruht auf der Vermutung, dass der Gläubiger jederzeit imstande gewesen wäre, das ihm entgangene Geschäft mit dieser oder einer anderen Ware zu Marktpreisen zu tätigen. Sie erlaubt es, den Schaden als Differenz zwischen dem besonderen Vertragspreis und dem Marktpreis aufzufassen.[284]

aa) Surrogationstheorie und Differenztheorie

Bei Ansprüchen aus **gegenseitigen Verträgen** gibt es zwei Ansätze zur Schadensberechnung:

■ Nach der Austausch- oder **Surrogationstheorie** tritt der Ersatzanspruch an die Stelle des unmöglich gewordenen Anspruchs. Dieser Anspruch ist mit der (noch möglichen) Gegenleistung auszutauschen. Die Ansprüche können durch Aufrechnung verrechnet werden.

---

282 Lorenz, Festschrift für Leenen, S. 147 ff.; Faust, Festschrift für Huber, S. 239, 254.
283 BGH, Urt. v. 03.07.2013 – VIII ZR 169/12, RÜ 2013, 613; NK-BGB/Dauner-Lieb § 280 Rn. 65.
284 BGH ZIP 1995, 220, 221; MünchKomm/Emmerich Vor § 281 Rn. 26.

■ Nach der (strengen) **Differenztheorie** fließt der Gegenleistungsanspruch in jedem Fall in die Berechnung des Schadensersatzanspruchs mit ein. Anstelle der beiderseitigen erloschenen Erfüllungsansprüche tritt eine einseitige Geldforderung des ersatzberechtigten Gläubigers in Höhe der Wertdifferenz zwischen dem Wert der Leistung und der Gegenleistung zuzüglich etwaiger Folgeschäden.

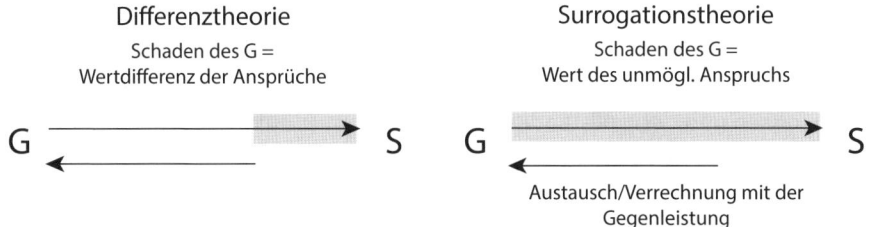

Bei der Unmöglichkeit ist der Gegenleistungsanspruch des Schuldners **in aller Regel** ein Zahlungsanspruch. In diesem Fall **haben die Theorien keine Bedeutung**. Da der Schuldner kein Interesse am Leistungsaustausch hat, wird er aufrechnen. Dann kommen beide Theorien zum gleichen Ergebnis.

Unterschiede bestehen in den (seltenen) Fällen eines **Tauschvertrags**. Es ist dann zu unterscheiden, ob der Gläubiger seine Gegenleistung schon erbracht hat oder nicht.

Hat der Gläubiger seine **Gegenleistung noch nicht erbracht**, ergibt sich Folgendes:

■ Nach der Differenztheorie kann der Gläubiger nur die Wertdifferenz (zuzüglich weiterer Schäden) verlangen.

■ Nach der Austauschtheorie hat der Gläubiger das Recht, seine Gegenleistung noch zu erbringen. Er kann dann den vollen Wert seines Leistungsanspruchs (zuzüglich weiterer Schäden) ersetzt verlangen.

Beispiel: G vereinbart mit S, dass G seinen Golf gegen den Beetle des S eintauscht. Vor dem Leistungsaustausch verursacht S einen Unfall, bei dem der Beetle zerstört wird.

I. Nach der Differenztheorie kann G von S die Wertdifferenz zwischen seinem Golf und dem Beetle des S verlangen, d.h. den Mehrwert des Beetles.

II. Nach der Austauschtheorie kann G dem S seinen Golf übereignen und den vollen Wert des Beetle ersetzt verlangen.

III. Fraglich ist, nach welcher Theorie der Schaden zu berechnen ist.

1. Nach der wohl h.M. hat der Gläubiger die freie Wahl der Berechnungsmethode.[285] Danach kann G die Wertdifferenz verlangen oder nach der Surrogationstheorie die Gegenleistung (Übertragung des Golf) erbringen und den vollständigen Wert des Beetles beanspruchen. Die Berechnung nach der Surrogationstheorie sei nicht durch § 326 Abs. 1 ausgeschlossen. Diese Regelung lasse zwar den Anspruch des Schuldners auf die Gegenleistung entfallen, sage aber nichts aus über das Recht des Gläubigers, im Wege des Schadensersatzes die Leistung erbringen zu dürfen. Mit dem Schadensersatzanspruch sei der Gläubiger möglichst so zu stellen, wie er bei ordnungsgemäßer Erfüllung gestanden hätte. Dann wäre er aber nicht mehr im Besitz des von ihm geschuldeten Gegenstands (hier: der Golf).

2. Allerdings hat der BGH zu § 326 a.F. die Ansicht vertreten, der Gläubiger könne durch die Wahl der Surrogationstheorie das untergegangene Austauschverhältnis nicht dadurch wiederherstellen, dass er seine Gegenleistung dem Schuldner anbiete.[286] Dies spricht dagegen, dass G im vorliegenden Fall die

---

285 MünchKomm/Emmerich Vor § 281 Rn. 26.
286 BGH NJW 1994, 3351; BGH NJW 1999, 3115.

von ihm geschuldete Leistung (Übereignung des Golf) erbringen kann, wenn der darauf gerichtete Anspruch des S gemäß § 326 Abs. 1 S. 1 erloschen ist.

171 Hat der Gläubiger einer unmöglich gewordenen Leistung seine **Gegenleistung bereits erbracht**, ergibt sich Folgendes:

- Der Gläubiger kann gemäß §§ 326 Abs. 4, 346 die von ihm erbrachte Gegenleistung zurückfordern und dann die Schadensberechnung nach der Differenzmethode vornehmen.

- Wahlweise kann der Gläubiger die von ihm erbrachte Gegenleistung beim Schuldner belassen und den vollständigen Wert der vom Schuldner zu erbringenden (unmöglich gewordenen) Leistung verlangen.

Beispiel: G vereinbart mit S, dass G seinen Golf gegen den Beetle des S eintauscht. Nachdem G seinen Golf an S übertragen hat, verursacht S mit dem Beetle einen Verkehrsunfall, bei dem das Auto vollständig zerstört wird.

I. G kann gemäß §§ 326 Abs. 4, 346 das von ihm geleistete Fahrzeug (Golf) zurückverlangen und seinen Schaden nach der Differenzmethode berechnen.[287]
II. G kann aber auch die von ihm erbrachte Gegenleistung bei S belassen und nach der Surrogationstheorie den vollständigen Wert des Beetles verlangen.

bb) Leistung teilweise oder nicht wie geschuldet erbracht

172 Bei **teilweiser Unmöglichkeit** kann der Gläubiger Schadensersatz wegen der gesamten Leistung nur bei Interessenwegfall verlangen (§§ 283 S. 2, 281 Abs. 1 S. 2). Für diese Voraussetzung ist das Interesse des Gläubigers an der Durchführung des noch möglichen Vertragsteils maßgebend. Ein Interessenwegfall liegt dann vor, wenn die Erbringung der möglichen Teilleistung gegen eine entsprechende Teilgegenleistung für den Gläubiger ohne Interesse und es für ihn günstiger wäre, insgesamt einen neuen Erfüllungsanspruch zu begründen.[288]

173 Die Regelung in den **§§ 283 S. 2, 281 Abs. 1 S. 3** kann im **Gewährleistungsrecht** des Kauf- und Werkvertrags eingreifen, soweit nachträgliche Unmöglichkeit der Nacherfüllung vorliegt. Ein Anspruch auf Schadensersatz statt der ganzen Leistung (großer Schadensersatz) ist danach ausgeschlossen, wenn die Pflichtverletzung unerheblich ist.

Genau genommen liegt die Pflichtverletzung in der endgültigen Nichterbringung der Nacherfüllung infolge eines Leistungshindernisses nach § 275 Abs. 1–3. Diese Pflichtverletzung ist aber unerheblich, wenn der Mangel unerheblich ist. Man kann im Rahmen des § 281 Abs. 1 S. 3 sogleich auf die Unerheblichkeit des Mangels abstellen.[289]

Nach **§ 434 Abs. 3** ist im Kaufrecht die Lieferung einer zu geringen Menge einem Sachmangel gleichgestellt. Ebenso ist gemäß **§ 633 Abs. 2 S. 3** die Herstellung eines Werks in zu geringer Menge wie ein Sachmangel zu behandeln.

---

287 MünchKomm/Emmerich Vor § 281 Rn. 26; Palandt/Grüneberg § 281 Rn. 20.
288 BGH NJW 1990, 2549, 2550.
289 BT-Drs. 14/7052 S. 185.

III. Anspruch auf Aufwendungsersatz

Gemäß **§ 284** kann der Gläubiger „anstelle" des Schadensersatzes statt der Leistung den Ersatz vergeblicher Aufwendungen verlangen. Auch § 311a Abs. 2 gibt eine Wahlmöglichkeit für einen Aufwendungsersatzanspruch „in dem in § 284 bestimmten Umfang". Zum Umfang des Anspruchs aus § 284 und dem Verhältnis zum Schadensersatzanspruch statt der Leistung vgl. unten Rn. 231 ff.

IV. Anspruch auf Surrogatsherausgabe gemäß § 285

§ 285: Voraussetzungen und Rechtsfolgen
I.   Schuldverhältnis
II. Unmöglichkeit
III. Erlangung eines Ersatzes und Ersatzanspruchs
IV. Kausalität („infolge") und Identität („für")
V.   Rechtsfolgen: Herausgabe des Ersatzes oder Abtretung des Ersatzanspruchs

174

1. Schuldverhältnis

§ 285 findet sowohl auf **vertragliche** als auch auf **gesetzliche Schuldverhältnisse** Anwendung. Dies gilt auch für durch Rücktritt begründete Rückgewährschuldverhältnisse.[290] Auch für den Fall, dass ein Nacherfüllungsanspruch aus den §§ 437 Nr. 1, 439 oder aus den §§ 634 Nr. 1, 635 gemäß § 275 Abs. 1–3 ausgeschlossen ist, ist § 285 anwendbar.[291]

175

Bei gesetzlichen Schuldverhältnissen bestehen häufig **Sonderregeln**. Wird dem Deliktsschuldner seine Verpflichtung zur Naturalrestitution aus §§ 823, 249 unmöglich, so gilt § 251 und nicht die §§ 275, 285. Außerdem gilt § 285 nicht für den dinglichen Herausgabeanspruch aus § 985.[292]

2. Unmöglichkeit der Leistung

Der Schuldner muss gemäß **§ 275 Abs. 1–3** von der Leistungspflicht befreit sein. In den Fällen des § 275 Abs. 2 und 3 besteht ein Anspruch aus § 285 nur dann, wenn der Schuldner das Leistungsverweigerungsrecht geltend gemacht hat. Mit dieser Anforderung soll verhindert werden, dass der Gläubiger das Surrogat erhält und weiterhin berechtigt ist, die Leistung zu verlangen. Allerdings kann sich nunmehr der Schuldner das Surrogat dadurch sichern, dass er die Einrede aus § 275 Abs. 2 oder 3 nicht erhebt. Dies kann für ihn sinnvoll sein, wenn das Surrogat ausnahmsweise wertvoller als die Leistung ist.[293]

---

290 BT-Drs. 14/6040 S. 194.
291 Olshausen ZGS 2002, 194, 196 f.
292 Jauernig/Stadler § 285 Rn. 3.
293 BT-Drs. 14/6040 S. 145.

3. Erlangung eines Ersatzes oder Ersatzanspruches

Der Anspruch aus § 285 setzt weiterhin voraus, dass der Schuldner für den geschuldeten Gegenstand einen Ersatz oder Ersatzanspruch (stellvertretendes commodum) erlangt hat. Das ist **jeder Vermögensvorteil**, der wirtschaftlich im Schuldnervermögen an die Stelle der nach § 275 weggefallenen Leistung tritt; dabei genügt ein **Surrogat im wirtschaftlichen Sinne.**[294]

Beispiele: Versteigerungsübererlös in der Zwangsvollstreckung; Schadensersatzanspruch gegen den Drittschädiger; Entschädigungsleistung bei Enteignung; Versicherungssumme bei Zerstörung der geschuldeten Sache oder der Anspruch des Schuldners gegen seine Versicherung.[295]

4. Kausalität und Identität

Zwischen dem Leistungshindernis und der Ersatzerlangung muss ein **Kausalzusammenhang** bestehen („infolge"). Dafür genügt ein adäquater Kausalzusammenhang; wirtschaftlich Zusammengehöriges gilt als Einheit.

Beispiel: Verkauft A an B zunächst ein Motorboot, verkauft und übereignet das Boot aber später an C, ist der Veräußerungserlös an B herauszugeben, obwohl er auf dem schuldrechtlichen Vertrag mit C beruht und nicht auf der erst zum Leistungshindernis führenden dinglichen Veräußerung an C.[296]

Außerdem muss der Ersatz an die Stelle des geschuldeten Gegenstands getreten sein. Es muss eine **Identität** („für") zwischen dem geschuldeten und dem Gegenstand bestehen, für den der Schuldner Ersatz bekommen hat. Eine Teilidentität ist nicht ausreichend.

Beispiel: Vermietet V dem M eine Sache und wird diese zerstört, muss V dem M die wegen der Zerstörung erlangte Versicherungssumme nicht herausgeben, da die von V geschuldete Leistung in der Überlassung des Besitzes der Mietsache besteht, die Versicherungssumme aber das Eigentum an der Sache betrifft.[297]

5. Rechtsfolgen

Der Gläubiger kann gemäß § 285 **Herausgabe** des als Ersatz Empfangenen **oder Abtretung** des Ersatzanspruchs verlangen. Ein Veräußerungserlös oder die Versicherungssumme ist in voller Höhe herauszugeben einschließlich des erzielten Geschäftsgewinns und des gezogenen Zinsertrags, auch wenn dadurch ein höherer Wert erreicht wird als die nicht erbrachte Leistung.[298]

Im Rahmen gegenseitiger Verträge bleibt gemäß **§ 326 Abs. 3** die **Gegenleistungspflicht** bestehen, also beispielsweise die Pflicht aus § 433 Abs. 2 beim Kaufvertrag.

Aus **§ 285 Abs. 2** ergibt sich, dass die Möglichkeit, das Surrogat herauszuverlangen, auch neben einem Schadensersatzanspruch (aus §§ 280 Abs. 1 u. 3, 283) besteht. Der Schuldner muss sich dann aber den **Wert des Surrogats** auf seinen Schaden **anrechnen lassen.**

---

294   Jauernig/Stadler § 285 Rn. 7.

295   Palandt/Grüneberg § 285 Rn. 7.

296   Jauernig/Stadler § 285 Rn. 8.

297   Looschelders Rn. 663.

298   Jauernig/Stadler § 285 Rn. 11; Palandt/Grüneberg § 285 Rn. 9.

D. Rücktrittsrecht

Ist bei einem gegenseitigen Vertrag die Leistungspflicht des Schuldners gemäß § 275 Abs. 1–3 ausgeschlossen, hat der Gläubiger gemäß **§ 326 Abs. 5** ein Rücktrittsrecht.[299] **176**

Dieses hat insbesondere eine Bedeutung bei der Teilunmöglichkeit und der Unmöglichkeit der Nacherfüllung. Die Teilunmöglichkeit führt gemäß § 326 Abs. 1 S. 1 Hs. 2 nur zu einem teilweisen Erlöschen des Gegenleistungsanspruchs. Bei der Unmöglichkeit der Nacherfüllung erlischt der Gegenleistungsanspruch nicht automatisch (§ 326 Abs. 1 S. 2).

Eine bereits erbrachte Leistung kann der Gläubiger gemäß **§ 326 Abs. 4** auch ohne Rücktritt zurückfordern. Der Anspruch aus §§ 326 Abs. 4, 346 Abs. 1 und der mit dem Rücktritt entstehende Anspruch aus §§ 324, 323, 346 Abs. 1 sind nebeneinander anwendbar.

---

299 Ausführlich zum Rücktrittsrecht AS-Skript Schuldrecht AT 2 (2016), Rn. 54 ff.

177

Unmöglichkeit

Ausschluss der Leistungspflicht

- Unmöglichkeit i.S.d. § 275 Abs. 1

  – Bei einer Gattungsschuld tritt Unmöglichkeit ein,
    -- wenn die gesamte Gattung untergeht,
    -- wenn der Teil der Gattung untergeht, auf den sich die Schuld beschränkt (beschränkte Gattungsschuld),
    -- wenn Konkretisierung gemäß § 243 Abs. 2 eingetreten ist und die Sache untergeht oder
    -- wenn gemäß § 300 Abs. 2 die Leistungsgefahr auf den Gläubiger übergegangen ist und die Sache untergeht.

  – Steht der Leistungsgegenstand im Eigentum und/oder Besitz eines Dritten und ist dessen Herausgabebereitschaft unklar, kann der Gläubiger den Erfüllungsanspruch geltend machen, aber auch (wahlweise) Schadensersatz statt der Leistung gemäß §§ 280 Abs. 1 u. 3, 283 verlangen.

  – Unmöglichkeit tritt durch Zeitablauf ein, wenn die Leistung nicht mehr nachholbar ist, d.h. bei absoluten Fixgeschäften.

- In den Fällen des § 275 Abs. 2 ist die Leistung zwar theoretisch möglich, erfordert aber einen unverhältnismäßigen Aufwand.

- § 275 Abs. 3: Unzumutbarkeit der Leistungserbringung

Gegenleistungsanspruch

Ist die Leistungspflicht gemäß § 275 Abs. 1–3 ausgeschlossen, geht der Anspruch auf die Gegenleistung grundsätzlich gemäß § 326 Abs. 1 S. 1 unter. Ausnahmen:

- Gefahrtragungsregeln:
  – §§ 446, 447
  – §§ 644, 645
  – § 615

- § 326 Abs. 1 S. 2: Unmöglichkeit der Nacherfüllung

- § 326 Abs. 2 S. 1 Alt. 1: Gläubiger hat die Unmöglichkeit allein oder weit überwiegend zu verantworten

- § 326 Abs. 2 S. 1 Alt. 2: Gläubiger in Annahmeverzug und Unmöglichkeit nicht vom Schuldner zu vertreten

- § 326 Abs. 3: Gläubiger macht § 285 geltend

Sekundärleistungsansprüche

- § 311 a Abs. 2: Schadensersatz statt der Leistung bzw. Aufwendungsersatz bei anfänglicher Unmöglichkeit

- §§ 280 Abs. 1 u. 3, 283: Schadensersatz statt der Leistung bei nachträglicher Unmöglichkeit

- § 326 Abs. 4: Erbrachte Leistung kann zurückverlangt werden

- § 284: Aufwendungsersatz

- § 285: Anspruch auf Surrogatsherausgabe

Rücktrittsrecht

- §§ 326 Abs. 5, 323

3. Abschnitt: Nichtleistung nach Fristsetzung

Die Nichtleistung nach Fristsetzung ist eine Pflichtverletzung, die mit dem Verzug unter **178** dem Oberbegriff der Leistungsverzögerung zusammengefasst werden kann. Im Vergleich mit dem Verzug hat sie weitergehende Rechtsfolgen, aber auch strengere Voraussetzungen. Statt einer bloßen Mahnung (§ 286 Abs. 1) ist grundsätzlich eine **erfolglose Fristsetzung** erforderlich (§ 281 Abs. 1 S. 1, § 323 Abs. 1), die, wie auch die Mahnung, entbehrlich sein kann. Regelungen, die an eine Nichtleistung nach Fristsetzung anknüpfen, sind:

- Anspruch auf Schadensersatz statt der Leistung aus §§ 280 Abs. 1 u. 3, **281 Abs. 1**;

- Anspruch auf Aufwendungsersatz gemäß §§ 280 Abs. 1 u. 3, 281, 284;

- Rücktrittsrecht aus **§ 323 Abs. 1**.[300]

Die Vorschriften haben weitestgehend identische Voraussetzungen. Die Ansprüche auf Schadensersatz und Aufwendungsersatz setzen anders als das Rücktrittsrecht das Vertretenmüssen voraus, wobei dies vermutet wird und der Schuldner sich gemäß § 280 Abs. 1 S. 2 entlasten muss. Nach einem erfolglosen Fristablauf hat der Gläubiger die Wahl, welches der Rechte er geltend macht, wobei ein Rücktritt den Schadensersatzanspruch gemäß § 325 nicht ausschließt.

A. Anspruch aus §§ 280 Abs. 1 u. 3, 281

179

§§ 280 Abs. 1 u. 3, 281: Voraussetzungen und Rechtsfolgen
I. Schuldverhältnis
II. Fälliger durchsetzbarer Anspruch
III. Leistung nicht oder nicht wie geschuldet erbracht
IV. Fristsetzung und erfolgloser Fristablauf oder Entbehrlichkeit der Frist oder Abmahnung und erneuter Verstoß (§ 281 Abs. 3)
V. Keine Entlastung gemäß § 280 Abs. 1 S. 2
VI. Rechtsfolgen: 1. Zunächst Schwebezustand (Schadensersatz- neben Erfüllungsanspruch) 2. Erlöschen des Erfüllungsanspruchs gemäß § 281 Abs. 4 3. Anspruch auf Schadensersatz statt der Leistung 4. Gegebenenfalls: Rückforderung des Geleisteten gemäß § 281 Abs. 5

---

300 Zum Rücktrittsrecht ausführlich AS-Skript Schuldrecht AT 2 (2016), Rn. 54 ff.

I. Schuldverhältnis

180   Der Anspruch aus §§ 280 Abs. 1 u. 3, 281 setzt ein wirksames Schuldverhältnis zwischen den Parteien voraus. Dazu kommt grundsätzlich jedes **vertragliche oder gesetzliche Schuldverhältnis** in Betracht. Das Rücktrittsrecht aus § 323 Abs. 1 hat dagegen engere Voraussetzungen; es greift nämlich nur bei einem gegenseitigen Vertrag ein.

Klausurhinweis: Das Schuldverhältnis, auf das die Vorschriften der §§ 280 Abs. 1 u. 3, 281 angewandt werden, wird indes in den weitaus häufigsten (Klausur-)Fällen ein gegenseitiger Vertrag sein. Aufgrund der systematischen Stellung der Normen (die §§ 280 und 281 stehen nicht wie § 323 im Abschnitt 3 „Schuldverhältnisse aus Verträgen" unter dem Titel 2 „Gegenseitiger Vertrag") kann aber weder § 280 noch § 281 auf die Besonderheiten eines Schadensersatzanspruchs in gegenseitigen Verträgen eingehen. Bei der Prüfung der einzelnen Anspruchsvoraussetzungen und Rechtsfolgen sind die Besonderheiten bei gegenseitigen Verträgen gleichwohl zu berücksichtigen.

Ob die §§ 280 Abs. 1 u. 3, 281 **auf den Herausgabeanspruch aus § 985 anwendbar** sind, wird nicht einheitlich beurteilt.

■ Nach einer vereinzelt vertretenen Ansicht sind die genannten Vorschriften auf den Herausgabeanspruch aus § 985 BGB **ohne Einschränkungen anzuwenden**.[301]

■ Andere verneinen die Anwendbarkeit aus grundsätzlichen Erwägungen. Der vindikatorische Herausgabeanspruch habe eine andere Funktion als schuldrechtliche Ansprüche. Er diene der Rechtsverwirklichung nur, soweit er Eigentum und Besitz zusammenführe. In Verbindung mit den §§ 280 Abs. 1 u. 3, 281 diene er dagegen letztlich der Verwertung der Sache. Dies sei mit seinem **Zweck nicht vereinbar**. Das Eigentum könne nicht wie ein sonstiger Erfüllungsanspruch zugunsten der Wahl von Schadensersatz wegfallen. Eine Anwendung der §§ 280, 281 gefährde zudem den durch die Regelungen des EBV intendierten Schutz des redlichen Besitzers.[302]

■ Die wohl überwiegende Auffassung in Rspr. und Lit. geht von einer grundsätzlichen Anwendbarkeit der §§ 280, 281 auf den Herausgabeanspruch des § 985 aus. Einschränkend seien allerdings die **gesetzgeberischen Wertungen des EBV** (§§ 987 ff.) zu beachten, weshalb ein Eigentümer über die genannten Vorschriften nur gegenüber einem verschärft haftenden Besitzer vorgehen dürfe[303]

Auch der **BGH** hat sich letztgenannter Auffassung angeschlossen.[304] Der Eigentümer einer Sache könne, wenn der bösgläubige oder verklagte Besitzer seine Herausgabepflicht nach § 985 nicht erfüllt, unter den Voraussetzungen der §§ 280 Abs. 1 u. 3, 281 Abs. 1 Schadensersatz statt der Leistung verlangen. Denn auch bei einem dinglichen Herausgabeanspruch bestehe hierfür ein **praktisches Bedürfnis**. Der **dingliche Gläubiger** ist **bei** seiner **Rechtsverfolgung nicht schlechter zu stellen als der schuldrechtliche**. Der Eigentümer hat nämlich gleichermaßen wie ein obligatori-

301 Vieweg/Werner, Sachenrecht, 7. Aufl. 2015, § 7, VI. Rn. 36.
302 MünchKomm/Baldus,§ 985 Rn. 83 ff.; Staudinger/Gursky, § 985 Rn. 82.
303 OLG Rostock, Beschl. v. 12.12.2011 – 3 W 193/11 NJW-RR 2012, 222, 223; Palandt/Grüneberg § 281 Rn. 4; Staudinger/ Schwarze § 281 Rn. B 5; Weiss JuS 2012, 965, 967.
304 BGH, Urt. v. 18.03.2016 – V ZR 89/15, RÜ 2016, 681.

scher Herausgabegläubiger, insbesondere bei Ungewissheit über die Erfolgsaussichten der Vollstreckung des Herausgabeanspruchs, ein Interesse an der Möglichkeit eines rechtssicheren Übergangs zum Schadensersatz. Diesen könnte der Eigentümer andernfalls, von dem Tatbestand des § 992 abgesehen, bei einer bloßen Herausgabeverweigerung mit gleichzeitiger Unauffindbarkeit der Sache für den Gerichtsvollzieher nicht verlangen. Bei fehlgeschlagener Vollstreckung des Herausgabetitels bliebe ihm nur ein neuer, nunmehr auf die §§ 989, 990 gestützter (Schadensersatz-)Prozess. Dies widerspräche den Vorstellungen des Gesetzgebers. Danach soll der Gläubiger nach Setzung einer angemessenen Frist zur Erbringung der Leistung sicher sein, bei Vorliegen der weiteren Voraussetzungen Schadensersatz statt der Leistung verlangen zu können. Dieses für die Anspruchsdurchsetzung wichtige Instrument muss auch dem Vindikationsgläubiger zur Verfügung stehen.[305]

II. Fälliger durchsetzbarer Anspruch

1. Fälligkeit

§ 281 setzt eine „fällige Leistung" voraus. Eine Leistung ist ab dem Zeitpunkt fällig, ab **181** dem der Gläubiger sie fordern kann. Gemäß § 271 Abs. 1 ist die Leistung grundsätzlich sofort fällig, es kann aber durch Vertrag oder Gesetz etwas anderes bestimmt oder den Umständen zu entnehmen sein.

Pflichtverletzungen vor Fälligkeit begründen gemäß **§ 323 Abs. 4** ein Rücktrittsrecht, wenn offensichtlich ist, dass die Voraussetzungen des Rücktritts eintreten werden. Dies ist insbesondere bei einer ernsthaften und endgültigen Erfüllungsverweigerung vor Fälligkeit anzunehmen.

In § 281 ist keine dem § 323 Abs. 4 entsprechende Regelung über einen eventuellen Anspruch bei Pflichtverletzungen **vor Fälligkeit** getroffen. Wie dieser Fall zu behandeln ist, ist umstritten. Der Streit spielt vor allem bei der endgültigen Leistungsverweigerung vor Fälligkeit eine Rolle.

- Teilweise wird **§ 281 Abs. 1 u. 2** bei der endgültigen Leistungsverweigerung vor Fälligkeit **analog** angewendet.[306] Bei einem gegenseitigen Vertrag sei es widersinnig, wenn der Gläubiger nur nach § 323 Abs. 4 zurücktreten, aber nicht Schadensersatz statt der Leistung verlangen könne.

- Nach der Gegenansicht ergibt sich der Schadensersatzanspruch des Gläubigers bei einer endgültigen Leistungsverweigerung vor Fälligkeit aus **§ 282**.[307] Die Leistungsverweigerung stelle einen Verstoß gegen die sich aus § 241 Abs. 2 ergebende Leistungstreuepflicht dar. Für eine analoge Anwendung des § 281 fehle es an einer Regelungslücke.

- Für die erstgenannte Ansicht spricht, dass bei einer ernsthaften Leistungsverweigerung vor Fälligkeit eine Nichtleistung vorliegt. Der Schuldner erbringt die geschuldete Leistung gar nicht. Er verstößt nicht lediglich gegen eine Leistungstreuepflicht,

305 BGH, Urt. v. 18.03.2016 – V ZR 89/15, RÜ 2016, 681, 684.
306 MünchKomm/Ernst § 281 Rn. 65.
307 BeckOK BGB/Unberath § 281 Rn. 22.

sondern gegen die ursprüngliche Leistungspflicht. Ein Verstoß gegen die Leistungspflicht führt aber nicht zu einer Anwendung des § 282, sondern zu einer (gegebenenfalls analogen) Anwendung des § 281.

2. Durchsetzbarkeit

182   Obwohl **im Wortlaut** der Vorschrift **nicht aufgeführt**, setzt § 281 auch die Durchsetzbarkeit der Forderung voraus.[308]

Hintergrund: Der Anspruch aus §§ 280 Abs. 1 u. 3, 281 ist – bezüglich des Schadensersatzes – an die Stelle der Regelungen der §§ 286 Abs. 2 a.F. und 326 a.F. getreten. Diese setzten den Verzug voraus, der nur vorliegen kann, wenn der Anspruch des Gläubigers durchsetzbar ist. Da durch die Änderung des Gesetzes eine sachliche Änderung insoweit nicht beabsichtigt war, ist für den Schadensersatzanspruch aus §§ 280 Abs. 1 u. 3, 281 ein fälliger und durchsetzbarer Anspruch Voraussetzung.

Für die Frage, ob das bloße Bestehen der Einrede das Entstehen eines Anspruch aus §§ 280 Abs. 1 u. 3, 281 verhindert oder ob die Einrede vom Schuldner geltend gemacht werden muss, gelten die gleichen Grundsätze wie beim Verzug (dazu unten Rn. 237 ff.).

- **Allein das Bestehen der Einrede des § 320** verhindert sowohl den Eintritt des Verzugs[309] als auch das Entstehen eines Schadensersatzanspruchs aus §§ 280 Abs. 1 u. 3, 281.[310] Da der Käufer gemäß § 433 Abs. 1 S. 2 einen Erfüllungsanspruch auf eine mangelfreie Sache hat, kann er bei Mängeln der Kaufsache die Bezahlung gemäß § 320 verweigern, soweit er nicht vorleistungspflichtig ist. Die Mängeleinrede des Käufers ist ein Fall des § 320. Dies gilt auch für die Mängeleinrede des Werkbestellers,[311] sie ist lediglich in § 641 Abs. 3 der Höhe nach konkretisiert.

- Das **Zurückbehaltungsrecht aus § 273 muss** vom Schuldner **geltend gemacht werden**, damit er nicht in Verzug kommt und auch die Voraussetzungen des § 281 nicht eintreten.[312] Der Schuldner muss sich auf diese Einrede berufen, weil der Gläubiger nicht in jedem Fall damit rechnen muss, dass der Schuldner von einem Zurückbehaltungsrecht aus § 273 Gebrauch macht.

- Auch das Leistungsverweigerungsrecht aus **§ 410 Abs. 1 S. 1 muss vom Schuldner geltend gemacht werden**.[313]

- Bei **allen anderen Einreden** (z.B. § 214, § 275 Abs. 2 und 3; § 771, § 821, § 853) hindert nach h.M. **allein das Bestehen** der Einrede den Eintritt des Verzugs und den Eintritt der Voraussetzungen des § 281.[314]

Im **Gewährleistungsrecht** gibt es **Ausnahmen** von dem Erfordernis der Durchsetzbarkeit. Wenn der Werkunternehmer die Nacherfüllung gemäß § 635 Abs. 3 zu Recht als unverhältnismäßig verweigert, ist der Nacherfüllungsanspruch nicht mehr durchsetzbar.

---

308   BT-Drs. 14/6857 S. 47; Palandt/Grüneberg § 281 Rn. 8; MünchKomm/Ernst § 281 Rn. 19.

309   BGH, Urt. v. 23.05.2003 – V ZR 190/02, WM 2003, 1964.

310   Palandt/Grüneberg § 281 Rn. 8.

311   Jauernig/Mansel § 641 Rn. 6.

312   Palandt/Grüneberg § 281 Rn. 8.

313   BGH, Urt. v. 24.11.2006 – LwZR 6/05, Rn. 23 ff., NJW 2007, 1269 für das Verhindern des Verzugseintritts.

314   BeckOK BGB/Unberath § 281 Rn. 10; Palandt/Grüneberg § 281 Rn. 8; MünchKomm/Ernst § 286 Rn. 22; für die Verjährung bei § 281 a.A.: MünchKomm/Ernst § 281 Rn. 20, 43.

Wie sich aus § 636 ergibt, hat der Besteller gleichwohl das Recht ohne Fristsetzung gemäß §§ 634 Nr. 3, 323 vom Vertrag zurückzutreten und/oder gemäß §§ 634 Nr. 4, 280 Abs. 1 u. 3, 281 Schadensersatz statt der Leistung zu verlangen.[315] Das Gleiche gilt, wenn der **Verkäufer die Nacherfüllung gemäß § 439 Abs. 3 S. 1 berechtigterweise verweigert**. Aus § 440 S. 1 ergibt sich, dass der Käufer in diesem Fall unmittelbar gemäß §§ 437 Nr. 2, 323 zurücktreten und/oder gemäß §§ 437 Nr. 3, 280 Abs. 1 u. 3, 281 Schadensersatz statt der Leistung verlangen kann.

III. Leistung nicht oder nicht wie geschuldet erbracht

§ 281 setzt voraus, dass der Schuldner die Leistung „nicht oder nicht wie geschuldet erbringt".

1. Nichtleistung

Die erste Alternative ist die **Nichtleistung**. Wie sich aus § 281 Abs. 1 S. 2 ergibt, ist auch die teilweise Nichtleistung erfasst.

183

Hinweis: Auch im Fall der Unmöglichkeit leistet der Schuldner nicht. Für diesen Fall sind aber § 311 a Abs. 2 und §§ 280 Abs. 1 u. 3, 283 die spezielleren Anspruchsgrundlagen, die eine Anwendung des § 281 ausschließen.[316]

Umstritten ist, ob allein der Nichteintritt des Leistungserfolgs die Pflichtverletzung begründet oder ob für eine Pflichtverletzung eine Handlung (positives Tun oder Unterlassen) des Schuldners erforderlich ist.

■ Nach herrschender Ansicht in der Literatur ist bei der Verletzung von Leistungspflichten allein der **Nichteintritt des Leistungserfolgs** eine Pflichtverletzung.[317] Jedes Defizit gemessen am positiven Leistungsinteresse des Gläubigers erfülle den Tatbestand der Pflichtverletzung. Auch eine durch ein Naturereignis verursachte Störung könne eine Pflichtverletzung darstellen. Die konkrete objektiv und subjektiv pflichtwidrige Handlung des Schuldners sei erst bei dem Vertretenmüssen gemäß § 280 Abs. 1 S. 2 zu prüfen.

■ Nach der Gegenansicht kann die Pflichtverletzung nur in einer **Handlung des Schuldners** gesehen werden.[318] Nur bei einer entsprechenden Garantie sei der Schuldner zur Herbeiführung des Erfolgseintritts verpflichtet. Ansonsten schulde er nur die Handlungen, die für den Eintritt des Erfolgs erforderlich seien.

Die unterschiedlichen Meinungen führen in den meisten Fällen zu den gleichen Ergebnissen. Unterschiede ergeben sich aber dann, wenn der Schuldner den Leistungserfolg nicht selbst herbeiführen kann.

---

315 BGH, Urt. v. 11.10.2012 – VII ZR 179/11, RÜ 2012, 752.

316 BT-Drs. 14/6040 S. 138.

317 MünchKomm/Ernst § 280 Rn. 12 ff.; Palandt/Grüneberg § 280 Rn. 13.

318 BGH, Urt. v. 19.10.2007 – V ZR 211/06, RÜ 2008, 1.

Beispiel:[319] V verkauft K formwirksam eine Eigentumswohnung. Wegen einer unklaren Grundbuchlage verzögert sich die Eigentumsumschreibung. Schließlich setzt K dem V eine Frist zur Eigentumsübertragung, nach deren Ablauf er Schadensersatz statt der Leistung verlangt. V erklärt, er habe alles getan, um die Eigentumsumschreibung herbeizuführen.

Es kommt ein Anspruch aus § 280 Abs. 1 in Betracht.
I. Die Parteien haben einen Kaufvertrag abgeschlossen. V müsste eine Pflicht aus diesem Schuldverhältnis verletzt haben.
1. Nach h.L. liegt eine Pflichtverletzung des V vor, da es nicht zu einer Übertragung des Eigentums durch Eintragung im Grundbuch gekommen ist. Folgt man dieser Ansicht, muss K zur Begründung der Pflichtverletzung nur darlegen und beweisen, dass er nicht im Grundbuch eingetragen wurde.
2. Der BGH hat angenommen, allein die Nichterfüllung des Vertrags begründe keine Pflichtverletzung des Verkäufers V. Die Umschreibung des Eigentums könne der Verkäufer nicht selbst herbeiführen. Die behördliche Tätigkeit des Grundbuchamts sei nicht Gegenstand seiner rechtlichen Verpflichtung. Deswegen schulde der Verkäufer nur die Handlungen, die zur Herbeiführung des Erfolgs erforderlich seien. Neben der Erklärung der Auflassung und der Abgabe der Eintragungsbewilligung gehöre es auch zu den Pflichten des Verkäufers, alle Hindernisse zu beseitigen, die der Umschreibung des Eigentums entgegenstünden. Wenn der Verkäufer diese Pflichten nicht verletze, fehle es schon an der gemäß § 281 erforderlichen Pflichtverletzung.
II. Auch wenn man mit Literaturansicht eine Pflichtverletzung bejaht, besteht kein Anspruch des K aus §§ 280 Abs. 1 u. 3, 281. Da V nämlich alles getan hat, um die Eigentumsumschreibung herbeizuführen, hat er die Pflichtverletzung nicht gemäß **§ 280 Abs. 1 S. 2** zu vertreten.

2. Schlechtleistung

184 Erbringt der Schuldner die Leistung nach einer Fristsetzung „**nicht wie geschuldet**", liegt eine Schlechtleistung vor. Diese Alternative spielt vor allem im Kauf- und Werkvertragsrecht durch die **Verweise in § 437 Nr. 3 und § 634 Nr. 4** eine wichtige Rolle.[320]

Hinweis: Anspruchsgrundlagen sind in diesen Fällen §§ 434, 437 Nr. 3, 280 Abs. 1 u. 3, 281 und §§ 633, 634 Nr. 4, 280 Abs. 1 u. 3, 281. In beiden Fällen ist mit der Bejahung eines Mangels (gemäß § 434 oder § 633) bereits festgestellt, dass der Schuldner die Leistung nicht wie geschuldet erbracht hat. Eine besondere Prüfung dieser Voraussetzung im Rahmen des § 281 ist deshalb entbehrlich.

Theoretisch erfasst die Formulierung „nicht wie geschuldet erbracht" auch andere Fälle der Schlechtleistung. Dies hat aber praktisch kaum Bedeutung.

Das Gewährleistungsrecht des Mietvertrags und des Reisevertrags ist speziell geregelt. Die §§ 280 ff. sind insoweit unanwendbar. Bei den Vertragstypen, für die kein Gewährleistungsrecht gesetzlich geregelt ist (Dienst- und Arbeitsvertrag, § 611; Behandlungsvertrag, § 630 a; Maklervertrag, § 652; Auftrag, § 662; entgeltliche Geschäftsbesorgung, § 675) wird nur in Ausnahmefällen bei einer Schlechtleistung Schadensersatz statt der Leistung verlangt werden. Die Schlechtleistung führt bei diesen Verträgen regelmäßig nur zu Folgeschäden, die keinen Schadensersatz statt der Leistung darstellen und gemäß § 280 Abs. 1 ersatzfähig sind.[321]

---

319 Nach BGH, Urt. v. 19.10.2007 – V ZR 211/06, RÜ 2008, 1.

320 Siehe AS-Skript Schuldrecht BT 1 (2016), Rn. 145 ff., 470 ff.

321 BeckOK BGB/Unberath § 281 Rn. 64.

IV. Fristsetzung und erfolgloser Fristablauf; Entbehrlichkeit der Frist oder Abmahnung und erneuter Verstoß

1. Fristsetzung und Fristablauf

Die Fristsetzung ist eine **Aufforderung zur Leistung** (bzw. zur Nacherfüllung) **unter**   185
Hinzufügen einer Frist. Die Leistungsaufforderung muss eindeutig und bestimmt sein.
Es muss deutlich werden, welche konkrete Leistung der Gläubiger vom Schuldner verlangt. In den Fällen der Schlechtleistung muss der Schuldner erkennen können, warum
der Gläubiger die Leistung nicht als vertragsgemäß akzeptiert.[322]

- Der **Schuldner muss aufgefordert werden**, die geschuldete Leistung zu erbringen.
  Die Aufforderung zu erklären, ob er leistungsbereit sei, reicht grundsätzlich nicht.[323]

  Eine Ausnahme besteht dann, wenn der Schuldner vor Fälligkeit erklärt hat, dass er zu der vereinbarten Zeit nicht liefern kann. Es kann dann eine Frist zur Erklärung über die Leistungsbereitschaft
  gesetzt und nach erfolglosem Ablauf Schadensersatz statt der Leistung verlangt werden.[324]

- Eine **Fristsetzung vor Fälligkeit ist unwirksam**. Mit den Regelungen des § 281 und
  § 323 sollten die Fälle der Erfüllungsgefährdung vor Fälligkeit nicht erfasst werden.
  Der Gesetzgeber wollte eine Fristsetzung nur für den Fall zulassen, dass sie zu einem
  Zeitpunkt gesetzt wird, in dem der Anspruch schon fällig ist.

- Eine **Zuvielforderung** ist nur dann eine Aufforderung zur Erbringung der geschuldeten Leistung, wenn der Schuldner sie als solche verstehen musste und der Gläubiger auch zur Annahme der gegenüber seinen Vorstellungen geringeren Leistung
  bereit war.[325] Eine geringfügige Zuvielforderung ist unschädlich.

- Bei einer Fristsetzung wird regelmäßig ein **Zeitraum** oder ein **Endtermin** bestimmt,
  etwa durch Angabe eines Datums oder einer Zeitspanne in Tagen. Nach der Rechtsprechung ist jedoch die Angabe eines bestimmten Zeitraums oder eines bestimmten Endtermins **nicht erforderlich**. Es reicht aus, wenn der Gläubiger deutlich
  macht, dass dem Schuldner nur ein begrenzter Zeitraum zur Verfügung steht. Demnach reicht beispielsweise die Aufforderung, die Leistung „in angemessener Zeit",
  „umgehend", „unverzüglich", „sofort" oder „so schnell wie möglich" zu bewirken.[326]

- Die **Angemessenheit** der Frist bestimmt sich nach den Umständen des konkreten
  Vertrags, wobei die Interessen beider Vertragsparteien zu berücksichtigen sind. Einerseits hat der Gläubiger ein Interesse an alsbaldiger Klarheit darüber, ob der
  Schuldner die Leistung erbringen wird; andererseits soll dem Schuldner die letzte
  Möglichkeit gegeben werden, die Leistung tatsächlich noch zu erbringen. Die Frist
  muss daher so lang bemessen sein, dass der Schuldner in der Lage ist, die bereits be-
  gonnene Erfüllung zu beschleunigen und zu vollenden. Sie braucht jedoch nicht so

---

322 BGH, Urt. v. 25.03.2010 – VII ZR 224/08, Rn. 16, NJW 2010, 2200.

323 BGHZ 142, 36, 42.

324 BGH, Urt. v. 14.06.2012 – VII ZR 148/10, RÜ 2012, 545.

325 BGH, Urt. v. 05.10.2005 – X ZR 276/02, Rn. 24, NJW 2006, 769.

326 BGH, Urt. v. 12.08.2009 – VIII ZR 254/08, RÜ 2009, 102; BGH, Urt. v. 18.03.2015 – VIII ZR 175/14, RÜ 2015, 349.

lang zu sein, dass der Schuldner die Möglichkeit hat, erst jetzt mit der Leistungsvorbereitung, z.B. der Beschaffung von Gattungssachen, zu beginnen.[327]

Bei Zahlungsfristen ist zu berücksichtigen, dass der Schuldner für seine finanzielle Leistungsfähigkeit immer einzustehen hat.[328]

Die Bestimmung einer **zu kurzen Nachfrist** setzt eine angemessene Nachfrist in Lauf.[329] Etwas anderes gilt dann, wenn die Frist zum Zeitpunkt der Kenntniserlangung seitens des Schuldners bereits abgelaufen ist.[330]

186   § 281 setzt voraus, dass der Gläubiger dem Schuldner „erfolglos" eine angemessene Frist gesetzt hat. Die Frist ist, sofern keine abweichende Vereinbarung vorliegt, gewahrt, wenn die Leistungshandlung innerhalb der Frist vorgenommen worden ist. Es braucht also nicht der Leistungserfolg einzutreten.[331]

> **Beispiel:** V und K haben einen Kaufvertrag über eine Lkw-Ladung Apfelsinen geschlossen. Nach Fälligkeit setzt K dem V am 25.09. eine Frist zur Lieferung zum 05.10. Am 04.10. übergibt V das Obst einem Frachtführer, der es am 06.10. bei K abliefert. K verlangt Schadensersatz statt der Leistung.
>
> Es besteht kein Anspruch aus §§ 280 Abs. 1 u. 3, 281.
> **I.** V und K haben einen wirksamen Kaufvertrag geschlossen. Aus diesem Schuldverhältnis stand K gemäß § 433 Abs. 1 S. 1 ein Anspruch auf Lieferung zu.
> **II.** V hat jedenfalls bis zur Fristsetzung am 25.09. die Leistung nicht erbracht.
> **III.** Am 25.09. hat K dem V eine angemessene Frist zur Erbringung der Leistung bis zum 05.10. gesetzt.
> **IV.** Diese Frist ist allerdings nicht erfolglos abgelaufen, denn V hat die Leistungshandlung innerhalb der Frist erbracht. Unerheblich ist es, dass das Obst erst am Tag danach bei K angekommen ist.

Fraglich ist, ob der Schuldner die Frist dadurch wahren kann, dass er innerhalb der Frist die Leistung **nur teilweise oder mangelhaft** erbringt.

> **Fall 9: Teilweise eingehaltene Frist**
>
> V verkaufte K für seine Schulungsräume 300 Stühle. Als Liefertermin war der 01.06. vereinbart. Die Kaufpreiszahlung sollte nach der Lieferung erfolgen. Da V auch am 05.06. noch nicht geliefert hatte, setzte K ihm eine Frist bis zum 15.06. Am 12.06. erhält K 150 Stühle. K kauft weitere 150 Stühle bei D ein und verlangt von V Ersatz der Mehrkosten in Höhe von 2.250 €.

187   K könnte gegen V ein Anspruch aus **§§ 280 Abs. 1 u. 3, 281** zustehen.

I.   Es stellt sich zunächst die Frage, ob die Vorschriften des allgemeinen Leistungsstörungsrechts direkt anwendbar sind. Gemäß **§ 434 Abs. 3** steht die **Zuwenigliefe-rung** einem Sachmangel gleich. Greift diese Regelung ein, sind die §§ 280 Abs. 1 u. 3, 281 nur noch über §§ 434, 437 Nr. 3 mit den Besonderheiten des Gewährleistungsrechts anwendbar. § 434 Abs. 3 erfasst aber nicht jeden Fall, in dem der Verkäufer nicht vollständig liefert. Es ist abzugrenzen zwischen der Zuwenigliefe-rung i.S.d.

---

327 BGH NJW 1985, 320, 323; 855, 857; OLG Düsseldorf NJW-RR 1992, 951; Palandt/Grüneberg § 281 Rn. 10.
328 BGH NJW 1985, 2640.
329 Palandt/Grüneberg § 281 Rn. 10.
330 Looschelders Rn. 590.
331 MünchKomm/Ernst § 281 Rn. 45.

§ 434 Abs. 3 und der Teilleistung, deren Folgen sich nach allgemeinem Schuldrecht richten.

Zuweniglieferung i.S.d. § 434 Abs. 3 ist die Leistung einer geringeren Menge des Kaufgegenstands in der dem Käufer erkennbaren Absicht, den Vertrag vollständig zu erfüllen (verdeckte Mankolieferung[332]). Teilleistungen sind Lieferungen einer geringeren als der vereinbarten Menge, ohne dass für den Käufer die Absicht der vollständigen Erfüllung erkennbar wird (offene Mankolieferung). Im vorliegenden Fall hat V nur die Hälfte der vereinbarten Menge geliefert. Aus der Sicht des K konnte diese Lieferung nicht mit der Absicht vollständiger Vertragserfüllung erfolgt sein. Es handelt sich um eine Teilleistung, die nicht gemäß § 434 Abs. 3 einem Sachmangel gleichsteht. Die **§§ 280 Abs. 1 u. 3, 281** sind mithin direkt **anwendbar**.

II. V und K haben einen **wirksamen Kaufvertrag** geschlossen, aus dem K ein fälliger Anspruch auf Lieferung gemäß § 433 Abs. 1 S. 1 zustand. Der Anspruch war auch durchsetzbar. V stand die Einrede des § 320 nicht zu, denn er war vorleistungspflichtig. Die Zahlung sollte erst nach Lieferung erfolgen.

III. K hat dem V am 05.06. eine **angemessene Frist zur Leistung** gesetzt.

IV. Diese Frist müsste erfolglos **abgelaufen** sein. Dagegen könnte sprechen, dass V immerhin eine Teilleistung erbracht hat. Der Schuldner ist aber gemäß § 266 nicht zu Teilleistungen berechtigt. Eine Teilleistung kann daher auch eine zur Leistung gemäß § 281 (oder auch gemäß § 323) gesetzte Frist nicht wahren. Die Frist ist am 15.06. erfolglos abgelaufen.

V. V hat sich **nicht** gemäß § 280 Abs. 1 S. 2 **entlastet**.

K hat mithin einen Anspruch auf Schadensersatz statt der Leistung. Er kann die Mehrkosten für den Deckungskauf ersetzt verlangen.

Abwandlung: Schlecht eingehaltene Frist

K setzt V am 05.06. eine Frist zur Lieferung bis zum 15.06. V liefert am 12.06. die 300 Stühle. Es stellt sich jedoch heraus, dass die Lackierung schadhaft ist und abplatzt. K fragt, ob er sofort einen Deckungskauf tätigen und unter Ablehnung der Erfüllung die Mehrkosten von V ersetzt verlangen kann oder ob er V noch eine Frist zur Nacherfüllung setzen muss.

I. K könnte nach einem Deckungskauf ein Anspruch aus **§§ 280 Abs. 1 u. 3, 281** zustehen. Dann müssten diese Vorschriften noch direkt **anwendbar** sein. Eine direkte Anwendung der Normen des allgemeinen Schuldrechts ist ausgeschlossen, wenn das kaufrechtliche Gewährleistungsrecht gemäß §§ 434 ff. eingreift.

Die Stühle sind aufgrund der schadhaften Lackierung mangelhaft i.S.d. § 434 Abs. 1 S. 2 Nr. 2, da sie der gewöhnlichen Beschaffenheit nicht entsprechen.

188

---

332 BeckOK BGB/Faust § 434 Rn. 113.

Die Frage, ab welchem Zeitpunkt das Gewährleistungsrecht eingreift, wird unterschiedlich beantwortet.

1. Nach h.M. ist auf den Zeitpunkt des **Gefahrübergangs** abzustellen.[333] Hier ist die Gefahr gemäß § 446 mit der Übergabe übergangen.

2. Teilweise wird hingegen darauf abgestellt, ob der Käufer die Sache **als Erfüllung angenommen** hat (§ 363).[334] Eine Annahme als Erfüllung liegt vor, wenn das Verhalten des Gläubigers bei und nach Entgegennahme der Leistung erkennen lässt, dass er sie als eine im Wesentlichen ordnungsgemäße Erfüllung gelten lassen will. Diese Voraussetzung ist erfüllt, wenn der Gläubiger eine ihm als Erfüllung angebotene Leistung ohne Vorbehalte entgegennimmt.

K hat die Stühle vorbehaltlos entgegengenommen und damit als Erfüllung angenommen. Auch nach dieser Ansicht bestehen wegen einer Nichtleistung keine Ansprüche mehr. Es greift das Gewährleistungsrecht ein.

Die §§ 280 Abs. 1 u. 3, 281 sind deshalb direkt nicht mehr anwendbar.

189   II. K könnte gegen V einen Anspruch aus **§§ 437 Nr. 3, 280 Abs. 1 u. 3, 281** haben.

1. V und K haben einen wirksamen Kaufvertrag geschlossen.

2. Die gelieferten Stühle sind mangelhaft gemäß § 434 Abs. 1 S. 2 Nr. 2.

3. Eine **Frist zur Nacherfüllung** hat K dem V noch nicht gesetzt. Möglicherweise reicht aber die Fristsetzung vom 05.06. aus; eine nochmalige Fristsetzung wäre dann entbehrlich.

   a) **Teilweise** wird angenommen, dass bei einer mangelhaften Lieferung innerhalb einer zur Erfüllung gesetzten Frist eine **nochmalige Fristsetzung entbehrlich** sei.[335] Da der Verkäufer die Sache gemäß § 433 Abs. 1 S. 2 frei von Sach- und Rechtsmängeln zu liefern habe, sei die gesetzte Frist „erfolglos abgelaufen". Der Gläubiger könne nach Fristablauf (hier am 15.06.) Schadensersatz statt der Leistung verlangen, ohne dass er eine weitere Frist setzen müsste.

   b) Nach h.M. ist bei einer Schlechtleistung innerhalb einer Frist, die wegen der Nichterfüllung gesetzt wurde, grundsätzlich eine nochmalige Fristsetzung zur Nacherfüllung erforderlich, es sei denn, diese ist gemäß § 281 Abs. 2 Alt. 2 aufgrund besonderer Umstände entbehrlich.[336] Die Erfolglosigkeit einer Leistung richte sich danach, ob der Schuldner dem gestellten Leistungsverlangen fristgerecht nachgekommen sei. Leide die innerhalb der Nachfrist bewirkte Leistung an einem anderen Defizit als demjenigen, für das der Gläubiger eine Nachfrist gesetzt hatte, sei die gesetzte Nachfrist nicht fruchtlos abgelaufen.

   c) Der **h.M.** ist zu folgen. Die mangelhafte Leistung während einer wegen Nichtleistung gesetzten Frist ist eine andere Leistungsstörung. Dies zeigt sich schon

---

333   Palandt/Weidenkaff § 434 Rn. 8, § 437 Rn. 49; BeckOK BGB/Unberath § 280 Rn. 22.

334   BeckOK BGB/Faust § 437 Rn. 6.

335   Canaris DB 2001, 1815, 1816; Braun ZGS 2004, 423, 424.

336   Palandt/Grüneberg § 281 Rn. 13; Jauernig/Stadler § 281 Rn. 7.

daran, dass nach der Annahme als Erfüllung andere Anspruchsgrundlagen, nämlich die des Gewährleistungsrechts, eingreifen. Selbst wenn der Käufer mit der Frist zur Lieferung konkludent auch eine mangelfreie Ware verlangt, bedeutet dies nicht, dass auch eine Frist zur Nacherfüllung gesetzt ist. V hat K am 05.06. eine Frist zur Erfüllung gesetzt und K hat die Leistung als Erfüllung angenommen. Wenn sich jetzt Mängel zeigen, ist eine **erneute Fristsetzung** zur Nacherfüllung erforderlich.

K muss V noch eine Frist zur Nacherfüllung setzen.

4. Nach erfolglosem Fristablauf kann K Schadensersatz statt der Leistung verlangen, es sei denn, V kann sich gemäß § 280 Abs. 1 S. 2 entlasten.

Klausurhinweis: Die oben dargestellten Meinungen kommen wohl nur in seltenen Ausnahmefällen zu unterschiedlichen Ergebnissen. Da der Gefahrübergang der in § 434 Abs. 1 S. 1 genannte Zeitpunkt ist, wird man zumeist ohne Diskussion auf diesen abstellen können. Die mit dem Gefahrübergang regelmäßig einhergehende Annahme als Erfüllung ist aber der Grund, der es rechtfertigt, die allgemeinen Regeln wegen Nichterfüllung für unanwendbar anzusehen und den Käufer auf Gewährleistungsrechte zu beschränken.

---

2. Entbehrlichkeit der Fristsetzung

Die Fristsetzung ist in den folgenden Fällen entbehrlich: 190

- aufgrund einer **Vereinbarung** zwischen den Parteien;

- gemäß **§ 281 Abs. 2 Alt. 1**, wenn der Schuldner die Leistung ernsthaft und endgültig verweigert;

- gemäß **§ 281 Abs. 2 Alt. 2**, wenn besondere Umstände vorliegen, die unter Abwägung der beiderseitigen Interessen die sofortige Geltendmachung des Schadensersatzanspruchs rechtfertigen und

- aufgrund der Sonderregeln in **§ 440** und **§ 636**.

Wenn nach der Art der Pflichtverletzung eine Fristsetzung nicht in Betracht kommt, ist gemäß **§ 281 Abs. 3** eine **Abmahnung** erforderlich.

a) Entbehrlichkeit der Fristsetzung kraft Vereinbarung

Das Erfordernis der Fristsetzung kann nur durch eine Individualvereinbarung ausge-   191
schlossen werden. In **Allgemeinen Geschäftsbedingungen** ist der Ausschluss der Fristsetzung **unwirksam**.

- Ist der Vertragspartner des Verwenders kein Unternehmer (§ 310 Abs. 1), sind Bestimmungen über die Entbehrlichkeit der Fristsetzung gemäß **§ 309 Nr. 4** unwirksam.

- Werden die AGB gegenüber einem Unternehmer verwendet, ist der Ausschluss der Fristsetzung gemäß § 307 Abs. 1 unwirksam.[337]

b) Entbehrlichkeit der Fristsetzung gemäß § 281 Abs. 2 Alt. 1

192   Die Fristsetzung ist gemäß § 281 Abs. 2 Alt. 1 entbehrlich, wenn der Schuldner die Leistung **ernsthaft und endgültig verweigert**.

Hinweis: Die ernsthafte und endgültige Erfüllungsverweigerung hat außer der Entbehrlichkeit einer Fristsetzung gemäß § 281 Abs. 2 auch die Entbehrlichkeit der Mahnung gemäß § 286 Abs. 2 Nr. 3 und die Entbehrlichkeit der Fristsetzung gemäß § 323 Abs. 2 Nr. 1 zur Folge. In diesem Fall kann der Gläubiger daher ohne Weiteres gemäß §§ 280 Abs. 1 u. 3, 281 Schadensersatz statt der Leistung und gemäß §§ 280 Abs. 1 u. 2, 286 Schadensersatz wegen Verzögerung der Leistung verlangen sowie gemäß § 323 Abs. 1 zurücktreten.

Mit Rücksicht auf diese nachteiligen Folgen sind an die tatsächlichen Voraussetzungen einer endgültigen Erfüllungsverweigerung **strenge Anforderungen** zu stellen; sie liegt nur vor, wenn der Schuldner **eindeutig zum Ausdruck bringt**, dass er seinen Vertragspflichten nicht nachkommen werde und es damit ausgeschlossen erscheint, dass er sich von einer Nachfristsetzung umstimmen ließe. Aus der Weigerung des Schuldners muss also zu entnehmen sein, dass dieser, wenn er vor die Wahl zwischen der Erfüllung und den Rechtsfolgen der §§ 280 Abs. 1 u. 3, 281 oder § 323 gestellt wird, sich für die zweite Möglichkeit entscheidet.[338]

Das **Bestreiten von Anspruchsvoraussetzungen im Prozess** ist das prozessuale Recht des Schuldners. Es kann ohne Hinzutreten weiterer Umstände nicht als ernsthafte und endgültige Erfüllungsverweigerung angesehen werden.[339]

c) Entbehrlichkeit der Fristsetzung gemäß § 281 Abs. 2 Alt. 2

193   Die Fristsetzung ist auch dann entbehrlich, wenn **besondere Umstände** vorliegen, die unter **Abwägung der beiderseitigen Interessen** die sofortige Geltendmachung des Schadensersatzanspruchs rechtfertigen.

Besondere Umstände sind gegeben, wenn das **Zeitmoment** nach dem Inhalt des Vertrags eine so große Bedeutung hat, dass die Geltendmachung des Schadensersatzanspruchs ohne Frist gerechtfertigt ist. Maßgeblich für den Interessewegfall ist, ob der Gläubiger das **Interesse am Austausch der beiderseitigen Leistungen** verloren hat. Gleichwohl sind im Rahmen der erforderlichen Abwägung auch die Gegeninteressen des Schuldners zu berücksichtigen.[340] Dabei sind an den Wegfall des Interesses **strenge Anforderungen** zu stellen, da anderenfalls die Regelvoraussetzung der Fristsetzung ausgehöhlt werden könnte.

---

337 BGH, Urt. v. 06.06.2013 – VII ZR 355/12, Rn. 20, RÜ 2013, 548, 551.
338 BGH, Urt. v. 20.01.2009 – X ZR 45/07, RÜ 2009, 346, 347.
339 BGH, Urt. v. 20.01.2009 – X ZR 45/07, RÜ 2009, 346, 347.
340 MünchKomm/Ernst § 281 Rn. 60.

Beispiele:

1. „Just-in-time-Verträge", d.h. Verträge, bei denen ein Zulieferer zu einem bestimmten Zeitpunkt (just-in-time) liefern muss, damit die Produktion des Gläubigers ordnungsgemäß betrieben werden kann.[341]

2. Arbeiten, bei denen sofortiges Tätigwerden zur Schadensbegrenzung erforderlich ist, wie bei der Reparatur eines Rohrbruchs.[342]

3. Kauf von Saisonartikeln, die bei Überschreitung der Leistungszeit unverkäuflich werden.[343]

Allgemein dann, wenn dem Gläubiger infolge der Leistungsverzögerung ein erhebliches Geschäftsrisiko erwächst, welchem er bei rechtzeitiger Leistung nicht ausgesetzt gewesen wäre.

Eine Regelung des **relativen Fixgeschäfts**, wie sie in § 323 Abs. 2 Nr. 2 getroffen ist, fehlt in § 281. Das legt den Schluss nahe, dass bei relativen Fixgeschäften zwar für das Rücktrittsrecht keine Fristsetzung erforderlich ist, der Anspruch auf Schadensersatz statt der Leistung aber grundsätzlich den erfolglosen Ablauf einer dem Schuldner gesetzten Frist voraussetzt.[344]

Hintergrund: Von der systematischen Stellung her kann § 281 keine Regelung über gegenseitige Verträge (und damit über Fixgeschäfte) enthalten, denn eine solche Regelung müsste in den §§ 320 ff. erfolgen. Dies schließt aber nicht aus, dass § 281 auf gegenseitige Verträge anwendbar ist. Es handelt sich sogar um den mit Abstand häufigsten Anwendungsfall.

d) §§ 437 Nr. 3, 440 und §§ 634 Nr. 4, 636

Im Gewährleistungsrecht des Kauf- und Werkvertrags ist die Fristsetzung entbehrlich, wenn die **Nacherfüllung** wegen unverhältnismäßiger Kosten **verweigert** wird, **fehlschlägt** oder dem Berechtigten **unzumutbar** ist.

194

3. Abmahnung und erneuter Verstoß, § 281 Abs. 3

Kommt nach der **Art der Pflichtverletzung** eine Fristsetzung nicht in Betracht, so tritt gemäß § 281 Abs. 3 an deren Stelle eine Abmahnung. So kann etwa auch bei Verletzung von **Unterlassungspflichten** ein Schadensersatzanspruch statt der Leistung gemäß §§ 280 Abs. 1 u. 3, 281 entstehen. In diesen Fällen kommt eine Fristsetzung jedoch nach der Art der Pflichtverletzung nicht in Betracht. Gemäß § 281 Abs. 3 ist dann eine **Abmahnung** erforderlich. Eine Abmahnung ist eine ernsthafte Aufforderung an den Schuldner, weitere Zuwiderhandlungen zu unterlassen.[345] Dies setzt voraus, dass der Schuldner bereits einen Verstoß gegen die Unterlassungspflicht begangen hat.

195

Beispiel: Verstoß gegen ein vertragliches Konkurrenzverbot.[346]

Verstößt der Schuldner nach Abmahnung nochmals gegen die Unterlassungspflicht, begründet dies den Schadensersatzanspruch aus §§ 280 Abs. 1 u. 3, 281.

---

341 BT-Drs. 14/6040 S. 140; Palandt/Grüneberg § 281 Rn. 15.

342 BeckOK BGB/Unberath § 281 Rn. 26.

343 BeckOK BGB/Unberath § 281 Rn. 26.

344 MünchKomm/Ernst § 281 Rn. 62; Palandt/Grüneberg § 281 Rn. 15.

345 Palandt/Grüneberg § 281 Rn. 13.

346 MünchKomm/Ernst § 281 Rn. 42.

V. Keine Entlastung gemäß § 280 Abs. 1 S. 2

196 Der Schuldner haftet nicht, wenn er die **Pflichtverletzung nicht zu vertreten** hat. Nach dem eindeutigen Wortlaut des § 280 Abs. 1 S. 2 trägt der Schuldner die Darlegungs- und Beweislast für das Nichtvertretenmüssen.

Klausurhinweis: Enthält ein Sachverhalt keine Anhaltspunkte dafür, dass der Schuldner eine Pflichtverletzung nicht zu vertreten hat, ist vom Vertretenmüssen auszugehen.

Gemäß § 280 Abs. 1 S. 2 ist darauf abzustellen, ob der Schuldner „die Pflichtverletzung" nicht zu vertreten hat.

Beim Anspruch aus §§ 280 Abs. 1 u. 3, 281 liegen zwei Pflichtverletzungen vor, die Nichtleistung bei Fälligkeit und die Nichtleistung bei Fristablauf. Da aber die Nichtleistung bei Fälligkeit allein keinen Schadensersatzanspruch begründen kann, ist bezüglich des Vertretenmüssens auf die **Nichtleistung bei Fristablauf** abzustellen. Umstritten ist, inwieweit **früheres Fehlverhalten** des Schuldners zu berücksichtigen ist.

197 ■ Nach überwiegender Ansicht ist für das Vertretenmüssen auf den **Zeitpunkt des Fristablaufs** abzustellen.[347] Früheres Fehlverhalten des Schuldners bleibt allerdings auch nach dieser Ansicht nicht folgenlos. Da die Fristsetzung alle Voraussetzungen einer Mahnung erfüllt, gerät der Schuldner durch die Fristsetzung regelmäßig in Verzug und haftet gemäß § 287 S. 2 auch für zufällige Leistungshindernisse.

198 ■ Nach der Gegenansicht kann sich der Schuldner nur entlasten, wenn er nachweist, dass der gesamte **Zeitraum von der Fälligkeit bis zum Fristablauf** ohne Vertretenmüssen der Nichtleistung verstrichen ist.[348] Ein Vertretenmüssen bei Fristablauf sei nicht zwingend erforderlich, da die Leistungspflicht von Beginn an wirksam sei.

199 Ist die **Fristsetzung entbehrlich**, ist bezüglich des Nichtvertretenmüssens auf die jeweiligen Umstände abzustellen, die zur Entbehrlichkeit geführt haben.

Bei einer ernsthaften und endgültigen Leistungsverweigerung wird es dem Schuldner kaum gelingen, sich zu entlasten. Es ist allenfalls ein unverschuldeter Rechtsirrtum denkbar. In den Fällen des § 281 Abs. 2 Alt. 2 ist bezüglich des Nichtvertretenmüssens darauf abzustellen, dass der Schuldner trotz der besonderen Umstände (Zeitmoment, Interessewegfall) nicht rechtzeitig leistet.

VI. Anspruchsausschluss gemäß § 242 bei eigener Vertragsuntreue

200 Gründe für einen Ausschluss des Anspruchs sind grundsätzlich vom Anspruchsgegner darzulegen und im Streitfall zu beweisen. Für unstreitige Sachverhalte bedeutet dies, dass sie nur dann zu prüfen sind, wenn der Sachverhalt Angaben enthält, die für ihr Vorliegen sprechen. Dies gilt insbesondere für einen eventuellen Ausschluss eines Anspruchs aus § 242. Die eigene Vertragsuntreue ist der Unterfall einer **Einwendung gemäß § 242**.[349] Nach ganz h.M. schließt bei gegenseitigen Verträgen die eigene Ver-

347 OLG Celle, Urt. v. 28.06.2006 – 7 U 235/05, RÜ 2006, 629; Palandt/Grüneberg § 281 Rn. 16; Jauernig/Stadler § 281 Rn. 12; Lorenz, Festschrift für Ulrich Huber, S. 423 ff.
348 MünchKomm/Ernst § 281 Rn. 48.
349 BGH NJW 1999, 352.

tragsuntreue des Gläubigers seine Rechte aus §§ 280 Abs. 1 u. 3, 281 gemäß § 242 aus.[350]

Vertragsuntreues Verhalten des Gläubigers kann allerdings schon dazu führen, dass die Tatbestandsvoraussetzungen der §§ 280 Abs. 1 u. 3, 281 nicht vorliegen. **201**

- Der Gläubiger hat keinen fälligen und durchsetzbaren Anspruch,

  - wenn dem Schuldner die Einrede des § 320 zusteht (s.o.)

  - oder der Gläubiger selbst vorleistungspflichtig ist. Dann wird sein Anspruch erst fällig, wenn er die ihm obliegende Leistung erbracht oder zumindest in Annahmeverzug begründender Weise angeboten hat.[351]

- Besteht die Vertragsuntreue in einer ungerechtfertigten Zuvielforderung, wird es regelmäßig schon an einer wirksamen Fristsetzung fehlen.

Für einen Anspruchsausschluss wegen eigener Vertragsuntreue sind die Fälle relevant, in denen die Voraussetzungen des Anspruchs aus §§ 280 Abs. 1 u. 3, 281 trotz der Vertragsuntreue des Gläubigers zu bejahen sind. Dabei lässt sich der Tatbestand der Vertragsuntreue nicht abschließend umschreiben. In Betracht kommen vor allem folgende Fallgruppen: **202**

- Der Gläubiger ist zur Leistung nicht bereit.

- Der Gläubiger fordert erheblich mehr als ihm nach dem Vertrag zusteht.

- Der Gläubiger gefährdet den Vertragszweck oder verletzt Nebenpflichten von einigem Gewicht.[352]

- Der Gläubiger erklärt eine ungerechtfertige Anfechtung.[353]

VII. Rechtsfolgen

1. Schwebezustand

Allein der Fristablauf führt nicht zum Erlöschen des Erfüllungsanspruchs. Der mit Fristablauf entstehende Schadensersatzanspruch statt der Leistung tritt als **verhaltener Anspruch** neben den Erfüllungsanspruch.[354] Der Erfüllungsanspruch erlischt erst dann, wenn der Gläubiger **Schadensersatz** statt der Leistung **verlangt, § 281 Abs. 4**. **203**

Zwischen Fristablauf und dem Verlangen i.S.d. § 281 Abs. 4 besteht deshalb ein Schwebezustand, währenddessen der Gläubiger zwischen Erfüllung und Schadensersatz **wählen kann**.

---

350 Palandt/Grüneberg § 281 Rn. 35.
351 BeckOK BGB/Grothe § 320 Rn. 13.
352 Palandt/Grüneberg § 281 Rn. 35.
353 BGH NJW 1999, 352.
354 MünchKomm/Ernst § 281 Rn. 108.

Hinweis: Wird der Leistungsanspruch vor dem Schadensersatzverlangen gemäß § 281 Abs. 4 erfüllt, erlischt er gemäß **§ 362**. Es erlischt aber auch der Schadensersatzanspruch aus §§ 280 Abs. 1 u. 3, 281 BGB.

a) Beendigung durch Erfüllung

204   Erfüllt der Schuldner den Leistungsanspruch, bevor der Gläubiger gemäß § 281 Abs. 4 Schadensersatz statt der Leistung verlangt oder gemäß § 323 Abs. 1 zurücktritt, lässt die Erfüllung nicht nur den Leistungsanspruch gemäß § 362 Abs. 1, sondern auch den Schadensersatzanspruch aus §§ 280 Abs. 1 u. 3, 281 erlöschen. Denn der Gläubiger kann nicht beides verlangen, die Leistung selbst und Schadensersatz statt der Leistung.[355] In der Literatur wird ferner in der **Annahme der Leistung** ein Verzicht auf den Schadensersatzanspruch statt der Leistung gesehen.[356]

Beispiel: K kauft von V insgesamt 2.000.000 l Biodiesel für 66 € pro Liter. Kurz nach Vertragsschluss steigen die Preise für Diesel. V kann nicht kostendeckend einkaufen und verweigert die Leistung an K. Nachdem K Klage auf Erfüllung erhoben hat, liefert V an K die 2.000.000 l Biodiesel.

Mit der Lieferung erlischt der Lieferungsanspruch des K aus § 433 Abs. 1 gemäß § 362 Abs. 1. Aufgrund der Erfüllungsverweigerung des V ist zwischenzeitlich ein Anspruch aus §§ 280 Abs. 1 u. 3, 281 auf Schadensersatz statt der Leistung entstanden. Auch dieser Anspruch erlischt mit der Erbringung der Leistung an K.

Es gibt außerdem Erfüllungsvorgänge, an denen der **Gläubiger nicht beteiligt** ist. In diesen Fällen ist fraglich, ob der Gläubiger nach der Erfüllung noch Schadensersatz statt der Leistung verlangen kann.

Beispiel: V verkauft K einen Wohnwagen für 42.000 €. Der Kaufpreis soll vor der Übergabe auf ein von V angegebenes Konto überwiesen werden. K zahlt nicht. Auch eine von V gesetzte Frist verstreicht erfolglos. Eine Woche nach Fristablauf verkauft V den Wohnwagen an D für 39.000 €. Am Tag darauf stellt er fest, dass K den Kaufpreis soeben auf sein Konto überwiesen hat. Hat V einen Schadensersatzanspruch statt der Leistung?

I. Der Anspruch aus §§ 280 Abs. 1 u. 3, 281 ist entstanden. V hatte gegen K einen fälligen und durchsetzbaren Anspruch auf Kaufpreiszahlung. Eine von ihm gesetzte Frist ist erfolglos verstrichen.
II. Der Anspruch könnte durch die Zahlung des Kaufpreises erloschen sein.
1. Teilweise wird angenommen, dass der Gläubiger bei einer Erfüllung des Leistungsanspruchs nach Fristablauf die Möglichkeit hat, die bereits erbrachte Leistung zurückzuweisen und Schadensersatz statt der Leistung zu verlangen oder zurückzutreten.[357] Dem Gläubiger dürfe sein Wahlrecht nicht genommen werden. Für die Wahlrechtsausübung sei ihm eine kurze Bedenkzeit zu gewähren. Danach kann V die Leistung des K zurückweisen und Schadensersatz statt der Leistung verlangen.
2. Nach der Gegenansicht beseitigt die Erfüllung des Leistungsanspruchs das Recht, Schadensersatz statt der Leistung zu verlangen oder zurückzutreten.[358] Der Gläubiger habe es selbst in der Hand, Schadensersatz statt der Leistung zu verlangen oder zurückzutreten, bevor er anderweitige Dispositionen tätige. Nach dieser Ansicht kann V nicht mehr Schadensersatz statt der Leistung verlangen oder zurücktreten. Falls er den Vertrag mit D nicht unter einer Bedingung abgeschlossen hat, ist er sowohl K als auch D gegenüber zur Übereignung verpflichtet.

---

355   BGH, Urt. v. 03.07.2013 – VIII ZR 169/12, RÜ 2013, 613.
356   MünchKomm/Ernst § 281 Rn. 79.
357   Finn ZGS 2004, 32, 37.
358   MünchKomm/Ernst § 281 Rn. 81 ff., § 323 Rn. 167 ff.

b) Beendigung durch Annahmeverzug begründendes Angebot?

Umstritten ist, ob der Gläubiger das Recht hat, ein Erfüllungsangebot des Schuldners zurückzuweisen. **205**

Fall 10: Späte Spezialmaschine

Der Fabrikant F verpflichtet sich, für B eine Spezialmaschine nach dessen Vorgaben herzustellen. Die Maschine soll B am 01.09. abholen können. Die Zahlung sollte nach einem Probelauf erfolgen. Den Liefertermin kann F nicht einhalten. Am 11.09. setzt B dem F eine Frist bis zum 18.09., die erfolglos verstreicht. Am 02.10. hat F die Maschine fertiggestellt. Er fordert B auf, die Maschine abzuholen. B ruft seinen Anwalt an und fragt, ob er noch Schadensersatz statt der Leistung verlangen kann.

I. Die Voraussetzungen eines Schadensersatzanspruchs statt der Leistung aus **§§ 280 Abs. 1 u. 3, 281** sind gegeben. F kann sich nicht auf § 320 berufen, da er vorleistungspflichtig ist, vgl. § 320 Abs. 1 S. 1.

II. Der Anspruch könnte durch das Leistungsangebot des F erloschen sein.

1. Teilweise wird vertreten, mit einem den Annahmeverzug begründenden Angebot   **206**
verliere der Gläubiger die Befugnis, Schadensersatz statt der Leistung zu verlangen (oder zurückzutreten).[359] Der Eintritt des Annahmeverzugs verwehre es dem Gläubiger gemäß **§ 242**, zurückzutreten oder Schadensersatz statt der Leistung zu verlangen. Der Gläubiger könne seine Befugnis, Schadensersatz statt der Leistung zu verlangen, nicht noch in dem Moment ausüben, in dem ihm die Leistung in einer den Annahmeverzug begründenden Weise angeboten werde, denn mit dem Angebot sei diese Befugnis bereits erloschen.[360] Ein Angebot, das nicht den Annahmeverzug begründe oder eine Ankündigung der Leistung, soll das Recht, Schadensersatz statt der Leistung zu verlangen, allerdings unberührt lassen.

   Im Vertrag zwischen F und B war eine Holschuld vereinbart. Bei dieser reicht gemäß § 295 S. 1 Alt. 2 ein wörtliches Angebot. Die Aufforderung, die Maschine abzuholen, steht gemäß § 295 S. 2 einem Angebot gleich. Nach dieser Ansicht ist B mit dem wörtlichen Angebot in Annahmeverzug geraten und kann gemäß § 242 nicht mehr Schadensersatz statt der Leistung verlangen oder zurücktreten.

2. Nach der Gegenansicht schließt ein Angebot der Leistung die Rechte des Gläubi-   **207**
gers aus §§ 280 Abs. 1 u. 3, 281 und § 323 auch dann nicht aus, wenn es in einer (normalerweise) den Annahmeverzug begründenden Weise erfolgt.

   a) Teilweise wird dabei angenommen, der Gläubiger müsse sich im Zeitpunkt des Angebots entscheiden. Der Schuldner könne den Gläubiger zwar wegen des Fortbestands des Erfüllungsanspruchs in Annahmeverzug setzen. Wenn der Gläubiger aber im Zeitpunkt des Angebots Schadensersatz statt der Leistung verlangt oder zurücktritt, gerät er aufgrund des Vorrangs seines Wahlrechts

---

359 MünchKomm/Ernst § 281 Rn. 85; Jauernig/Stadler § 281 Rn. 15; Althammer ZGS 2005, 375, 376.
360 MünchKomm/Ernst § 281 Rn. 85.

nicht in Annahmeverzug.[361] Nach dieser Ansicht dürfte der Schadensersatzanspruch des B nicht ausgeschlossen sein. Zwar ist zwischen dem Angebot des F und der Rückfrage des B bei seinem Anwalt schon ein gewisser Zeitraum verstrichen. Da der Ausschluss des Schadensersatzanspruchs statt der Leistung durch den Annahmeverzug aber auf § 242 beruht, sollte man auch gemäß § 242 dem Gläubiger die Zeit gewähren, sich beraten zu lassen.

b) Nach einer weiteren Ansicht besteht zwar nach Fristablauf der Erfüllungsanspruch fort, es besteht aber keine Verpflichtung des Gläubigers mehr, die Leistung anzunehmen.[362] Verweigere der Gläubiger die Annahme, bleibe der Schwebezustand und das Wahlrecht des Gläubigers bestehen. Der Schuldner könne analog § 350 eine Frist setzen, innerhalb derer der Gläubiger erklären solle, ob er Sekundärleistungsrechte geltend machen wolle.

208   3. Stellungnahme: Vorzugswürdig ist die Ansicht, nach welcher der Gläubiger durch ein den §§ 293 ff. entsprechendes Angebot in Annahmeverzug gerät und sich unverzüglich entscheiden muss, ob er die Erfüllung annimmt oder Sekundärleistungsrechte geltend macht.

Mit dem Ablauf der Frist bleibt nämlich nicht nur der Erfüllungsanspruch bestehen. Auch der Anspruch des F auf Abnahme der hergestellten Sache aus §§ 651 S. 1, 433 Abs. 2 ist nicht erloschen. Der Schuldner kann den Gläubiger daher mit einem den §§ 293 ff. entsprechenden Angebot in Annahmeverzug setzen. Der Annahmeverzug nach Fristablauf schließt die Rechte des Gläubigers, Schadensersatz statt der Leistung zu verlangen oder zurückzutreten, gemäß § 242 aus – genauso wie ein Annahmeverzug im Zeitpunkt des Fristablaufs den Schadensersatzanspruch ausschließt, weil der Schuldner die Nichtleistung nicht zu vertreten hat und das Rücktrittsrecht gemäß § 323 Abs. 6 Alt. 2 ausgeschlossen ist. Nach Treu und Glauben ist dem Gläubiger allerdings eine **Überlegungsfrist** zu gewähren, innerhalb derer er entscheiden kann, ob er die Erfüllung annimmt oder Schadensersatz statt der Leistung verlangt bzw. zurücktritt.

B hat noch einen Schadensersatzanspruch statt der Leistung, muss diesen aber unverzüglich geltend machen.[363]

---

c) Keine Beendigung durch Erfüllungsverlangen

209   Auch wenn der Gläubiger nach Fristablauf zunächst weiterhin Erfüllung verlangt, schließt dies nicht aus, dass er später Schadensersatz statt der Leistung beanspruchen oder zurücktreten kann.

Beispiel: V verkaufte dem K ein Grundstück. Die zur Löschung eingetragener Grundpfandrechte erforderlichen Unterlagen sollte V dem Notar N übersenden. K setzte dem V dafür eine Frist. Nach deren er-

---

361   Derleder/Hoolmans NJW 2004, 2787, 2790.

362   Finn ZGS 2004, 32, 36.

363   Zur Berechnung des Schadensersatzanspruchs beim Deckungsverkauf vgl. unten Rn. 217 ff.

folgenlosen Ablauf klagt K zunächst auf Erfüllung, überlegt es sich dann aber anders und verlangt Schadensersatz statt der Leistung.

I. Das OLG Celle[364] hat angenommen, das Erfüllungsverlangen des K nach Fristablauf schließe einen später geltend gemachten Schadensersatzanspruch statt der Leistung ebenso aus wie einen Rücktritt. Der Gläubiger sei analog § 262 an die getroffene Wahl gebunden.

II. Das Urteil ist in der Literatur kritisiert[365] und vom BGH aufgehoben[366] worden. Die Geltendmachung des Erfüllungsanspruchs nach Fristablauf hebt die Folgen einer erfolglosen Fristsetzung nicht auf. Die Vorschriften über die Wahlschuld sind nicht anwendbar. Das Wahlrecht des Gläubigers nach Fristablauf beruht – anders als bei der Wahlschuld nach § 262 – nicht auf vertraglicher Vereinbarung, sondern auf der gesetzlichen Regelung in §§ 281, 323. Auf eine solche so genannte **elektive Konkurrenz** sind die Vorschriften über die Wahlschuld weder direkt noch analog anwendbar. Gemäß § 281 Abs. 4 ist der Erfüllungsanspruch ausgeschlossen, wenn der Gläubiger Schadensersatz statt der Leistung verlangt. Daraus ergibt sich im Umkehrschluss, dass der Schadensersatzanspruch statt der Leistung nicht ausgeschlossen ist, wenn der Gläubiger Erfüllung verlangt.

2. Erlöschen des Erfüllungsanspruchs

Gemäß § 281 Abs. 4 erlischt der Erfüllungsanspruch nicht mit Fristablauf, sondern erst dann, wenn der Gläubiger statt der Leistung Schadensersatz verlangt hat. Das **Verlangen** von Schadensersatz statt der Leistung hat im Hinblick auf den Erfüllungsanspruch den **Charakter eines Gestaltungsrechts**, vergleichbar mit der Ausübung des Rücktrittsrechts aus § 323 Abs. 1.[367]

210

Ein Verlangen von Schadensersatz liegt mit Sicherheit in einer Klage. Es kann aber auch in vorprozessualen Erklärungen enthalten sein. Im Hinblick auf die Folge des § 281 Abs. 4 ist eine **eindeutige Erklärung** des Gläubigers erforderlich. Diese muss den Willen erkennen lassen, dass nunmehr keine Erfüllung, sondern nur noch Schadensersatz verlangt wird. Bloße Ankündigungen, Schadensersatz zu verlangen oder Rechte „bis hin zum Schadensersatz" geltend machen zu wollen, reichen nicht aus.[368]

Im Einzelfall können die Erklärungen des Gläubigers mehrdeutig und **auslegungsbedürftig** sein. Dann besteht eine Unsicherheit über den Fortbestand des Erfüllungsanspruchs auch für den Gläubiger. Der Gesetzgeber hat aber davon abgesehen, diese Unklarheit dadurch zu beseitigen, dass das Erlöschen von der Geltendmachung einer Klage auf Schadensersatz abhängig gemacht wird.[369]

Fraglich ist, ob auch schon **vor Fristablauf** Schadensersatz statt der Leistung verlangt werden kann. Dies hätte zur Folge, dass dann mit dem Ablauf der Frist der Erfüllungsanspruch gemäß § 281 Abs. 4 erlischt. Teilweise wird angenommen, dass der Gläubiger schon vor Fristablauf Schadensersatz statt der Leistung verlangen kann, das Verlangen aber erst mit Fristablauf wirksam wird.[370] Nach der Gegenansicht kann das Schadensersatzverlangen grundsätzlich erst wirksam erklärt werden, nachdem der Schadensersatzanspruch entstanden ist, d.h. nach Fristablauf. Ein vor Fristablauf erklärtes Schadenser-

---

364 OLG Celle, Urt. v. 17.05.2005 – 16 U 232/04, RÜ 2005, 342.

365 Palandt/Grüneberg § 281 Rn. 49; Althammer ZGS 2005, 375.

366 BGH, Urt. v. 20.01.2006 – V ZR 124/05, RÜ 2006, 179.

367 BT-Drs. 14/6040 S. 140.

368 Looschelders Rn. 597.

369 BT-Drs. 14/6040 S. 141.

370 MünchKomm/Ernst § 281 Rn. 100.

satzverlangen soll jedoch dann wirksam sein, wenn der Schuldner während der Frist **keine Erfüllungsanstrengungen** unternimmt.[371]

3. Erlöschen des Gegenanspruchs

211 Aufgrund seiner systematischen Stellung kann § 281 keine Regelung über den Gegenleistungsanspruch bei gegenseitigen Verträgen enthalten. Ansprüche, die nach Fristsetzung nicht erfüllt werden und für die Schadensersatz statt der Leistung gemäß §§ 280 Abs. 1 u. 3, 281 gefordert wird, werden aber häufig – wenn nicht regelmäßig – Ansprüche aus einem gegenseitigen Vertrag sein. Dann wird die Frage virulent, ob mit dem Erlöschen des Anspruchs auf die Leistung gemäß § 281 Abs. 4 auch der **Anspruch des Schuldners auf die Gegenleistung** erlischt.

■ Teilweise wird vertreten, dass der Anspruch auf die Gegenleistung nicht gleichzeitig mit dem Erlöschen des Erfüllungsanspruchs gemäß § 281 Abs. 4 erlischt.[372] § 281 enthalte entsprechend der systematischen Stellung und dem Wortlaut keinerlei Rechtsfolge hinsichtlich der Gegenleistungspflicht. Diese erlösche **nur aufgrund eines Rücktritts** und immer nur mit den Folgen der §§ 346 ff. Die Folgen einer Vertragsaufhebung seien einheitlich nach Rücktrittsregeln abzuwickeln.

■ Nach der h.M. erlischt bei einem gegenseitigen Vertrag mit dem Erlöschen des Leistungsanspruchs des Gläubigers gemäß § 281 Abs. 4 auch der Anspruch des Schuldners auf die Gegenleistung.[373] Dies ergebe sich aus der **Verbindung von Leistung und Gegenleistung**. Wenn schon gemäß § 281 Abs. 4 der Anspruch des (leistungstreuen) Gläubigers erlösche, müsse **erst recht** der Gegenleistungsanspruch des Schuldners erlöschen, der die Leistungsstörung zu vertreten hat.

Für die h.M. spricht, dass der Gesetzgeber Vorschläge abgelehnt hat, nach denen die Geltendmachung eines Anspruchs auf Schadensersatz wegen Nichtausführung eines Vertrags von einem Rücktritt abhängig war.[374] Auch um **Auslegungsschwierigkeiten** zu **vermeiden**, ob der Schuldner mit dem Verlangen auf Schadensersatz statt der Leistung konkludent auch den Rücktritt erklärt, sollte bei einem gegenseitigen Vertrag der Gegenleistungsanspruch entsprechend § 281 Abs. 4 („erst recht") erlöschen.

4. Schadensersatz statt der Leistung

212 Ausgangspunkt für die Schadensberechnung ist die **Differenzhypothese**. Es ist ein Vermögensvergleich zwischen der tatsächlichen aktuellen Vermögenslage und der hypothetischen Vermögenslage mit einer Leistung des Schuldners herzustellen.

---

371 BeckOK BGB/Unberath § 281 Rn. 51.

372 MünchKomm/Ernst § 325 Rn. 7.

373 Palandt/Grüneberg § 281 Rn. 52; BeckOK BGB/Unberath § 281 Rn. 52; Arnold ZGS 2003, 427.

374 BT-Drs. 14/6040 S. 188 linke Spalte.

a) Umfang und Inhalt des Schadensersatzanspruchs

In den drei Absätzen des § 280 werden drei Schadensarten unterscheiden:

213

- der allgemeine (einfache) Schadensersatz gemäß § 280 Abs. 1,

- Schadensersatz wegen Verzögerung der Leistung (§ 280 Abs. 2) und

- Schadensersatz statt der Leistung (§ 280 Abs. 3).

Da Schadensersatz wegen Verzögerung der Leistung und Schadensersatz statt der Leistung nur unter „zusätzlichen" Voraussetzungen verlangt werden kann, können mit dem allgemeinen **Anspruch aus § 280 Abs. 1** nur Schäden ersetzt werden, die keine Verzögerungsschäden sind und nicht als Schäden statt der Leistung zu bewerten sind.

Einfache, gemäß § 280 Abs. 1 ersatzfähige Schäden sind solche, die nicht Verzögerungsschäden oder Schadensersatz statt der Leistung sind.

Mit einem Anspruch wegen **Verzögerung der Leistung** aus **§§ 280 Abs. 2, 286** kann kein Schadensersatz statt der Leistung verlangt werden, weil dieser gemäß § 280 Abs. 3 andere, weitergehende Voraussetzungen hat. Auch „einfache" gemäß § 280 Abs. 1 ersatzfähige Schäden werden nicht gemäß §§ 280 Abs. 2, 286 ersetzt. Der Anspruch beschränkt sich auf den Ersatz des Verzögerungsschadens.

Verzögerungsschäden i.S.d. §§ 280 Abs. 2, 286 sind die Schäden, die durch die Leistungsverzögerung entstanden sind und nicht Schadensersatz statt der Leistung darstellen.

Welche **Schäden zum Schadensersatz statt der Leistung** i.S.d. **§ 280 Abs. 3** gehören, ist umstritten.

- Teilweise wird die Ansicht vertreten, zum Schadensersatz statt der Leistung gehörten **nur** die Schäden, die **allein** auf das endgültige Ausbleiben der Leistung zurückzuführen sind.[375] Im Fall des § 281 steht das endgültige Ausbleiben der Leistung erst fest, wenn der Gläubiger Schadensersatz statt der Leistung verlangt (§ 281 Abs. 4) oder den Rücktritt gemäß § 323 erklärt. Alle vor diesem **Zeitpunkt** entstandenen Schäden sind danach Gegenstand eines Schadensersatzanspruchs neben der Leistung. Danach ist die Abgrenzung **rein zeitlich** vorzunehmen.

- Die **h.M.** vertritt eine **inhaltliche Abgrenzung** der Schadensarten. Zum Schadensersatz statt der Leistung gehören danach die Schäden, die an die Stelle der Leistung treten und die **Leistung damit funktional ersetzen.**[376] Ersetzt werde das **Erfüllungsinteresse**, das bei gegenseitigen Verträgen auch als Äquivalenzinteresse bezeichnet wird. Bei der Prüfung, ob das Erfüllungsinteresse verletzt ist, wird darauf abgestellt, **ob eine Nacherfüllung den eingetretenen Schaden beseitigt hätte.** Die Testfrage laute: Würde der geltend gemachte Schaden entfallen, wenn die Leistung jetzt oder im letztmöglichen Zeitpunkt noch erbracht wird oder worden wäre?[377] Bei dem Schadensersatzanspruch aus §§ 280 Abs. 1 u. 3, 281 sei der letzt-

375 Lorenz, Festschrift für Leenen, S. 147 ff.; Faust, Festschrift für Huber, S. 239, 254.
376 BGH, Urt. v. 03.07.2013 – VIII ZR 169/12, RÜ 2013, 613; NK-BGB/Dauner-Lieb § 280 Rn. 65.
377 BeckOK BGB/Unberath § 281 Rn. 33; Palandt/Grüneberg § 280 Rn. 18.

mögliche Zeitpunkt der Fristablauf, da danach der Schuldner die Leistung nicht mehr gegen den Willen des Gläubigers erbringen könne.[378]

214   Insbesondere nach der Rechtsprechung ist der Gläubiger mit einem Schadensersatzanspruch statt der Leistung **so zu stellen, wie er stünde, wenn der Vertrag ordnungsgemäß erfüllt worden wäre**. Ordnungsgemäß sei eine Leistung, die rechtzeitig, d.h. **bei Fälligkeit und mangelfrei** erfolge. Bei der Schadensberechnung wird ein Vergleich gezogen zwischen der Vermögenslage, die eingetreten wäre, wenn der Schuldner ordnungsgemäß erfüllt hätte und der durch die Nichterfüllung tatsächlich entstandenen Vermögenslage.[379] Dabei sei ein **Gesamtvermögensvergleich** geboten, bei dem die gesamte Vermögenssituation des Gläubigers zu berücksichtigen sei.[380] Der Schadensersatzanspruch statt der Leistung sei nicht auf das Erfüllungsinteresse beschränkt, sondern umfasse auch sonstige Schäden. Auch Verzögerungsschäden könnten als Rechnungsposten in den Schadensersatz statt der Leistung mit einbezogen werden. Wenn der Gläubiger so zu stellen ist wie bei einer rechtzeitigen Erfüllung, sind **zeitlich** alle Schäden ersatzfähig, die **ab Fälligkeit** eintreten.

215   Nach der h.L. können mit einem Schadensersatzanspruch statt der Leistung grundsätzlich nur Schadenspositionen ersetzt werden, die an die Stelle der Leistung treten. Zu ersetzen ist **das ursprüngliche Erfüllungsinteresse** – bei gegenseitigen Verträgen das Äquivalenzinteresse.[381] Verzögerungsschäden seien gemäß §§ 280 Abs. 2, 286 zu ersetzen. Verletzungen des Integritätsinteresses seien mit einem getrennt zu prüfenden Anspruch aus § 280 Abs. 1 ersatzfähig.

Gegen eine Gesamtabrechnung spricht, dass bei einer konsequenten Anwendung Ersatz von Schäden beansprucht werden könnte, deren Ersatz nicht gerechtfertigt ist. Wenn der Gläubiger mit dem Ersatzanspruch aus § 281 uneingeschränkt so zu stellen wäre, wie er bei ordnungsgemäßer (rechtzeitiger) Erfüllung stünde, müssten auch Verzögerungsschäden ersetzt werden, die vor Verzugseintritt eintreten (beispielsweise Rechtsanwaltskosten für die verzugsbegründende Mahnung). Bei einer Gesamtabrechnung besteht weiterhin die Gefahr, dass der Schuldner für Folgeschäden haftet, für die er gemäß § 280 Abs. 1 nicht haften würde, weil er sich gemäß § 280 Abs. 1 S. 2 entlasten kann; beispielsweise für die Schäden aufgrund des Mangels, den der Verkäufer nicht zu vertreten hat.

Da gewährleistet sein muss, dass Verzögerungsschäden nur unter den Voraussetzungen des § 286 und Folgeschäden nur unter den Voraussetzungen des § 280 Abs. 1 ersetzt werden, ist eine Trennung der Anspruchsgrundlagen und der mit diesen jeweils zu ersetzenden Schäden vorzuziehen.

216   Die vorstehenden Ansichten kommen insbesondere bei einem **Deckungskauf** vor Geltendmachung des Schadensersatzanspruchs zu einem unterschiedlichen Ergebnis.

---

378   Vgl. Looschelders Rn. 530.

379   BGH, Urt. v. 28.11.2007– VIII ZR 16/07, RÜ 2008, 141; BGH, Urt. v. 11.02.2009 – VIII ZR 328/07, RÜ 2009, 280.

380   BGH NJW 1999, 3625.

381   Am konsequentesten: NK-BGB/Dauner-Lieb § 280 Rn. 76; BeckOK/Unberath § 281 Rn. 3.

Fall 11: Teureres TV

V verkaufte K am 15.01. ein TV-Gerät für 1.550 €. Die Zahlung sollte nach der am 20.01. vorgesehenen Lieferung erfolgen. Als V am 04.02. noch nicht geliefert hatte, setzte K dem V eine Frist zur Lieferung bis zum 11.02. Diese Frist verstrich erfolglos. Am 13.02. kaufte K das gleiche Modell bei D für 1.750 €. Am 15.02. verlangt K von V Schadensersatz in Höhe der Mehrkosten von 200 €. Die Lieferung eines weiteren Fernsehers durch V lehnt K ab, da er nur ein Gerät braucht.

Abwandlung: K kauft den Fernseher schon am 09.02. und damit vor Fristablauf bei D. Kann K nach erfolglosem Fristablauf die Mehrkosten von V verlangen?

I. K könnte gegen V einen Anspruch auf Schadensersatz i.H.v. 200 € aus §§ 280 Abs. 1 u. 3, 281 haben.

Die Voraussetzungen dieses Anspruchs sind gegeben. K hatte gegen V einen fälligen und durchsetzbaren Anspruch auf Lieferung eines Fernsehers. K konnte sich nicht auf die Einrede aus § 320 berufen. Da die Zahlung erst nach Lieferung erfolgen sollte, war er vorleistungspflichtig, § 320 Abs. 1 S. 1. Die dem V gesetzte Frist zur Lieferung ist erfolglos verstrichen. K kann gemäß §§ 280 Abs. 1 u. 3, 281 Schadensersatz statt der Leistung verlangen.

1. Der Schadensersatzanspruch ist grundsätzlich **konkret** zu berechnen. Der Schaden entspricht dann den im Einzelfall tatsächlich erlittenen Vermögenseinbußen. **217**

a) Nach einer in der Literatur vertretenen Ansicht beschränkt sich der Schadensersatzanspruch statt der Leistung auf den Ersatz der Schäden, die durch das endgültige Ausbleiben der Leistung entstehen würden. Bei einem Anspruch aus §§ 280 Abs. 1 u. 3, 281 stünde das endgültige Ausbleiben erst fest, wenn der Gläubiger gemäß § 281 Abs. 4 Schadensersatz statt der Leistung verlange. Alle vor diesem Zeitpunkt eingetretenen Schäden gehörten nicht zum Schadensersatz statt der Leistung.[382] Insbesondere die Kosten eines Deckungskaufes vor dem Schadensersatzverlangen unterfielen nicht dem Schadensersatz statt der Leistung, sondern stellten einen Verzögerungsschaden dar. Dieser sei gemäß §§ 280 Abs. 2, 286 ersatzfähig, wenn der Gläubiger sich durch die Pflichtverletzung des Schuldners in legitimer Weise herausgefordert sehen durfte. Die Herausforderung und damit die schadensrechtliche Zurechenbarkeit sei zu bejahen, wenn im Zeitpunkt der Vornahme des Rechtsgeschäfts die Nachfrist bereits abgelaufen war und damit die Voraussetzungen eines Schadensersatzanspruchs statt der Leistung vorlagen.[383] **218**

V hat den Fernseher am 13.02. gekauft, bevor er am 15.02. Schadensersatz verlangt hat. Die von V geltend gemachten Mehrkosten des Deckungskaufs unterfallen nach dieser Ansicht nicht dem Schadensersatz statt der Leistung.

---

382 Lorenz, Festschrift für Leenen, S. 147 ff.; Faust, Festschrift für Huber, S. 239, 254.

383 Lorenz, Festschrift für Leenen, S. 147, 158 f.

219   b) Überwiegend wird angenommen, dass mit dem Schadensersatzanspruch statt der Leistung die Schäden zu ersetzen sind, die funktional an die Stelle der Leistung treten. Zu fragen ist, ob eine Nacherfüllung den Schaden verhindert hätte.[384]

Hätte V den Fernseher geliefert, hätte K kein Ersatzgerät kaufen müssen. Die Nacherfüllung durch V hätte den eingetretenen Schaden verhindert. Die Kosten des Deckungskaufs stellen einen Schaden dar, der an die Stelle der Leistung tritt und gemäß §§ 280 Abs. 1 u. 3, 281 zu ersetzen ist.

220   c) Stellungnahme: Wenn mit einem Schadensersatzanspruch statt der Leistung nur die Schäden ersatzfähig wären, die zeitlich nach dem endgültigen Ausbleiben der Leistung entstehen, müsste der Gläubiger bei einem Anspruch aus §§ 280 Abs. 1 u. 3, 281 gemäß § 281 Abs. 4 Schadensersatz statt der Leistung verlangen, bevor der Schaden eintritt. Das ist ihm oft nicht möglich oder nicht zumutbar.

Gegen eine rein zeitliche Abgrenzung des Schadensersatzanspruchs statt der Leistung spricht auch die Konstruktion, dass es sich bei einem Deckungskauf vor Schadensersatzverlangen um einen Verzögerungsschaden i.S.d. §§ 280 Abs. 2, 286 handeln soll, der nur unter den Voraussetzungen eines Schadensersatzanspruchs statt der Leistung schadensrechtlich zurechenbar sein soll. Wenn sowieso das Vorliegen der Voraussetzungen eines Schadensersatzanspruchs statt der Leistung erforderlich ist, ist es konsequenter, die Mehrkosten des Deckungskaufs als Schadensersatz statt der Leistung zu bewerten.

Allgemein lässt sich mit einer rein zeitlichen Abgrenzung kaum bestimmen, welche Schäden nicht gemäß § 280 Abs. 1 und nicht gemäß §§ 280 Abs. 2, 286 ersatzfähig sind. Wenn nämlich keine Frist gesetzt wird und die Fristsetzung auch nicht entbehrlich ist, tritt der für die zeitliche Abgrenzung erforderliche Zeitpunkt nicht ein. Dann müssten alle Schäden mit den Schadensersatzansprüchen neben der Leistung ersatzfähig sein.

Auch der Gesetzgeber ging davon aus, dass der Anspruch auf Schadensersatz statt der Leistung an die Stelle der primär geschuldeten Leistung tritt.[385] Der Ersatz des Erfüllungsinteresses sollte an die strengen Voraussetzungen eines Schadensersatzspruchs statt der Leistung gekoppelt sein.

Der Deckungskauf tritt an die Stelle der Leistung. Seine Mehrkosten betreffen das Leistungsinteresse und sind als Schadensersatz statt der Leistung einzuordnen.

K kann mit dem Anspruch aus §§ 280 Abs. 1 u. 3, 281 Ersatz der Mehrkosten in Höhe von 200 € verlangen.

221   2. Kaufleute und Gewerbetreibende haben bei einem Deckungskauf die Möglichkeit, ihren Schaden wahlweise abstrakt zu berechnen. Die **abstrakte Schadens-**

---

384   BGH, Urt. v. 03.07.2013 – VIII ZR 169/12, RÜ 2013, 613; Palandt/Grüneberg § 280 Rn. 18; Looschelders Rn. 531.
385   BT Drs. 14/6040 S. 136 f.

berechnung ist eine Beweiserleichterung, die auf der Vermutung beruht, dass der Gläubiger jederzeit imstande gewesen wäre, das ihm entgangene Geschäft mit dieser oder einer anderen Ware zu Marktpreisen zu tätigen.[386] K ist jedoch kein Gewerbetreibender. Eine abstrakte Schadensberechnung scheidet aus.

II. K könnte ein Anspruch aus **§§ 280 Abs. 1 u. 2, 286** zustehen. **222**

1. V müsste sich im Verzug befunden haben. K hatte gegen V einen fälligen und durchsetzbaren Anspruch auf Lieferung. Eine Mahnung war gemäß § 286 Abs. 2 Nr. 1 entbehrlich, da als Liefertermin der 20.01. vereinbart war. V hat sich nicht gemäß § 286 Abs. 4 entlastet und ist mit der Nichtleistung am 20.01. in Verzug geraten.

2. Gemäß §§ 280 Abs. 1 u. 2, 286 kann K Ersatz des Verzögerungsschadens verlangen. Dieser unterscheidet sich von dem statt der Leistung eingetretenen Schaden dadurch, dass er neben der Leistung geltend gemacht werden kann. Ein Deckungskauf ersetzt die Leistung als solche. Die Kosten eines Deckungskaufs können daher nur durch einen Schadensersatzanspruch statt der Leistung ersetzt werden.[387]

K kann die Mehrkosten des Deckungskaufs nicht als Verzögerungsschaden gemäß §§ 280 Abs. 1 u. 2, 286 ersetzt verlangen.

Abwandlung:

I. Ein Anspruch des K gegen V auf Ersatz der Mehrkosten des Deckungskaufs kann sich   **223** aus **§§ 280 Abs. 1 u. 3, 281** ergeben.

1. Wie im Ausgangsfall sind die Voraussetzungen des Anspruchs zu bejahen.

2. Die Mehrkosten eines vor Fristablauf getätigten Deckungskaufs müssten mit dem Schadensersatzanspruch aus §§ 280 Abs. 1 u. 3, 281 ersatzfähig sein.

a) Wenn man die – schon im Ausgangsfall abgelehnte – Ansicht vertritt, dass mit einem Schadensersatzanspruch statt der Leistung nur Schäden ersetzt werden, die zeitlich nach dem endgültigen Ausbleiben der Leistung entstanden sind, sind die Kosten eines Deckungskaufs vor Fristablauf nicht mit dem Anspruch aus §§ 280 Abs. 1 u. 3, 281 zu ersetzen.

Auch ein Anspruch aus §§ 280 Abs. 1 u. 2, 286 besteht nach dieser Ansicht nicht. Die Mehrkosten werden zwar als Verzögerungsschaden angesehen, dieser sei aber schadensrechtlich nicht zurechenbar, weil der Deckungskauf getätigt wurde, bevor mit dem Fristablauf die Voraussetzungen eines Schadensersatzanspruchs statt der Leistung vorlagen.

b) Die Mehrkosten eines Deckungskaufs gehören zum Schadensersatz statt der   **224** Leistung, da der **Deckungskauf funktional die Leistung ersetzt** und damit

---

386 BGH, Urt. v. 19.10.2005 – VIII ZR 293/03 Rn. 9; Palandt/Grüneberg § 281 Rn. 30.
387 BGH, Urt. v. 03.07.2013 – VIII ZR 169/12; RÜ 2013, 613; Looschelders Rn. 531.

an die Stelle der Leistung tritt. Ob die Mehrkosten ersatzfähig sind, wenn der Deckungskauf vor Fristablauf getätigt wird, ist umstritten.

aa) Nach der überwiegend vertretenen Ansicht ist der Gläubiger mit einem Schadensersatzanspruch statt der Leistung so zu stellen, wie er stünde, wenn ordnungsgemäß erfüllt worden wäre. Ordnungsgemäß wäre eine Leistung bei Fälligkeit gewesen. Eine **Leistung bei Fälligkeit hätte einen Deckungskauf nicht erforderlich gemacht**. Danach sind die Mehrkosten eines vor Fristablauf getätigten Deckungskaufs ersatzfähig, denn sie wären bei einer Leistung zum Zeitpunkt der Fälligkeit nicht angefallen. Bei einem Deckungskauf vor Fälligkeit sei der Gläubiger bis zum Ablauf der Nachfrist der Gefahr ausgesetzt, dass er die Leistung doppelt erhält, wenn der Schuldner seine Leistungspflicht noch erfüllt. Bleibe die Leistung aber bis zum Ablauf der Nachfrist aus, bestehe kein Anlass, dem Gläubiger den Schadensersatz allein deswegen zu verwehren, weil er mit der Vornahme des Deckungsgeschäfts nicht bis zum Ablauf der Nachfrist gewartet habe.[388]

Danach kann K die Mehrkosten ersetzt verlangen, obwohl er den Deckungskauf vor Fristablauf vorgenommen hat.

bb) Nach der Gegenansicht sind die Mehrkosten eines Deckungskaufs nur ersatzfähig, wenn das Deckungsgeschäft zu einem Zeitpunkt getätigt wurde, in dem der Gläubiger berechtigt war, Schadensersatz statt der Leistung zu verlangen, d.h. nach Fristablauf oder nach dem Ereignis, das die Fristsetzung entbehrlich gemacht hat.[389]

Folgt man dieser Ansicht, kann K die Mehrkosten des Deckungskaufs nicht ersetzt verlangen.

cc) Stellungnahme: Bei einer Nichtleistung i.S.d. § 281 verletzt der Schuldner seine vertragliche Leistungspflicht nicht erst bei Fristablauf, sondern bereits dann, wenn er die Leistung bei Fälligkeit nicht erbringt. Mit dem Schadensersatzanspruch sind die durch die Pflichtverletzung kausal und zurechenbar eingetretenen Schäden zu ersetzen. Da die Pflichtverletzung mit der Nichtleistung bei Fälligkeit beginnt, sind mit dem Anspruch aus § 281 alle Verletzungen des Erfüllungsinteresses zu ersetzen, die nach dem Zeitpunkt der Fälligkeit eintreten.

K hat einen Anspruch gegen V auf Ersatz der Mehrkosten des Deckungskaufs aus §§ 280 Abs. 1 u. 3, 281.

---

225 Auch **entgangenen Gewinn** kann der Gläubiger regelmäßig erst dann geltend machen, wenn der Schaden eingetreten ist. Er würde nach der Ansicht, die nur Schäden

---

388 BeckOK/Unberath § 281 Rn. 39; Palandt/Grüneberg § 281 Rn. 26; Staudinger/Schwarze Rn. B 140.

389 MünchKomm/Ernst § 281 Rn. 78.

nach dem Zeitpunkt des § 281 Abs. 4 für ersatzfähig ansieht, vor seiner Geltendma-chung nicht ersetzt.

Fall 12: Briefloser Bentley

V verkauft K im Januar einen Bentley für 45.000 €. Am 07.02. zahlt K den Kaufpreis. V übereignet das Auto. Da er aber den Fahrzeugbrief nicht findet, verbleibt dieser bei ihm. K will das Auto an D verkaufen, der ihm ein bis zum 15.03. befristetes Angebot über 59.000 € unterbreitet hat. Am 03.03. fordert K den V auf, bis zum 10.03. den Fahr-zeugbrief herauszugeben. Die Frist läuft erfolglos ab. Der Verkauf an D scheitert, weil dieser nicht bereit ist, die Angebotsfrist zu verlängern. K verlangt am 02.04. von V Zah-lung von 59.000 € Zug um Zug gegen Rückgabe des Autos.

I. K könnte gegen V einen Anspruch aus **§§ 280 Abs. 1 u. 3, 281** auf Zahlung von 59.000 € Zug um Zug gegen Rückgabe des gekauften Fahrzeugs haben.

    226

1. Die Voraussetzungen eines Schadensersatzanspruchs aus §§ 280 Abs. 1 u. 3, 281 liegen vor. K hatte gegen V einen fälligen und durchsetzbaren Anspruch auf He-rausgabe des Fahrzeugbriefs analog § 952. Die am 03.03. bis zum 10.03. gesetzte Frist ist erfolglos abgelaufen.

2. K kann Schadensersatz statt der Leistung verlangen.

    a) Es wird die Ansicht vertreten, mit dem Schadensersatzanspruch statt der Leis-tung seien nur die Schäden zu ersetzen, die durch das endgültige Ausbleiben der Leistung entstehen. Das endgültige Ausbleiben der Leistung steht erst mit dem Schadensersatzverlangen gemäß § 281 Abs. 4 fest. Da der Weiterverkauf mit Ablauf der Frist für das Angebot am 15.03. gescheitert ist, bevor K Schadens-ersatz verlangt hat, ist nach dieser Ansicht der entgangene Gewinn nicht mit ei-nem Anspruch auf Schadensersatz statt der Leistung aus §§ 280 Abs. 1 u. 3, 281 zu ersetzen.

    b) Nach der ganz überwiegend vertretenen Ansicht ist mit dem Schadensersatz-anspruch statt der Leistung das Erfüllungsinteresse zu ersetzen. Zu ersetzen sind mithin die Schäden, die an die Stelle der Leistung treten und die bei einer Nacherfüllung nicht eingetreten wären.

    Bei einer Nacherfüllung vor Fristablauf hätte K das Fahrzeug an D weiterverkau-fen können. Der in dem entgangenen Gewinn liegende Schaden wäre nicht ein-getreten. Der Verkauf an D ist endgültig gescheitert. Verliert der Gläubiger end-gültig die Möglichkeit, den Leistungsgegenstand zu verwerten, ist dies ein Schaden, der mit dem Schadensersatzanspruch statt der Leistung zu ersetzen ist.[390] Bei dem entgangenen Gewinn aus der fehlgeschlagenen Weiterveräuße-rung handelt es sich nach h.M. um eine Schadensposition, die mit dem Scha-densersatz statt der Leistung zu ersetzen ist.[391]

---

390 Grigoleit/Riehm AcP 203, 727, 741.

391 BeckOK/Unberath § 281 Rn. 39; Palandt/Grüneberg § 281 Rn. 26.

c) Stellungnahme: Dem Gläubiger ist nicht zumutbar, einen entgangenen Gewinn als Schadensersatz statt der Leistung geltend zu machen, bevor feststeht, dass die Weiterveräußerung gescheitert ist. Er würde ja selbst das Scheitern der Weiterveräußerung herbeiführen, der er gemäß § 281 Abs. 4 den Erfüllungsanspruch verliert. Eine rein zeitliche Abgrenzung des Schadensersatzanspruchs statt der Leistung von den Schadensersatzansprüchen neben der Leistung ist daher abzulehnen. Mit der h.M. ist mit dem Anspruch auf Schadensersatz statt der Leistung das Erfüllungsinteresse zu ersetzen.

d) Umstritten ist, ob auch Schäden ersatzfähig sind, die vor Fristablauf eingetreten sind. Dieser Streit spielt hier keine Rolle, da die Weiterveräußerung erst nach Fristablauf gescheitert ist.

K hat gegen V einen Anspruch aus §§ 280 Abs. 1 u. 3, 281 auf den entgangenen Gewinn in Höhe von 59.000 €.

II. Ein Anspruch aus §§ 280 Abs. 1 u. 2, 286 besteht nach h.M. nicht, da der entgangene Gewinn aus einer Weiterveräußerung kein Verzögerungsschaden ist, sondern nur mit einem Schadensersatzanspruch statt der Leistung verlangt werden kann.

---

b) Besonderheiten bei gegenseitigen Verträgen

227   Ähnlich wie bei der Unmöglichkeit (vgl. oben Rn 170) kann sich die Frage stellen, ob der Schaden nach der **Surrogationstheorie** oder der **Differenztheorie** zu ersetzen ist.

Der Unterschied spielt keine Rolle, wenn die vom Gläubiger zu erbringende Gegenleistung eine Geldleistung ist. Häufiger als bei der Unmöglichkeit kann es sich aber um eine Sachleistung handeln, insbesondere dann, wenn der Gläubiger dem Schuldner wegen eines Zahlungsanspruchs eine Frist gesetzt hat. Bei der Schadensberechnung ist danach zu unterscheiden, ob der Gläubiger die von ihm geschuldete Leistung schon erbracht hat oder nicht.

228   Hat der Gläubiger seine **Gegenleistung noch nicht erbracht**, ergibt sich Folgendes:

- Nach der Differenztheorie kann der Gläubiger die Wertdifferenz der gegenseitigen Ansprüche (zuzüglich eventueller weiterer Schäden) beanspruchen.

- Nach der Surrogationstheorie kann der Gläubiger seine Leistung noch erbringen und den vollständigen Wert der Gegenleistung verlangen.

Beispiel: G verkauft S ein Motorrad. Die Übereignung soll nach Kaufpreiszahlung erfolgen. Als S nicht zahlt, setzt G ihm eine Frist, die erfolglos abläuft.

I. G kann Schadensersatz gemäß §§ 280 Abs. 1 u. 3, 281 verlangen und den Schaden nach der Differenztheorie berechnen. Er kann danach die Differenz zwischen dem Wert des Motorrads und dem Kaufpreis ersetzt verlangen.

II. Fraglich ist, ob G auch nach der Surrogationstheorie den Schaden berechnen kann.

1. In der Literatur wird teilweise angenommen, der Gläubiger habe die freie Wahl, nach welcher Theorie er den Schaden berechne.[392] Danach hat G die Möglichkeit, seine Leistung zu erbringen (d.h. das Mo-

---

392   Jauernig/Stadler § 281 Rn. 18.

torrad dem S zu übertragen) und den Wert der Gegenleistung (faktisch den Kaufpreis) zu verlangen.

2. Der BGH hat zu § 326 a.F. die Auffassung vertreten, dass nach dem Erlöschen der beiderseitigen Erfüllungsansprüche gemäß § 326 Abs. 1 a.F. der Gläubiger das untergegangene Austauschverhältnis nicht dadurch wiederherstellen kann, dass er seine Vertragsleistung dem Schuldner anbietet.[393] Überträgt man diese Rechtsprechung auf die Berechnung eines Schadensersatzanspruchs aus §§ 280 Abs. 1 u. 3, 281, ist nach dem Erlöschen der beiderseitigen Erfüllungsansprüche gemäß § 281 Abs. 4 eine Schadensberechnung nach der Surrogationstheorie ausgeschlossen.

3. Vor dem Erlöschen der Erfüllungsansprüche gemäß § 281 Abs. 4 kann der Gläubiger die von ihm geschuldete Gegenleistung aber erbringen. Auch nach der (zumindest früher) vom BGH vertretenen Ansicht kann der Gläubiger das mit der Surrogationsmethode erreichbare Ergebnis dadurch erzielen, dass er zunächst seine Leistung erbringt und dann erst Schadensersatz statt der Leistung verlangt.[394]

Hat der Gläubiger seine **Leistung bereits erbracht**, hat er folgende Rechte: **229**

- Der Gläubiger kann gemäß § 323 zurücktreten und die erbrachte Leistung zurückverlangen. Da gemäß § 325 der Rücktritt den Schadensersatzanspruch nicht ausschließt, kann der Gläubiger darüber hinaus seinen Schaden nach der Differenzmethode berechnen.[395]

- Der Gläubiger kann aber auch die Gegenleistung beim Schuldner belassen und nach der Surrogationstheorie den vollständigen Wert der Leistung beanspruchen.

Beispiel: G verkauft S sein Motorrad und überträgt es ihm. S zahlt den Kaufpreis nicht. G setzt ihm eine Frist und fragt nach deren erfolglosem Ablauf nach seinen Rechten.

I. G kann gemäß § 323 Abs. 1 zurücktreten und dann gemäß § 346 das Motorrad herausverlangen. Soweit ihm außer dem Verlust des Motorrads ein Schaden entstanden ist, kann er ihn gemäß §§ 280 Abs. 1 u. 3, 281 ersetzt verlangen und nach der Differenzmethode berechnen.

II. G kann auf eine Rücktrittserklärung verzichten, gemäß §§ 280 Abs. 1 u. 3, 281 Schadensersatz verlangen und nach der Surrogationsmethode berechnen. Der Schaden entspricht dann dem Wert der Leistung, die G verlangen konnte, d.h. dem Kaufpreis.

c) Teilleistungen und Schlechtleistungen

Hat der Schuldner eine **Teilleistung** bewirkt, kann der Gläubiger gemäß **§ 281 Abs. 1**   **230** **S. 2** Schadensersatz statt der ganzen Leistung nur verlangen, wenn er an der Teilleistung **kein Interesse** hat. Dazu muss der Gläubiger mit der Teilleistung objektiv nichts anfangen können.

Beispiel: E gibt dem L von dem geliehenen Paar Skihandschuhen lediglich einen Handschuh zurück.[396]

Liegt ein solcher Fall des § 281 Abs. 1 S. 2 vor, kann der Gläubiger also den sog. **großen Schadensersatz** (statt der **ganzen** Leistung) verlangen, muss aber die bereits erhaltene Teilleistung zurückgeben. Besteht dagegen kein Wegfall des Interesses i.S.d. § 281 Abs. 1 S. 2, kann der Gläubiger nur in Bezug auf die teilweise nicht erbrachte Leistung Schadensersatz statt der Leistung verlangen (sog. kleiner Schadensersatzanspruch).[397]

Ist die Leistung „nicht wie geschuldet" bewirkt, liegt also eine **Schlechtleistung** vor, kann gemäß **§ 281 Abs. 1 S. 3** Schadensersatz statt der ganzen Leistung (großer Scha-

---

393 BGH NJW 1994, 3351; 1999, 3115.

394 BeckOK BGB/Unberath § 281 Rn. 35; Palandt/Grüneberg § 281 Rn. 21.

395 Palandt/Grüneberg § 281 Rn. 21; BeckOK BGB/Unberath § 281 Rn. 35.

396 Brox/Walker § 23 Rn. 52.

397 Jauernig/Stadler § 281 Rn. 22.

densersatzanspruch) nicht verlangt werden, wenn die **Pflichtverletzung unerheblich** ist. Der wichtigste Fall der Schlechtleistung ist die mangelhafte Leistung im Kauf- oder Werkvertragsrecht.

Ob die Pflichtverletzung unerheblich ist, ist anhand einer **umfassenden Interessenabwägung** auf der Grundlage der **Umstände des Einzelfalles** zu prüfen, für die in erster Linie auf den Parteiwillen abzustellen ist. Regelmäßig indiziert der Verstoß gegen eine Beschaffenheitsvereinbarung die Erheblichkeit der Pflichtverletzung.[398] Ferner sind im Rahmen der Interessenabwägung insbesondere der für die Mängelbeseitigung erforderliche Aufwand und bei einem nicht behebbaren Mangel die von ihm ausgehenden funktionellen und ästhetischen Beeinträchtigungen zu berücksichtigen.[399] Bei einem behebbaren Mangel ist von einer Geringfügigkeit des Mangels und damit von einer Unerheblichkeit der Pflichtverletzung in der Regel nicht mehr auszugehen, wenn der **Mangelbeseitigungsaufwand** einen Betrag von **fünf Prozent des Kaufpreises übersteigt**.[400] Außerdem ist **Schwere des Verschuldens** zu berücksichtigen, sodass bei Arglist des Schuldners eine Unerheblichkeit der Pflichtverletzung grundsätzlich zu verneinen ist.[401]

Beispiele für erhebliche Pflichtverletzungen: Lieferung eines Kfz in einer anderen als der bestellten Farbe[402], das Fehlen des Benutzerhandbuchs bei der Lieferung von Hard- oder Software für einen Computer.[403]

Beispiele für unerhebliche Pflichtverletzungen: Kraftstoffverbrauch des Neufahrzeugs weicht von den Herstellerangaben um weniger als 10 % ab; Kellerwand des erworbenen Hauses ist nur etwas schief.[404]

Soweit die Pflichtverletzung nicht i.S.d. § 281 Abs. 1 S. 3 unerheblich ist, hat der Gläubiger grundsätzlich das **Wahlrecht** zwischen dem Schadensersatz statt der Nacherfüllung (kleiner Schadensersatz) oder dem Schadensersatz statt der ganzen Leistung (großer Schadensersatz).

Mit dem **großen Schadensersatzanspruch** verlangt der Käufer regelmäßig die Rückzahlung des Kaufpreises und den Ersatz weiterer Schäden gegen Rückgabe der Kaufsache.[405] Der Werkbesteller kann mit dem großen Schadensersatzanspruch das Werk zurückweisen, die Bezahlung verweigern bzw. eine bereits entrichtete Gegenleistung zurückfordern und Ersatz weiterer Schäden verlangen. Soweit der Gläubiger das von ihm Geleistete zurückfordert, richtet sich sein Anspruch gemäß **§ 281 Abs. 5** nach den §§ 346–348.

Behält der Käufer die Kaufsache, kann er als **kleinen Schadensersatz** die Wertdifferenz zwischen dem Wert der mangelhaften Sache und dem Wert der Sache in mangelfreiem Zustand verlangen.

---

398 BGH, Urt. v. 28.05.2014 – VIII ZR 94/13, RÜ 2014, 617; BeckOK BGB/Unberath § 281 Rn. 69.

399 Palandt/Grüneberg § 281 Rn. 48.

400 BGH, Urt. v. 28.05.2014 – VIII ZR 94/13, RÜ 2014, 617, 620 ff.

401 BGH, Urt. v. 24.03.2006 – V ZR 173/05, RÜ 2006, 349, 350 f., a.A. BeckOK BGB/Unberath § 281 Rn. 69.

402 BGH, Urt. v. 17.02.2010 – V ZR 173/05, RÜ 2010, 277.

403 BGH NJW 1993, 461, 462.

404 BeckOK BGB/Unberath § 281 Rn. 69.

405 Brox/Walker § 23 Rn. 53.

Nichtleistung nach Fristsetzung

Anspruch aus §§ 280 Abs. 1 u. 3, 281

- Schuldverhältnis

- Fälliger, durchsetzbarer Anspruch

- Leistung nicht oder nicht wie geschuldet erbracht

- Fristsetzung oder deren Entbehrlichkeit

§ 281 Abs. 2 Alt. 1: ernsthafte und endgültige Erfüllungsverweigerung

§ 281 Abs. 2 Alt. 2: besondere Umstände

- Erfolgloser Fristablauf

- Kein Anspruch bei Nichtvertretenmüssen, § 280 Abs. 1 S. 2

- Rechtsfolgen

  - Anspruch auf Schadensersatz statt der Leistung
    Nach h.M. ist der Schaden zu ersetzen, der durch endgültigen Wegfall der Leistungspflicht entstanden ist.

  - Bei Teilleistungen: Schadensersatz wegen der gesamten Leistung nur bei Interessewegfall (§ 281 Abs. 1 S. 2)

  - Bei Schlechtleistung: Kein Schadensersatz wegen der gesamten Leistung, wenn die Pflichtverletzung unerheblich ist

  - Erlöschen des Erfüllungsanspruchs gemäß § 281 Abs. 4

4. Abschnitt: Aufwendungsersatz gemäß § 284

231   Der Anspruch aus § 284 kann **anstelle** jedes Schadensersatzanspruchs **statt** der Leistung treten. Darüber hinaus verweist § 311 a Abs. 2 bezüglich des Umfangs des Aufwendungsersatzanspruchs auf § 284.

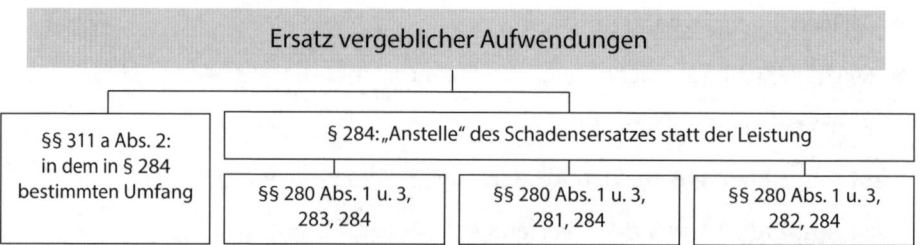

Hintergrund: Vor der Schuldrechtsreform konnte der Gläubiger den **Ersatz frustrierter Aufwendungen als Schadensersatz** dann verlangen, wenn sie bei ordnungsgemäßer Erfüllung rentabel gewesen wären. Für diese Rentabilität besteht eine widerlegbare Vermutung (**Rentabilitätsvermutung**). Der Schaden liegt dabei nicht in den Aufwendungen als solchen, sondern in dem Verlust der im Falle der Vertragserfüllung bestehenden Kompensationsmöglichkeit.[406]

Werden allerdings Aufwendungen zu ideellen Zwecken getätigt, besteht kein Schadensersatzanspruch, da nach § 253 Abs. 1 ein immaterieller Schaden grundsätzlich nicht ersetzt wird.

Beispiel:[407] Die V-GmbH vermietete im Jahr 2000 an den M-Verein eine Stadthalle für eine politische Veranstaltung. Die Werbung für die Veranstaltung kostete den Verein 28.000 DM. Am Tag vor dem Beginn verweigerte die V-GmbH die Vermietung, weil die politische Ausrichtung des M-Vereins ihr nicht zusagte.

Der M-Verein hat gegen die V-GmbH einen Schadensersatzanspruch aus § 325 a.F. Die Werbungskosten kann der Verein aber nicht ersetzt verlangen. Frustrierte Aufwendungen für einen ideellen Zweck können nicht rentabel sein.

Auch Aufwendungen für Konsumzwecke oder für (Kunst-)Gegenstände mit Liebhaberpreis sind in ihrer Rentabilität zumindest zweifelhaft.

Beispiel: K kauft von V ein Grundstück mit Einfamilienhaus. Vereitelt V die Erfüllung schuldhaft, kann K nach der bisherigen Rechtslage eventuelle Aufwendungen (wie z.B. zwecklos gewordene Darlehenszinsen) nur ersetzt verlangen, wenn sie rentabel gewesen wären. Rein wirtschaftlich kann es aber für K wesentlich günstiger sein, eine Wohnung oder ein Haus zu mieten, sodass Aufwendungen für einen Hauskauf nicht unbedingt rentabel sind.

Die Einschränkungen, die der Ersatz von frustrierten Aufwendungen wegen seiner Behandlung als Schadensersatz hatte, waren der Grund für die Schaffung eines eigenen Aufwendungsersatzanspruchs in § 284.[408]

---

406 BGH, Urt. v. 15.03.2000 – XII ZR 81/97, NJW 2000, 2342.

407 Nach BGHZ 99, 182.

408 BT-Drs. 14/6040 S. 142 ff.

§ 284: Voraussetzungen und Rechtsfolge
I.   Bestehen eines Schadensersatzanspruchs statt der Leistung
II. Vergebliche Aufwendungen, die der Gläubiger im Vertrauen auf den Erhalt der Leistung gemacht hat und billigerweise machen durfte
III. Kein Ausschluss nach § 284, letzter Hs.
IV. Rechtsfolge: Ersatz frustrierter Aufwendungen

A. Schadensersatz statt der Leistung

Es müssen die Voraussetzungen eines Schadensersatzanspruchs statt der Leistung (§§ 280 Abs. 1 u. 3, 281–283, 311a Abs. 2 vorliegen.   **232**

Hinweis: Bedeutung hat der Aufwendungsersatz gemäß § 284 vor allem bei den Gewährleistungsansprüchen des Kaufrechts. Er wird häufig neben einem Anspruch auf Rückgewähr der Kaufsache nach einem Rücktritt geltend gemacht.

B. Aufwendungen

Es muss sich um Aufwendungen, also um **freiwillige Vermögensopfer** handeln, die der Gläubiger im Vertrauen auf den Erhalt der Leistung gemacht hat und billigerweise machen durfte.

Beispiele: Vertragskosten, Maklerkosten, Einbaukosten, Abschluss von Versicherungen, Beauftragung von Transportunternehmen, Reise- und Übernachtungskosten für Konzertbesuch oder die Darlehensaufnahme zur Kaufpreisfinanzierung.[409]

Damit die Aufwendungen im Vertrauen auf den Erhalt der Leistung getätigt worden sind, müssen sie nach wirksamer Begründung des Schuldverhältnisses erfolgen oder durch den Vertragsschluss veranlasst sein, sodass die **Kosten der Vertragsverhandlungen nicht** gemäß § 284 **ersatzfähig** sind.[410]

Das Erfordernis der **Billigkeit**, welches eine besondere Ausprägung der Schadensminderungspflicht aus § 254 Abs. 2 S. 1 darstellt, ist nicht erfüllt, wenn der Gläubiger im Zeitpunkt der Veranlassung oder des Entstehens der Aufwendung mit der nicht ordnungsgemäßen Leistungserbringung rechnen musste.[411] Auch ein offensichtliches **Missverhältnis von Aufwendung und Wert der Leistung** kann Anlass für eine Begrenzung des Ersatzanspruchs sein.[412]

Lehrbuchbeispiel für eine solche Luxusaufwendung: Ein sehr aufwendiger Rahmen (20.000 €) für ein Gemälde im Wert von 1.000 €.[413]

---

409   Jauernig/Stadler § 284 Rn. 4.
410   Jauernig/Stadler § 284 Rn. 5.
411   Looschelders Rn. 653.
412   MünchKomm/Ernst § 284 Rn. 24.
413   Brox/Walker § 22 Rn. 78; Looschelders Rn. 654.

C. Kein Ausschluss nach § 284, letzter Hs.

Aufwendungen, die auch bei ordnungsgemäßer Erfüllung vergeblich gewesen wären, sollen nicht ersatzfähig sein. § 284 schließt im letzten Halbsatz daher Aufwendungen aus, die ihren **Zweck** auch ohne die Pflichtverletzung des Schuldners **verfehlt** hätten.

Beispiele:

1. Kosten für die Anmietung eines Ladenlokals zum Verkauf letztlich unverkäuflicher Kunstwerke.[414]

2. Im vorgenannten Stadthallen-Fall[415] könnte nach heutigem Recht der Verein die Werbungskosten gemäß §§ 280 Abs. 1 u. 3, 283, 284 grundsätzlich ersetzt verlangen. Um den Anspruch auszuschließen, müsste die V-GmbH darlegen und im Streitfall beweisen, dass die Werbungskosten vergeblich gewesen wären, m.a.W., dass sowieso niemand gekommen wäre.

D. Rechtsfolgen

Gemäß § 284 kann der Gläubiger „anstelle" des Schadensersatzes statt der Leistung, also **alternativ**, Aufwendungsersatz verlangen.

Nach h.M. kann der Gläubiger trotz der Regelung des Aufwendungsersatzanspruchs in § 284 weiterhin mit dem Schadensersatzanspruch statt der Leistung den Ersatz frustrierter Aufwendungen verlangen, wenn sie rentabel gewesen wären. Die Schadensberechnung mit der **Rentabilitätsvermutung gilt** danach **fort**.[416]

Die in § 284 geregelte Alternativität gilt nur für einen Schadensersatzanspruch statt der Leistung. Das Verlangen von Aufwendungsersatz aus **§ 284 schließt** einen Anspruch auf **Schadensersatz neben der Leistung nicht aus**.[417] Im Rahmen eines Rückabwicklungsschuldverhältnisses besteht der Anspruch aus § 284 nur Zug um Zug gegen Rückgewähr der Sache. Ferner kann es bei Nutzung der Sache durch den Gläubiger zur Anspruchskürzung kommen.[418]

5. Abschnitt: Schuldnerverzug

233 Der Schuldner kommt grundsätzlich dann in Verzug, wenn er auf eine Mahnung des Gläubigers hin nicht leistet (§ 286 Abs. 1 S. 1).

Folgen des Schuldnerverzugs sind:

- Anspruch des Gläubigers aus §§ 280 Abs. 1 u. 2, 286 auf den Verzögerungsschaden

- Anspruch auf Verzugszinsen gemäß § 288

- Erweiterte Haftung des Schuldners gemäß § 287

Das Eintreten des Verzugs hat keine Auswirkungen auf den Erfüllungsanspruch. Vielmehr treten die Ansprüche auf Ersatz des Verzögerungsschadens und die Verzugszinsen **neben** den **Anspruch auf Erfüllung**.

---

414 BT-Drs. 14/6040 S. 144.
415 BGHZ 99, 182.
416 BeckOK BGB/Unberath § 284 Rn. 4; Looschelders Rn. 656.
417 BGH, Urt. v. 20.07.2005 – VIII ZR 275/04, RÜ 2005, 513.
418 BGH, Urt. v. 20.07.2005 – VIII ZR 275/04, RÜ 2005, 513, 516; Jauernig/Stadler § 281 Rn. 18.

Der Verzug des Schuldners gibt dem Gläubiger auch nicht das Recht, Schadensersatz statt der Leistung zu verlangen oder vom Vertrag zurückzutreten. Diese Rechte (§§ 280 Abs. 1 u. 3, 281 als Schadensersatzanspruch und § 323 als Rücktrittsrecht) hat der Gläubiger erst nach einer erfolglosen Fristsetzung.

A. Anspruch auf Ersatz des Verzögerungsschadens

234

> ### §§ 280 Abs. 1 u. 2, 286: Voraussetzungen und Rechtsfolge
>
> I. Schuldverhältnis
>
> II. Schuldnerverzug
>
>   1. Fälliger (durchsetzbarer) Anspruch
>
>   2. Nichtleistung
>
>   3. Mahnung
>
>   a) Klage auf Leistung oder Zustellung des Mahnbescheids stehen gleich
>
>   b) Mahnung entbehrlich gemäß § 286 Abs. 2
>
>   c) Verzugseintritt gemäß § 286 Abs. 3
>
>   4. Kein Verzug, wenn der Schuldner die Nichtleistung nicht zu vertreten hat (§ 286 Abs. 4)
>
> III. Rechtsfolge: Ersatz des durch den Verzug entstandenen Schadens

Hinweis: Da das Nichtvertretenmüssen schon den Verzug entfallen lässt, ist eine Prüfung des § 280 Abs. 1 S. 2 bei einem Anspruch aus §§ 280 Abs. 1 u. 2, 286 entbehrlich.[419]

I. Schuldverhältnis

Die Verzugsvorschriften setzen grundsätzlich einen Erfüllungsanspruch aus einem rechtsgeschäftlichen oder gesetzlichen Schuldverhältnis voraus. Sie können aber auch auf andere als schuldrechtliche Ansprüche, insbesondere auf dingliche Ansprüche, Anwendung finden.

Die Verzugsregeln sind grundsätzlich auf **alle schuldrechtlichen Ansprüche aus Vertrag und Gesetz** anwendbar. Beim vertraglichen Erfüllungsanspruch sind die Verzugsregeln uneingeschränkt anwendbar. Auch auf Ansprüche aus einem gesetzlichen Schuldverhältnis sind die Verzugsvorschriften, insbesondere der Anspruch auf Ersatz des Verzögerungsschadens aus §§ 280 Abs. 1 u. 2, 286 grundsätzlich anwendbar, es sei denn, es bestehen Sonderregeln.[420]

- Der Bereicherungsschuldner gerät nicht schon dann in Verzug, wenn er sich weigert, dem Gläubiger das erlangte „Etwas" herauszugeben, sondern gemäß § 818

---

419 Palandt/Grüneberg § 286 Rn. 32; Heinrichs, FS Schlechtriem S. 503, 510; Kohler JZ 2004, 961, 962.

420 Palandt/Grüneberg § 286 Rn. 4.

Abs. 4 tritt die Haftung nach den allgemeinen Regeln und damit den Verzugsregeln nur ein, wenn er verschärft haftet.[421]

Nach dem Grundgedanken des Bereicherungsrechts soll nur ein Ausgleich der ungerechtfertigten Vermögensverschiebung und kein Schadensausgleich herbeigeführt werden, sodass die uneingeschränkte Anwendung der Verzugsregeln gegen diesen Grundgedanken verstoßen würde.

- Auf das zwischen dem unrechtmäßigen bösgläubigen Besitzer und dem Eigentümer bestehende gesetzliche Schuldverhältnis sind gemäß § 990 Abs. 2 die Verzugsregeln anwendbar.[422]

235 Auf dingliche Ansprüche, die kein gesetzliches Schuldverhältnis begründen, sind die Vorschriften des Schuldrechts AT und damit auch die Verzugsregeln grundsätzlich (analog) anwendbar, es sei denn, dass das Sachenrecht das betreffende Rechtsverhältnis erschöpfend regelt.[423]

- Auf die dinglichen Herausgabeansprüche des Eigentümers bzw. Besitzers, §§ 985, 1007, 861, sind die Verzugsregeln nicht, auch nicht analog anwendbar.[424]

Nur im Falle der Bösgläubigkeit des Besitzers wird ein gesetzliches Schuldverhältnis nach §§ 989, 990 begründet und im Rahmen dieses gesetzlichen Schuldverhältnisses sind gemäß § 990 Abs. 2 die Verzugsregeln anwendbar.[425]

- Die Vorschriften für den Anspruch auf Ersatz des Verzögerungsschadens aus §§ 280 Abs. 1 u. 2, 286 sind auf den Beseitigungsanspruch aus § 1004 anwendbar.[426]

- Auf den Anspruch auf Duldung der Zwangsvollstreckung aus § 1147 sind die §§ 280 Abs. 1 u. 2, 286 nicht anwendbar, da der Eigentümer als solcher nicht in Verzug geraten kann; er hat nur die Zwangsvollstreckung zu dulden.[427]

- Auf den Grundbuchberichtigungsanspruch aus § 894 sind die §§ 280 Abs. 1 u. 2, 286 anwendbar, wenn der zu Unrecht Eingetragene (der Buchbesitzer), der dem Besitzer gleichgestellt ist, bösgläubig i.S.d. § 990 Abs. 1 ist.[428]

Beispiel: N ist zu Unrecht als Eigentümer im Grundbuch eingetragen. Der wahre Eigentümer E erwirkt nach einem langwierigen Prozess die Berichtigungsbewilligung gemäß § 894. Nunmehr verlangt E von N den durch die verzögerte Abgabe der Berichtigungsbewilligung entstandenen Schaden.

I. Der Anspruch auf Abgabe der Berichtigungsbewilligung gemäß § 894 ist ein dinglicher Anspruch, sodass die §§ 280 Abs. 1 u. 2, 286 nicht unmittelbar anwendbar sind.

II. Falls N bösgläubig war, also bei Eintragung infolge grober Fahrlässigkeit seine Nichtberechtigung nicht kannte oder später von seiner Nichtberechtigung positive Kenntnis erhalten hat, ist zumindest eine analoge Anwendung der §§ 280 Abs. 1 u. 2, 286 gerechtfertigt.

---

421 Dazu AS-Skript Schuldrecht BT 3 (2017), Rn. 194 ff.
422 Vgl. im Einzelnen: AS-Skript Sachenrecht 1 (2015), Rn. 543 ff.
423 MünchKomm/Ernst § 286 Rn. 7.
424 Dazu AS-Skript Sachenrecht 1 (2015), Rn. 500.
425 Vgl. dazu BGH, Urt. v. 18.03.2016 – V ZR 89/15, RÜ 2016, 681, 686.
426 MünchKomm/Ernst § 286 Rn. 6.
427 MünchKomm/Ernst § 286 Rn. 7.
428 OLG Saarbrücken OLGZ 1987, 221, 223; MünchKomm/Ernst § 286 Rn. 6.

- Schließlich sind die Regeln über den Ersatz des Verzögerungsschadens auf den Zustimmungsanspruch des Vormerkungsberechtigten aus § 888 anwendbar.[429]

> **Klausurhinweis:** Ist der vormerkungswidrig Eingetragene also mit der Erfüllung des Zustimmungsanspruchs nach § 888 Abs. 1 in Verzug, so haftet er gemäß §§ 280 Abs. 1 u. 2, 286 und gemäß § 288 auf Ersatz des Verzögerungsschadens.[430]

II. Schuldnerverzug

Der Eintritt des Verzugs setzt gemäß § 286 Abs. 1 S. 1 einen fälligen (und durchsetzbaren) Anspruch sowie grundsätzlich eine Mahnung voraus.

1. Fälliger durchsetzbarer Anspruch

Die Fälligkeit des Anspruchs bestimmt sich nach der Leistungszeit. Sie ist gegeben, wenn der Gläubiger die Leistung zu fordern berechtigt ist. Der Leistungszeitpunkt ergibt sich häufig aus Parteivereinbarung, im Zweifel ist die Leistung sofort fällig (**§ 271**).

236

Der fällige Anspruch muss **auch durchsetzbar** sein. Wenn nämlich dem Anspruch eine Einrede oder eine Einwendung aus § 242 entgegensteht, kann der Gläubiger grundsätzlich nicht erwarten, dass der Schuldner seinen Anspruch erfüllt. Daher hindert die mangelnde Durchsetzbarkeit den Verzugseintritt, auch wenn die Voraussetzung der Durchsetzbarkeit in **§ 286 Abs. 1 S. 1 nicht erwähnt** ist. Fraglich ist, ob bereits das bloße Bestehen der Einrede oder erst deren Geltendmachung den Schuldnerverzug ausschließt. Mit Rücksicht auf den unterschiedlichen Inhalt und die Rechtfertigung der einzelnen Einreden kann diese Frage nicht pauschal für alle Einreden beantwortet werden. Es muss nach der Art der Einreden differenziert werden.

a) Einrede des nicht erfüllten Vertrags gemäß § 320

Wegen der gegenseitigen Abhängigkeit von Leistung und Gegenleistung schließt **bereits das bloße objektive Bestehen** der Einrede des § 320 die Durchsetzbarkeit des Anspruchs und damit den Schuldnerverzug aus. Der Schuldner kommt deshalb nur dann in Verzug, wenn der Gläubiger seine Leistung erbringt oder in einer den Annahmeverzug begründenden Weise anbietet.[431]

237

> **Fall 13: Schwerfälliger Käufer**
>
> V verkaufte mit notariellem Vertrag K ein Grundstück für 300.000 €. Da V einen relativ teuren Bankkredit in Anspruch nimmt, mahnt er wiederholt bei K die Zahlung des Kaufpreises an. Schließlich klagt er gegen K auf Zahlung von Schadensersatz in Höhe der Bankzinsen ab Abschluss des Kaufvertrags. Im Prozess weist V darauf hin, dass er bei einer Zahlung seitens des K ohne Weiteres unverzüglich das Grundstück auf K übertragen hätte. Dies habe er K auch wiederholt schriftlich angeboten.

---

429 BGH, Urt. v. 04.12.2015 – V ZR 202/14, RÜ 2016, 418, 419; Palandt/Grüneberg § 286 Rn. 4.
430 BGH, Urt. v. 04.12.2015 – V ZR 202/14, RÜ 2016, 418.
431 BGH Urt. v. 09.06.2016 – IX ZR 314/14, NJW 2016, 2328, 2334; Palandt/Grüneberg § 286 Rn. 10.

V könnte gegen K einen Anspruch aus **§§ 280 Abs. 1 u. 2, 286** haben.

I. V und K haben einen wirksamen Kaufvertrag über das Grundstück abgeschlossen. Die nach § 311 b Abs. 1 S. 1 erforderliche Form ist eingehalten. Mithin ist das erforderliche **Schuldverhältnis** gegeben.

II. K müsste in **Verzug** gekommen sein. Aus dem Kaufvertrag hat V einen **fälligen** (§ 271) **Anspruch auf Zahlung des Kaufpreises**. Fraglich ist allerdings die Durchsetzbarkeit des Anspruchs. K könnte nämlich die Einrede aus § 320 zustehen und diese den Verzugseintritt hindern.

Dem Anspruch des V auf Kaufpreiszahlung stand der Anspruch des K auf Übertragung von Eigentum und Besitz gegenüber. Da K nicht vorleistungspflichtig war, konnte er sich gegenüber dem Anspruch des V auf die **Einrede aus § 320** berufen.

Das Leistungsverweigerungsrecht aus § 320 schließt den Eintritt des Verzugs aus. Die Einrede muss nicht geltend gemacht werden. Der Schuldner kommt nur dann in Verzug, wenn der Gläubiger seine Leistung erbringt oder sie zumindest in einer den Annahmeverzug begründenden Weise anbietet.

V müsste die ihm obliegende Leistung, die Auflassung des Grundstücks, in einer den **Annahmeverzug begründenden Weise angeboten** haben. Erforderlich ist grundsätzlich ein tatsächliches Angebot i.S.d. § 294. Zur Auflassung ist gemäß § 925 die gleichzeitige Anwesenheit der Parteien vor dem Notar erforderlich. V hätte, um einen Annahmeverzug des K zu begründen, K einen Termin zur Auflassung mitteilen und zu diesem Termin vor dem Notar erscheinen müssen.[432] Im vorliegenden Fall hat V die Auflassung lediglich schriftlich angeboten. Dies ist nicht ausreichend. K ist nicht in Verzug gekommen.

V hat keinen Anspruch auf den Verzögerungsschaden aus §§ 280 Abs. 1 u. 2, 286.

---

238 Da der Käufer gemäß § 433 Abs. 1 S. 2 einen Erfüllungsanspruch auf eine mangelfreie Sache hat, kann er bei Mängeln der Kaufsache die Bezahlung gemäß § 320 verweigern, soweit er nicht vorleistungspflichtig ist. Die **„Mängeleinrede"** des Käufers ist nämlich ein Fall des § 320.[433] Gleiches gilt auch für die Mängeleinrede des Werkbestellers,[434] sie ist lediglich in § 641 Abs. 3 der Höhe nach konkretisiert.

b) Einrede des Zurückbehaltungsrechts gemäß § 273

239 Wenn dem Schuldner ein Zurückbehaltungsrecht gemäß § 273 zusteht, so muss der Gläubiger nicht in jedem Fall damit rechnen, dass der Schuldner von dem Zurückbehaltungsrecht Gebrauch machen wird. Daher schließt **allein das Bestehen** der Einrede des

---

432 BGHZ 116, 244, 250.
433 MünchKomm/Ernst § 286 Rn. 26.
434 Palandt/Sprau § 641 Rn. 10; Jauernig/Mansel § 641 Rn. 6.

Zurückbehaltungsrechts nach § 273 den Eintritt des **Verzugs nicht aus**. Diese Einrede muss geltend gemacht werden, damit der Schuldner nicht in Verzug kommt.[435]

Die Ausübung des Leistungsverweigerungsrechts ist allerdings dann entbehrlich, wenn der Gläubiger dem Gegenrecht des Schuldners dadurch Rechnung trägt, dass er nur eine Leistung Zug um Zug gegen Erbringung der Gegenleistung verlangt.[436]

Die wechselseitige Abhängigkeit der Ansprüche besteht – anders als bei § 320 im Rahmen eines gegenseitigen Vertrags – nicht von vornherein, sondern wird erst dadurch hergestellt, dass der Schuldner sich auf das Zurückbehaltungsrecht beruft. Außerdem kann der Gläubiger gemäß § 273 Abs. 3 das Zurückbehaltungsrecht durch Sicherheitsleistung abwenden (anders § 320 Abs. 1 S. 3). Demgemäß kann die Hemmungswirkung der Einrede des Zurückbehaltungsrechts erst dann eintreten, wenn der Schuldner dem Gläubiger die Zurückhaltung der Leistung mitteilt und ihm auf diese Weise die Möglichkeit eröffnet, die Ausübung des Zurückbehaltungsrechts nach § 273 Abs. 3 abzuwenden.

Beispiel: B bringt – wie seit Jahren – seinen Wagen zum U zur Reparatur. Als B das Auto abholen will, verlangt U die Bezahlung der Reparatur sowie Bezahlung von zwei Reifen, die B vor 14 Tagen bei U gekauft hat. Da B nur die Reparatur bezahlen kann, weigert sich U, den Wagen herauszugeben. Erst nach Bezahlung der Reifen gibt U den Wagen heraus. B verlangt Ersatz eines Verzögerungsschadens.

Anspruch des B gegen U aus §§ 280 Abs. 1 u. 2, 286
I. B und U haben einen wirksamen Werkvertrag geschlossen und damit ein Schuldverhältnis begründet.
II. U müsste mit der Rückgabe des Wagens in Verzug gekommen sein.
1. B stand ein fälliger Anspruch auf Herausgabe des Wagens zu.
2. Der Anspruch war nicht durchsetzbar, wenn U ein Zurückbehaltungsrecht gemäß § 273 zustand und U sich darauf berufen hat. U hatte einen Gegenanspruch auf Zahlung des Kaufpreises für die Reifen. Dieser Anspruch stammte „aus demselben rechtlichen Verhältnis" wie der Rückgabeanspruch des B, weil diese Ansprüche aufgrund der laufenden Geschäftsbeziehung auf einem einheitlichen Lebensverhältnis beruhten. Daher stand U ein Zurückbehaltungsrecht nach § 273 zu. Da er sich auf dieses Recht berufen hat, war der Rückgabeanspruch des B nicht durchsetzbar. Es besteht kein Anspruch auf Ersatz des Verzögerungsschadens gemäß §§ 280 Abs. 1 u. 2, 286.

c) Auswirkungen anderer Einreden auf den Schuldnerverzug

Der Erfüllungsanspruch ist bei Bestehen nachstehender Einreden nicht durchsetzbar: **240**

- Verjährungseinrede gemäß § 214 Abs. 1

- Einrede der Vorausklage gemäß § 771

- Einrede der ungerechtfertigten Bereicherung gemäß § 821

- Einrede der Arglist gemäß § 853

Nach h.M. schließt das bloße Bestehen dieser Einreden den Schuldnerverzug aus.[437]

---

435 MünchKomm/Ernst § 286 Rn. 29.

436 BGH, Urt. v. 25.11.1998 – VIII ZR 323/97, WM 1998, 1078, mit Anm. Reinking EWiR 1999, 105.

437 Vgl. Palandt/Grüneberg § 286 Rn. 10.

2. Nichtleistung des Schuldners

241 Der Schuldner gerät in Verzug, wenn er „auf eine Mahnung des Gläubigers nicht" leistet. Der Anspruch aus §§ 280 Abs. 1 u. 2, 286 setzt mithin voraus, dass der Schuldner **nicht oder nicht rechtzeitig** leistet.

Beruht die Nichtleistung auf dem Umstand, dass die Leistungspflicht des Schuldners wegen **Unmöglichkeit** gemäß § 275 ausgeschlossen ist, besteht kein wirksamer Anspruch des Gläubigers.[438] Dann kommt kein Schadensersatzanspruch aus §§ 280 Abs. 1 u. 2, 286, sondern ein Anspruch aus §§ 280 Abs. 1 u. 3, 283 oder aus § 311 a Abs. 2 in Betracht.

Für die **Rechtzeitigkeit** der Leistung ist grundsätzlich die **Vornahme der Leistungshandlung** entscheidend, nicht der Eintritt des Leistungserfolgs. So reicht beispielsweise bei Schickschulden die unverzügliche Versendung.[439] Dagegen kommt der Schuldner bei Banküberweisungen in Verzug, wenn der Gläubiger nicht rechtzeitig über den geschuldeten Betrag verfügt.[440] Es kommt mithin ausnahmsweise auf den Eintritt des Leistungserfolgs an.[441]

3. Mahnung oder deren Entbehrlichkeit

242 Gemäß § 286 Abs. 1 S. 1 muss der Gläubiger den Schuldner grundsätzlich mahnen. Nach § 286 Abs. 1 S. 2 steht die Klageerhebung sowie die Zustellung eines Mahnbescheids im Mahnverfahren jedoch der Mahnung gleich. Die Mahnung kann ferner unter den Voraussetzungen des § 286 Abs. 2 entbehrlich sein.

Unter den Voraussetzungen des § 286 Abs. 3 tritt der Verzug unabhängig von einer Mahnung oder deren Entbehrlichkeit ein.

a) Mahnung

243 Eine Mahnung ist die an den Schuldner gerichtete **eindeutige** und **bestimmte Aufforderung**, die Leistung zu erbringen.[442] Die Mahnung kann **ausdrücklich oder konkludent erklärt** werden; sie ist formlos gültig.

Eine **Fristsetzung** für die Leistung ist **nicht erforderlich.** Der Gläubiger muss jedoch – für den Schuldner erkennbar – klar zum Ausdruck bringen, dass er die Vornahme der geschuldeten Leistung verlangt.

Beispiele: Eine Mitteilung, der Leistung werde „gern entgegengesehen", ist daher keine Mahnung;[443] gleiches gilt grundsätzlich für die erstmalige Übersendung einer Rechnung.[444]

---

438 Looschelders Rn. 554.
439 Brox/Walker § 23 Rn. 7.
440 EuGH, Urt. v. 03.04.2008 – C-306/06, RÜ 2008, 419.
441 Brox/Walker § 23 Rn. 7.
442 Looschelders Rn. 555.
443 MünchKomm/Ernst § 286 Rn. 49.
444 Looschelders Rn. 559.

Die Mahnung ist **keine Willenserklärung, sondern eine rechtsgeschäftsähnliche Handlung**, weil der Verzugseintritt und die Verzugsfolgen durch das Gesetz und nicht durch den Willen des mahnenden Gläubigers bestimmt werden. Die Verzugsfolgen treten daher auch dann ein, wenn der Gläubiger bei der Leistungsanforderung an den Verzug nicht gedacht hat.

Auf die Mahnung sind die Regeln der Willenserklärung entsprechend anwendbar.[445] Die Mahnung des Minderjährigen ist analog § 107 wirksam. Eine dem Minderjährigen gegenüber erklärte Mahnung ist dagegen entsprechend § 131 Abs. 2 S. 1 unwirksam.

Neben den allgemeinen Wirksamkeitsanforderungen für Willenserklärungen (§§ 104 ff. analog) sind bei der Mahnung folgende Besonderheiten zu beachten:

aa) Keine Mahnung vor Fälligkeit

Die Mahnung kann grundsätzlich erst nach Fälligkeitseintritt wirksam erklärt werden. Eine **vor der Fälligkeit erklärte Mahnung** ist **wirkungslos** und erlangt auch nach Fälligkeitseintritt keine Wirkung.[446] Nach ganz h.M. kann die Mahnung indes mit der die Fälligkeit begründenden Handlung verbunden werden. Die Mahnung und die fälligkeitsbegründende Handlung können also zusammenfallen.[447]

244

Beispiel: B soll für E ein Hochhaus errichten und bestellt bei S im Februar für März Fertigbetonteile auf Abruf. Am 17.03. ruft B die Lieferung der Betonteile ab. S liefert erst Anfang April. B verlangt von S den nachweislich entstandenen Vermögensschaden ab dem 17.03.

Anspruch aus §§ 280 Abs. 1 u. 2, 286

I. B steht gegen S ein fälliger und durchsetzbarer Anspruch auf Lieferung der Fertigbetonteile zu. Die Fälligkeit des Anspruchs ist mit Zugang der Abruferklärung vom 17.03. eingetreten.
II. B hat zwar S zur Lieferung der Betonteile nicht ausdrücklich aufgefordert, doch er hat mit der Abruferklärung unmissverständlich zum Ausdruck gebracht, dass er die Lieferung nunmehr sofort erwartet. Da die Mahnung mit der fälligkeitsbegründenden Handlung zusammenfallen kann (s.o.), hat B mit dem Abruf zugleich die Mahnung erklärt.
III. Grundsätzlich tritt der Verzug gemäß § 286 Abs. 1 S. 1 mit Zugang der Mahnung ein, da der Schuldner ab Fälligkeitseintritt leistungsbereit sein muss, sodass ihm eine Vorbereitungs- und Lieferungsfrist nicht eingeräumt werden kann. Dieser Grundsatz greift jedoch dann nicht ein, wenn die Mahnung und die fälligkeitsbegründende Handlung zusammenfallen, weil der Schuldner vorher zur Leistung nicht verpflichtet gewesen ist. Der Verzug tritt daher in diesen Fällen erst nach Ablauf einer angemessenen Lieferungsfrist ein.[448] Da S nach der getroffenen Vereinbarung mit einer Lieferung im März rechnen musste, dürfte eine Frist von drei Tagen angemessen sein. B kann nur Ersatz des Schadens verlangen, der nach dem 20.03. entstanden ist.

bb) Aufforderung zur Erbringung der geschuldeten Leistung

Der Gläubiger muss den Schuldner zur Erbringung der tatsächlich geschuldeten Leistung auffordern. Die Aufforderung muss sich grundsätzlich auf die Leistung im richtigen Umfang, am richtigen Ort und in der richtigen Art und Weise beziehen.

245

---

445 Palandt/Grüneberg § 286 Rn. 16.
446 BGH NJW-RR 1997, 622, 623; Palandt/Grüneberg § 286 Rn. 16.
447 Palandt/Grüneberg § 286 Rn. 16; MünchKomm/Ernst § 286 Rn. 53.
448 MünchKomm/Ernst § 286 Rn. 53.

- Eine **Zuwenigforderung** hat nur den Verzug mit der in diesem Umfang angeforderten Leistung zur Folge.[449]

- Eine **Zuvielforderung** ist unschädlich, wenn der Schuldner die Erklärung des Gläubigers nach den Gesamtumständen gemäß §§ 133, 157 als Aufforderung zur Erbringung der tatsächlich geschuldeten Leistung verstehen musste und der Gläubiger zur Annahme der geschuldeten Minderleistung bereit war.[450] Dabei können vor allem geringfügige Mehrforderungen unschädlich sein.

  Eine unverhältnismäßig hohe Zuvielforderung kann demgegenüber die zu Recht angemahnte Leistung so in den Hintergrund treten lassen, dass der Schuldner sich berechtigterweise als nicht wirksam gemahnt ansehen kann.[451]

  Hinweis: Eine unverhältnismäßige Zuvielforderung kann den Vorwurf eigener Vertragsuntreue begründen und die Rechte aus §§ 280 Abs. 1 u. 3, 281 oder § 323 ausschließen, z.B. dann, wenn der Gläubiger im Zusammenhang mit der Fristsetzung eine überhöhte Leistung verlangt.[452]

- Eine Aufforderung zur Leistung **unter anderen als den vereinbarten Bedingungen** (z.B. am anderen Ort, Lieferung gegen Rechnung statt gegen Nachnahme) stellt grundsätzlich keine wirksame Mahnung dar. Eine geringfügige Abweichung kann aber im Einzelfall nach § 242 unbeachtlich sein, was insbesondere dann anzunehmen ist, wenn es dem Gläubiger auf die abweichende Bedingung offensichtlich nicht ankommt.[453]

cc) Mahnung bei erforderlicher Mitwirkung des Gläubigers

246 Ist zur Erfüllung der Leistungsverpflichtung die Mitwirkung des Gläubigers erforderlich, ist die Mahnung unwirksam, wenn der Gläubiger seine Mitwirkungshandlung nicht anbietet.[454] Als Mitwirkungshandlungen kommen in Betracht: das Abholen der Sache bei der Holschuld, die Anwesenheit bei der Auflassung (§ 925) zur Grundstücksübereignung, die Überlassung der zu reparierenden Sache beim Werkvertrag usw.

b) Gleichstellung der Klageerhebung und des Mahnbescheids mit der Mahnung

247 Gemäß § 286 Abs. 1 S. 2 steht die Erhebung der Leistungsklage sowie die Zustellung eines Mahnbescheids der Mahnung gleich.

Ob der Leistungsantrag im Wege einer Widerklage, Stufenklage oder nur hilfsweise geltend gemacht wird, ist unerheblich.[455] Keinen Verzug begründen dagegen die Erhe-

---

449 Palandt/Grüneberg § 286 Rn. 20.
450 BGH, Urt. v. 05.10.2005 – X ZR 276/02, NJW 2006, 769.
451 Palandt/Grüneberg § 286 Rn. 20.
452 OLG Celle MDR 1994, 137.
453 Palandt/Grüneberg § 286 Rn. 20.
454 MünchKomm/Ernst § 286 Rn. 54.
455 Palandt/Grüneberg § 286 Rn. 21.

bung einer Feststellungsklage i.S.d. § 256 ZPO, Klage auf künftige Leistung i.S.d. § 257 ZPO und Anmeldung einer Forderung im Insolvenzverfahren.[456]

c) Entbehrlichkeit der Mahnung

In den in **§ 286 Abs. 2 Nr. 1 bis 4** geregelten Fällen ist eine Mahnung entbehrlich. Während Nr. 1 und 2 eine vertragliche Vereinbarung voraussetzen, knüpft Nr. 3 an das Verhalten des Schuldners an und Nr. 4 statuiert schließlich die Entbehrlichkeit der Mahnung aufgrund einer Interessenabwägung.

aa) Entbehrlichkeit der Mahnung gemäß § 286 Abs. 2 Nr. 1

Nach § 286 Abs. 2 Nr. 1 ist eine Mahnung entbehrlich, wenn der **Leistungszeitpunkt** **248** **nach dem Kalender bestimmt** ist. Eine kalendermäßige Bestimmung liegt nicht nur dann vor, wenn ein exaktes Datum für die Leistung bestimmt ist, sondern auch dann, wenn ein Leistungszeitraum festgelegt ist.

Beispiele: „Ende Februar", „erste Dekade des Aprils" oder „8. Kalenderwoche".[457]

Der Verzug beginnt in diesen Fällen allerdings nicht mit dem Beginn der Zeitspanne, sondern erst mit deren Ablauf.

Die kalendermäßige Bestimmung muss **durch Rechtsgeschäft, Gesetz oder Urteil** getroffen worden sein. Regelmäßig wird sie vertraglich vereinbart. Eine einseitige Leistungsbestimmung reicht dabei nur, wenn eine Partei gemäß § 315 zur Bestimmung der Leistung und damit auch zur Bestimmung der Leistungszeit berechtigt ist.[458]

Läuft ein vertraglich vereinbarter Leistungstermin ohne Verschulden des Schuldners ab, ist grundsätzlich eine Mahnung erforderlich, um den Schuldnerverzug zu begründen.[459]

bb) Entbehrlichkeit der Mahnung gemäß § 286 Abs. 2 Nr. 2

Nach § 286 Abs. 2 Nr. 2 ist die Mahnung entbehrlich, wenn der Leistung ein **Ereignis** vorauszugehen hat und die Leistungszeit von dem Ereignis am nach dem Kalender **berechenbar** ist.

Beispiele: „2 Wochen nach Kaufpreiszahlung"; „3 Tage nach Abruf", „1 Woche nach Lieferung"[460]

Hinweis: Der Zugang einer Rechnung führt nach Ablauf von 30 Tagen gemäß § 286 Abs. 3 zum Eintritt des Verzugs. Es ist aber auch möglich, das Ereignis des Zugangs der Rechnung mit einer kürzeren Frist als 30 Tagen zu verbinden.[461]

---

456 MünchKomm/Ernst § 286 Rn. 55.
457 BGH WM 1996, 1598, 1599.
458 BGH, Urt. v. 25.10.2007 – III ZR 91/07, RÜ 2008, 69.
459 BGH, Urt. v. 22.05.2003 – VII ZR 469/01, WM 2003, 2290.
460 Looschelders Rn. 560.
461 BT-Drs. 14/6040 S. 145.

Eine **einseitige Bestimmung** der Leistungsfrist **reicht nicht** aus. Der Leistungstermin muss vertraglich vereinbart werden, soweit er nicht durch Gesetz oder Urteil bestimmt ist. Ferner darf die **Frist nicht unangemessen** sein („angemessene Zeit"). Ist die vereinbarte Frist unangemessen, besteht keine Möglichkeit, den Eintritt des Verzugs nach Ablauf einer angemessenen Frist anzunehmen. Denn § 286 Abs. 2 Nr. 2 setzt voraus, dass der Schuldner sich auf einen (ereignisbestimmten) Kalendertag einstellen kann, dies wäre bei einer richterlichen „Ersatzfrist" nicht gewährleistet.[462]

Bei Leistungsbestimmungen in Allgemeinen Geschäftsbedingungen ist umstritten, ob die Bestimmung der Angemessenheit gemäß § 286 Abs. 2 Nr. 2 oder gemäß § 307 Abs. 1 zu erfolgen hat. Unterschiedliche Ergebnisse werden sich daraus nicht ergeben. In AGB des Gläubigers sind kürzere Fristen als 30 Tage möglich, auch wenn das auslösende Ereignis der Zugang einer Rechnung sein sollte.[463] Auch eine in AGB gesetzte unangemessen kurze Frist setzt keine angemessene Frist in Lauf. Eine Aufrechterhaltung als angemessene Frist würde gegen das Verbot der geltungserhaltenden Reduktion verstoßen.

Nach dem Wortlaut des § 286 Abs. 2 Nr. 2 muss zwischen dem Ereignis und dem vorgesehenen Leistungstermin eine angemessene Frist liegen. Umstritten ist, ob auch eine **Leistungsbestimmung ohne Frist**, wie etwa „Zahlung sofort nach Lieferung" zum Eintritt des Verzugs gemäß § 286 Abs. 2 Nr. 2 führt.

■ Überwiegend werden derartige Klauseln als reine Fälligkeitsbestimmungen gesehen.[464]

■ Nach der Gegenansicht ist nicht ausgeschlossen, dass auch das Fehlen einer Frist angemessen sein kann. Das Erfordernis einer Frist zwischen dem Ereignis und dem Leistungszeitpunkt widerspreche auch Art. 3 Abs. 1 a) RL/EG/35/2000, wonach die Verzugsverzinsung am Tag nach dem vertraglich festgelegten Zahlungstermin beginnen müsse.[465]

cc) Entbehrlichkeit der Mahnung gemäß § 286 Abs. 2 Nr. 3

250 Bei einer **ernsthaften und endgültigen Leistungsverweigerung** wäre die Mahnung wegen offensichtlicher Zwecklosigkeit bloße Förmelei; das Erfordernis einer fälligen Leistung bleibt jedoch unverändert bestehen.[466]

Hinweis: Die ernsthafte und endgültige Leistungsverweigerung führt auch zur Entbehrlichkeit der Fristsetzung gemäß § 281 Abs. 2 Alt. 1 und § 323 Abs. 2 Nr. 1. Bei einer endgültigen Leistungsverweigerung wird der Gläubiger regelmäßig nicht einen Verzögerungsschaden geltend machen, sondern Schadensersatz statt der Leistung verlangen oder zurücktreten.

dd) Entbehrlichkeit der Mahnung gemäß § 286 Abs. 2 Nr. 4

251 Gemäß § 286 Abs. 2 Nr. 4 ist die Mahnung entbehrlich, wenn **besondere Umstände** unter **Abwägung der beiderseitigen Interessen** den sofortigen Verzugseintritt rechtfertigen. Folgende Fälle kommen für § 286 Abs. 2 Nr. 4 in Betracht:

---

462 MünchKomm/Ernst § 286 Rn. 62; Looschelders Rn. 561; a.A. Palandt/Grüneberg § 286 Rn. 23.
463 Rieder/Ziegler ZIP 2001, 1789, 1791.
464 BT-Drs 14/6040 S. 146; MünchKomm/Ernst § 286 Rn. 63; Palandt/Grüneberg § 286 Rn. 23; Heinrichs BB 2001, 157, 158; Oepen ZGS 2002, 349, 352.
465 Huber JZ 2000, 957, 960; Gsell, ZIP 2001, 1389, 1391.
466 BGH NJW-RR 1992, 1226, 1227; Looschelders Rn. 562.

- Der Schuldner kündigt die Leistung zu einem bestimmten Termin an und kommt damit einer Mahnung des Gläubigers zuvor (so genannte Selbstmahnung).[467]

- Der Schuldner verhindert die Mahnung dadurch, dass er sich der Mahnung entzieht.[468]

    Beispiel: Der gesetzliche Unterhaltsschuldner verlässt seine Familienangehörigen.[469]

- Die besondere Erfüllungsdringlichkeit ergibt sich bereits aus dem Vertragsinhalt. In diesen Fällen kann nach dem Vertragsinhalt gemäß §§ 133, 157 ein stillschweigender Verzicht auf eine verzugsbegründende Mahnung angenommen werden.[470]

    Beispiel: Reparatur eines Wasserrohrbruchs

d) Verzugseintritt gemäß § 286 Abs. 3

Nach § 286 Abs. 3 kommt der Schuldner einer Entgeltforderung spätestens in Verzug, wenn er nicht innerhalb von 30 Tagen nach Zugang einer Rechnung zahlt. Diese 30-Tage-Frist verändert nicht die Fälligkeit der Forderung, für die unverändert § 271 gilt. Sie bestimmt vielmehr lediglich den Eintritt des Verzuges.[471] Die 30-Tage-Frist des § 286 Abs. 3 gilt ferner nur, wenn sich der Schuldner nicht bereits aus anderen Gründen (Mahnung oder deren Entbehrlichkeit) im Verzug befindet ("spätestens"). Die Vorschrift ergänzt also § 286 Abs. 1 und 2, verdrängt diese aber nicht als abschließende Sonderregelung.[472]

aa) Entgeltforderungen

Die 30-Tage-Regelung des § 286 Abs. 3 gilt nur für Entgeltforderungen. Der Begriff wird weder im Gesetz noch in den BT-Drucksachen definiert. Entgeltforderungen sind solche, mit denen der Gläubiger das Entgelt für eine andere Leistung verlangt, wie etwa eine Kaufpreisforderung.[473] Entgeltforderungen sind Geldforderungen, aber **nicht alle Geldforderungen sind Entgeltforderungen**.

252

Beispiele: Die Schadensersatzforderung des Verletzten aus §§ 823 Abs. 1, 249 Abs. 2 ist eine Geldforderung; die Ersatzleistung ist aber nicht das Entgelt für eine Körper- oder Eigentumsverletzung. Auch der Anspruch des Gläubigers gegen den Bürgen aus § 765 ist regelmäßig eine Geld-, aber keine Entgeltforderung. Dagegen handelt es sich bei den Ansprüchen aus §§ 535 Abs. 2 oder 631 Abs. 1 um Entgeltforderungen i.S.d. § 286 Abs. 3.[474]

§ 286 Abs. 3 beschränkt sich auf Entgeltforderungen, weil der hohe Verzugszins des § 288 nur für diese zu rechtfertigen ist. Auch der Anknüpfungspunkt der 30-Tage-Frist, die Rechnung oder gleichwertige Zahlungsaufstellung ist auf Entgeltforderungen zugeschnitten.[475]

---

467 BT-Drs. 14/6040 S. 146; OLG Köln NJW-RR 2000, 73; Palandt/Grüneberg § 286 Rn. 25.
468 BT-Drs. 14/6040 S. 146.
469 OLG Köln NJW-RR 1999, 4.
470 BT-Drs. 14/6040 S. 146.
471 MünchKomm/Ernst § 286 Rn. 71.
472 Looschelders Rn. 565.
473 Palandt/Grüneberg § 286 Rn. 27.
474 Brox/Walker § 23 Rn. 21.
475 BT-Drs. 14/7020 S. 186.

bb) Fälligkeit und Zugang einer Rechnung

253 Eine Rechnung ist die gegliederte Aufstellung über eine Entgeltforderung für eine Warenlieferung oder sonstige Leistung.[476] An eine Rechnung sind folgende inhaltliche Anforderungen zu stellen:

- Aus der Rechnung muss sich nachvollziehbar ergeben, für **welche Leistungen** die Geldsumme gefordert wird und **welche Preise** dafür in Ansatz gebracht werden.[477]

- Da die Rechnung dem Schuldner die Überprüfung der geschuldeten Geldsumme ermöglichen soll, muss sie **schriftlich**, aber nicht in der Form des § 126 erteilt werden.[478]

- Soweit es sich bei einer Geldforderung um eine betragsmäßig feststehende Geldsumme handelt, wie dies häufig bei Kaufverträgen der Fall ist, muss der **Anspruch genau bezeichnet** werden; eine weitere Aufschlüsselung ist nicht erforderlich.

- Teilweise sind die Anforderungen, die an eine Rechnung gestellt werden, **gesetzlich festgelegt**, wie z.B. bei Bauverträgen im Anwendungsbereich der VOB (§ 14 VOB/B) oder bei Dienstverträgen des Arztes oder Rechtsanwalts (§ 12 GoÄ; § 10 RVG).

Eine **gleichwertige Zahlungsaufstellung** i.S.d. § 286 Abs. 3 S. 1 ist eine Aufstellung dessen, was der Gläubiger von dem Schuldner verlangt. Im Ergebnis ist eine Zahlungsaufstellung praktisch immer eine Rechnung.[479]

254 Anders als die Mahnung i.S.d. § 286 Abs. 1 S. 1 kann die **Rechnung vor Fälligkeit** zugehen.[480] Zwar bestimmt § 286 Abs. 3 S. 1, dass die 30-Tage-Frist „nach Fälligkeit und Zugang einer Rechnung" zu laufen beginnt. Dies kann jedoch nicht im Sinne einer zeitlichen Reihenfolge von Fälligkeit und Rechnungszugang gesehen werden.

Ist der Schuldner nicht Verbraucher, ist die Regelung des **§ 286 Abs. 3 S. 2** zu beachten. Bei einer Unsicherheit über den Zugangszeitpunkt beginnt dann die 30-Tage-Frist mit Fälligkeit und Empfang der Gegenleistung.

cc) 30-Tage-Frist

255 Gemäß § 286 Abs. 3 S. 1 tritt bei einer Entgeltforderung Verzug spätestens 30 Tage nach Fälligkeit und Zugang einer Rechnung oder gleichwertigen Zahlungsaufstellung ein. Geht die Rechnung oder die Zahlungsaufstellung bei oder nach Fälligkeit zu, setzt sie den Lauf der Frist in Gang. Bei Rechnungszugang **vor Fälligkeit** beginnt die **Frist erst mit Fälligkeit**. Erst der Eintritt der letzten Voraussetzung markiert den Fristbeginn.[481]

Der Fristbeginn und das Fristende bestimmen sich nach **§ 187 Abs. 1** und **§ 188 Abs. 1**. Da es sich um eine 30-Tage-Frist handelt – nicht ein Monat oder vier Wochen –, muss

---

476 Palandt/Grüneberg § 286 Rn. 28.
477 Fabis ZIP 2000, 865, 868.
478 Coester-Waltjen Jura 2000, 443, 445; Palandt/Heinrichs § 286 Rn. 28.
479 Palandt/Grüneberg § 286 Rn. 28; BeckOK BGB/Lorenz § 286 Rn. 44.
480 Palandt/Grüneberg § 286 Rn. 30; BeckOK BGB/Lorenz § 286 Rn. 45.
481 BeckOK BGB/Lorenz § 286 Rn. 45.

ausgezählt werden.[482] Fällt der Fristablauf auf einen Samstag, Sonntag oder Feiertag, verlängert dies die Frist (analog) **§ 193**, auch wenn die Leistung bereits mit Fälligkeit zu „bewirken" war.[483]

dd) Besonderer Hinweis gegenüber Verbrauchern

Der Verzugseintritt ohne Mahnung gemäß § 286 Abs. 3 wirkt zulasten eines Schuldners, der Verbraucher i.S.d. § 13 ist, nur dann, wenn auf diese Folgen **in der Rechnung** oder **Zahlungsaufstellung** besonders hingewiesen worden ist. Damit stellt § 286 Abs. 3 S. 1 Hs. 2 klar, dass grundsätzlich die 30-Tage-Regelung auch gegenüber Verbrauchern wirkt. Es ist allerdings ein **besonderer Hinweis** erforderlich.[484] Vor dem Hintergrund des Verbraucherschutzzwecks sind an den Hinweis **strenge Anforderungen** zu stellen; ein früherer oder späterer Hinweis genügt nicht.[485] Der Hinweis muss insbesondere die Voraussetzungen, unter denen der Verzug eintritt, und die wesentlichen Verzugsfolgen enthalten. Ohne ordnungsgemäßen Hinweis in der Rechnung oder Zahlungsaufstellung tritt gegenüber Verbrauchern kein Verzug gemäß § 286 Abs. 3 S. 1 ein.[486]

Wird ein Verbraucher nach Zugang der Rechnung, die einen ordnungsgemäßen Hinweis enthält, darüber hinaus noch zusätzlich – mit einer kürzeren Frist – gemahnt, muss der Verbraucher auf die Rechtsfolgen der Mahnung und die dadurch hinsichtlich des Verzugs eintretende Bedeutungslosigkeit der Rechnung besonders hingewiesen werden, da sonst die Mahnung wegen **widersprüchlichen Verhaltens** (§ 242) des Gläubigers unwirksam ist.[487]

e) Vereinbarungen über den Verzugseintritt

Gemäß **§ 286 Abs. 5** gilt die Regelung des **§ 271 a Abs. 1–5** entsprechend, wenn die Parteien abweichend von § 286 Abs. 1–3 BGB die **Verzögerung des Verzugs** vereinbaren. Das bedeutet indes nicht, dass die Vereinbarung einer Fälligkeit 55 Tage nach Empfang der Gegenleistung und sodann des Verzugs 45 Tage nach Fälligkeit immer zulässig ist, weil beide Zeiträume für sich betrachtet die 60-Tages-Grenze des § 271 a Abs. 1 einhalten. Vielmehr sind bereits dann die Voraussetzungen des § 271 a Abs. 1 S. 1 u. 2 BGB einzuhalten, wenn der Verzug mehr als 60 Tage (hier: 100 Tage) nach Leistungs- oder Rechnungsempfang eintreten soll.[488] Es findet also eine Addition statt.[489]

Hintergrund: § 286 Abs. 5 wurde im Zuge der Umsetzung der RL 2011/7/EU zur Bekämpfung von Zahlungsverzug im Geschäftsverkehr einfügt und soll verhindern, dass die neue Verbotsnorm des § 271 a (vgl. dazu oben Rn. 64) von den Parteien durch eine Vereinbarung über die Voraussetzungen des Verzugseintritt umgangen wird.[490]

256

---

482 Palandt/Grüneberg § 286 Rn. 30.

483 Für die (analoge) Anwendung BGH, Urt. v. 01.02.2007 – III ZR 159/06, RÜ 2007, 337; MünchKomm/Ernst § 286 Rn. 87; Palandt/Grüneberg § 286 Rn. 30; Looschelders 565; ablehnend BeckOK BGB/Lorenz § 286 Rn. 47; Brox/Walker § 23 Rn. 27.

484 BT-Drs. 14/6040 S. 148.

485 Palandt/Grüneberg § 286 Rn. 29.

486 BGH, Urt. v. 25.10.2007 – III ZR 91/07, RÜ 2008, 69.

487 BeckOK BGB/Lorenz § 286 Rn. 41.

488 BT-Drs. 18/1309, S. 18.

489 Lüdde, RÜ 2014, 636, 637.

490 BT-Drs 18/1309 S 19; Jauernig/Stadler § 286 Rn. 43.

4. Kein Verzug ohne Vertretenmüssen (§ 286 Abs. 4)

257 Nach § 286 Abs. 4 kommt der Schuldner nicht in Verzug, solange die Leistung infolge eines Umstands unterbleibt, den er nicht zu vertreten hat. Grundsätzlich hat der Schuldner gemäß § 276 Abs. 1 S. 1 Vorsatz und Fahrlässigkeit zu vertreten.

Klausurhinweis: Aus der Formulierung des § 286 Abs. 4 ergibt sich, dass der Schuldner die Darlegungs- und Beweislast für das Nichtvertretenmüssen trägt. In einer Klausur mit einem unstreitigen Sachverhalt kann deshalb vom Vertretenmüssen ausgegangen werden, wenn der Sachverhalt keine Angaben enthält, die auf ein Nichtvertretenmüssen hindeuten.

Die (widerlegliche) Verschuldensvermutung gemäß § 286 Abs. 4 wiederholt die Regelung in § 280 Abs. 1 S. 2 und **konkretisiert den Zeitpunkt**, für den der Entlastungsbeweis zu führen ist, abzustellen ist nämlich nicht auf die Pflichtverletzung bei Fälligkeit, sondern auf den Zeitpunkt, in dem alle objektiven Voraussetzungen des Verzugs vorliegen.[491] Das in der Regel der Zeitpunkt der Mahnung.[492]

Der Schuldner hat den Verzug nicht zu vertreten, wenn

- der Leistung unverschuldete tatsächliche oder rechtliche Hindernisse entgegenstehen oder

- er sich in einem unverschuldeten Irrtum über seine Leistungspflicht befindet.

a) Unverschuldete tatsächliche oder rechtliche Hindernisse

258 Zu den unverschuldeten Leistungshindernissen des Schuldners zählen etwa eine schwere Krankheit des Schuldners, die Unkenntnis der geänderten Anschrift des Gläubigers, Einfuhrbeschränkungen oder auch Beschränkungen des internationalen Zahlungsverkehrs[493] oder die Unsicherheit darüber, wer Rechtsnachfolger des Gläubigers geworden ist.[494]

Allein Beschaffungsschwierigkeiten entlasten den Schuldner dagegen nicht.

Beispiel: V verkauft K ein Kopiersystem. Als Liefertermin ist der 15.03. vereinbart, Zahlung nach Lieferung. Da der Lieferant des V nicht früher liefern kann, erhält K den Kopierer erst im Juli. K verlangt Ersatz des Schadens, der ihm dadurch entstanden ist, dass er bei Dritten Kopien in Auftrag geben musste.

K verlangt den Ersatz eines Verspätungsschadens. Anspruchsgrundlage sind daher §§ 280 Abs. 1 u. 2, 286. V müsste in Verzug geraten sein.
I. K hatte einen fälligen und durchsetzbaren Anspruch. Die Einrede des § 320 stand V nicht zu, da er vorleistungspflichtig war. Die Zahlung sollte erst nach Lieferung erfolgen.
II. Eine Mahnung war entbehrlich, da der Liefertermin kalendermäßig bestimmt war (§ 286 Abs. 2 Nr. 1).
III. V ist nur dann nicht in Verzug geraten, wenn er die verspätete Leistung nicht zu vertreten hat.
1. Lieferanten sind nicht Erfüllungsgehilfen des Verkäufers.[495] Das Verschulden seines Lieferanten muss sich V daher nicht gemäß § 278 zurechnen lassen.
2. Gemäß § 276 Abs. 1 trägt der Schuldner einer Gattungsschuld aber das Beschaffungsrisiko. K hat einen Anspruch aus §§ 280 Abs. 1 u. 2, 286 auf Ersatz des Verspätungsschadens.

---

491 Palandt/Grüneberg § 286 Rn. 32.
492 BeckOK BGB/Lorenz § 286 Rn. 51.
493 Palandt/Grüneberg § 286 Rn. 34; MünchKomm/Ernst § 286 Rn. 105 ff.
494 BGH, Urt. v. 07.09.2005 – VIII ZR 24/05, Rn. 11, NJW 2006, 51, 52.
495 BGH, Urt. v. 15.07.2008 – VIII ZR 211/07, NJW 2008, 2837; Lorenz ZGS 2004, 408, 410.

Auch der Mieter, der zur Wohnungsräumung verpflichtet ist, hat eine verspätete Räumung grundsätzlich zu vertreten. Ihn können nur außergewöhnliche und unvorhersehbare Schwierigkeiten bei der Beschaffung einer Ersatzwohnung entlasten.[496]

b) Unverschuldeter Irrtum

Der Schuldner gerät gemäß § 286 Abs. 4 nicht in Verzug, wenn er schuldlos über die tatsächlichen Voraussetzungen seiner Leistungspflicht im Irrtum ist, er also einem **Tatsachenirrtum** unterliegt.[497]

259

Beispiel: E war Eigentümer einer Lagerhalle, die bei der V gegen Feuer versichert war. Die Lagerhalle brannte ab, wobei viele Umstände darauf hindeuteten, dass E selbst das Feuer legte, um die Versicherungssumme zu erlangen. Aufgrund dieser Umstände und des eingeleiteten Ermittlungsverfahrens gegen E lehnte V nach Zahlungsaufforderung die Zahlung der Versicherungssumme ab. Nach einem Jahr stellte sich heraus, dass die Lagerhalle durch den inzwischen gefassten Brandstifter B in Brand gesetzt wurde.

I. E stand gegen die V ein fälliger und durchsetzbarer Anspruch auf Zahlung der Versicherungssumme zu. Da V trotz Mahnung durch E (Zahlungsaufforderung) nicht zahlte, lagen die Voraussetzungen des § 286 Abs. 1 vor.
II. Die V handelte jedoch nicht schuldhaft, weil sie nach den Gesamtumständen von einer Brandstiftung durch E ausgehen durfte, sodass der Versicherer gemäß § 26 Abs. 1 S. 1 VVG leistungsfrei gewesen wäre. Es lag somit ein unverschuldeter Tatsachenirrtum der V vor.[498]

Der Schuldnerverzug ist auch dann nach § 286 Abs. 4 ausgeschlossen, wenn sich der Schuldner in einem entschuldbaren **Rechtsirrtum** befand (vgl. dazu unten Rn. 312).

260

III. Rechtsfolge: Ersatz des durch den Verzug entstandenen Schadens

Nach §§ 280 Abs. 1 u. 2, 286 wird der Verspätungsschaden, der auch als Verzögerungs- oder Verzugsschaden bezeichnet wird, ersetzt. Dieser muss in dem **Zeitraum** eingetreten sein, **in dem sich der Schuldner im Verzug befindet**. Für Geldschulden werden häufig Zinsen verlangt, die nur für den Verzugszeitraum gewährt werden können. Insbesondere bei diesen Ansprüchen ist es daher häufig erforderlich, Beginn und ggf. Ende des Verzugs genau zu bestimmen.

261

1. Beginn des Verzugs

Ist der Verzug gemäß **§ 286 Abs. 1 S. 1** aufgrund einer Mahnung eingetreten, beginnt er grundsätzlich mit dem **Zugang der Mahnung**.

262

Tritt der Verzug bei kalendermäßig bestimmter Leistung gemäß **§ 286 Abs. 2** oder bei Entgeltforderungen gemäß **§ 286 Abs. 3** ohne Mahnung ein, beginnt er mit Ablauf des Tages, an dem die **Leistung spätestens zu erbringen war**.

Ist die Mahnung oder bei Entgeltforderungen der Ablauf der 30-Tage-Frist nach Rechnungszugang entbehrlich, beginnt der Verzug mit dem Zeitpunkt, der die **Entbehrlich-**

---

496 BeckOK BGB/Lorenz § 286 Rn. 54.
497 MünchKomm/Ernst § 286 Rn. 108.
498 MünchKomm/Ernst § 286 Rn. 116.

keit begründet. Der Verzug beginnt z.B. bei ernsthafter und endgültiger Leistungsverweigerung oder Selbstmahnung mit der entsprechenden Erklärung des Schuldners.

2. Beendigung des Verzugs

263 Der Verzug endet, wenn eine seiner Voraussetzungen entfällt oder die Leistung in einer den Annahmeverzug begründenden Weise angeboten wird.

a) Beendigung durch Entfallen der Verzugsvoraussetzungen

Die Verzugsvoraussetzungen entfallen beispielsweise dann, wenn der Anspruch erlischt. Das ist etwa der Fall, wenn er nachträglich unmöglich wird oder wirksam die Anfechtung oder der Rücktritt erklärt wird.

Die nachträgliche Unmöglichkeit beendet den Verzug mit ex-nunc-Wirkung. Ist bereits ein Anspruch aus §§ 280 Abs. 1 u. 2, 286 entstanden, tritt er gegebenenfalls neben einen Anspruch aus §§ 280 Abs. 1 u. 3, 283. Die Anfechtung beseitigt die Verzugsfolgen ex tunc.

Die Voraussetzungen des Verzugs können z.B. auch entfallen, wenn

- der Anspruch nicht mehr fällig ist, weil der Gläubiger ihn stundet;[499]

- er nicht mehr durchsetzbar ist, da der Schuldner nachträglich Einreden geltend macht.[500]

  Entsteht nachträglich ein Zurückbehaltungsrecht gemäß § 320 oder § 273, ist zur Verzugsbeendigung erforderlich, dass der Schuldner seine Leistung in einer den Annahmeverzug begründenden Weise anbietet.[501]

- die Mahnung bzw. die Klageerhebung zurückgenommen wird[502]

- oder die Voraussetzung der Nichtleistung entfällt, was regelmäßig mit der Erbringung der Leistungshandlung erfolgt.[503]

b) Beendigung durch Angebot der Schuldnerleistung in Annahmeverzug begründender Weise

264 Der Verzug endet weiterhin, wenn der Schuldner die Leistung in einer den Annahmeverzug begründenden Weise anbietet.[504] Umstritten ist dabei, ob der Schuldner außer der geschuldeten Leistung auch den Verzögerungsschaden anbieten muss.

- Dies wird teilweise bejaht, da anderenfalls nur ein Angebot einer Teilleistung vorliege, wozu der Schuldner nach § 266 nicht berechtigt sei.[505]

---

499 BGH NJW-RR 1991, 822; Palandt/Grüneberg § 286 Rn. 38.

500 BeckOK BGB/Lorenz § 286 Rn. 63.

501 BeckOK BGB/Lorenz § 286 Rn. 62.

502 Palandt/Grüneberg § 286 Rn. 38.

503 BGH NJW-RR 1997, 622, 623; Palandt/Grüneberg § 286 Rn. 38.

504 BGH NJW-RR 1997, 622, 623.

505 Staudinger/Löwisch/Feldmann § 286 Rn. 124.

Eine Verzugsbeendigung wird allerdings dann angenommen, wenn dem Gläubiger die Annahme der Teilleistung nach § 242 zumutbar ist, weil z.B. der Umfang des Verzögerungsschadens zweifelhaft ist.

■ Nach h.M. stellt der Anspruch auf Ersatz des Verzögerungsschadens aber einen vom Leistungsanspruch zu trennenden eigenständigen Anspruch dar, sodass § 266 keine Anwendung findet. Der Schuldner müsse den Verzugsschaden nicht zugleich ausgleichen, da ihm Grund und Höhe des Schadens regelmäßig nicht bekannt seien.[506]

3. Verzögerungsschaden

Gemäß §§ 280 Abs. 1 u. 2, 286 ist der Schaden zu ersetzen, der infolge des Verzugs entstanden ist. Der Gläubiger kann den durch den Verzug adäquat kausal und zurechenbar verursachten Schaden nach Maßgabe der **§§ 249 ff.** ersetzt verlangen. Im Gegensatz zu dem in den §§ 280 Abs. 1 u. 3, 281 geregelten Schadensersatz statt der Leistung zeichnet sich der Verspätungsschaden dadurch aus, dass er **neben dem Erfüllungsanspruch bestehen kann.**[507]

265

Klausurhinweis: Bei der Bestimmung der Anspruchsgrundlage empfiehlt sich folgende Vorüberlegung: Kann der geltend gemachte Schaden auch bei einer (verspäteten) Erfüllung entstanden sein, sind die §§ 280 Abs. 1 u. 2, 286 zu prüfen. Ist der geltend gemachte Schaden dagegen nur anstelle der Leistung denkbar, sind die §§ 280 Abs. 1 u. 3, 281 zu prüfen.

Zu den ersatzfähigen Verzögerungsschäden gehören insbesondere:

266

■ die **Mehraufwendungen** infolge verspäteter Herstellung, z.B. Miete für eine Ersatzwohnung bei verspäteter Herstellung eines Wohnhauses;[508]

■ die Kosten der **Rechtsverfolgung**, die nach Eintritt des Verzugs entstanden sind; **nicht** hingegen die Kosten **für** die **verzugsbegründende Mahnung**.[509]

Beispiel: V schuldet K aus einem Kaufvertrag die Lieferung von Waren. Da V nicht liefert, beauftragt K den Rechtsanwalt R mit der Durchsetzung des Anspruchs. R fordert V zur Lieferung bis zum 01.04. auf und verlangt zudem die durch seine Inanspruchnahme entstandenen Kosten.

V befand sich im Zeitpunkt der Beauftragung des R noch nicht mit der Lieferung gemäß § 286 Abs. 1 S. 1 im Verzug. Der Verzug trat erst mit der Mahnung des R ein. Daher sind die Kosten der Mahnung nicht als Verzugsschaden zu ersetzen. Auch ein Anspruch aus § 280 Abs. 1 scheidet aus, weil die Verzugsregeln insoweit abschließende Regelungen enthalten.

Abwandlung: Die Lieferung sollte am 01.04. erfolgen. Am 02.04. beauftragt K den R. Dieser verlangt Lieferung bis zum 05.04. und zusätzlich die Kosten für seine Inanspruchnahme.

Hier befand sich V bereits mit Ablauf des 01.04. mit der Lieferungspflicht im Verzug. Die durch die Beauftragung des R entstandenen Kosten sind als Verzugsschaden zu ersetzen.

■ Der Gläubiger, der seinem Abkäufer gemäß §§ 280 Abs. 1 u. 3, 281 Schadensersatz statt der Leistung schuldet, kann diesen Schaden als Verzugsschaden vom Schuldner ersetzt verlangen.[510]

---

506 Palandt/Grüneberg § 286 Rn. 37; BeckOK BGB/Lorenz § 286 Rn. 62.

507 Brox/Walker § 23 Rn. 30.

508 BGHZ 46, 238, 240.

509 BeckOK BGB/Lorenz § 286 Rn. 73.

510 BGH NJW 1989, 1215.

Beispiel: V verkauft K eine Ladung Käse, Lieferung im August an einen noch zu benennenden Abkäufer. K verkauft an X weiter, Lieferung am 25.08. K verständigt V unter Hinweis auf den Liefertermin. Da V nicht fristgerecht an X liefert, setzt X dem K eine Frist bis zum 01.09. K verständigt V. V liefert dennoch nicht. K verlangt von V Ausgleich für den Schaden, den er X gemäß §§ 280 Abs. 1 u. 3, 281 zu ersetzen hat.

I. Die Voraussetzungen eines Anspruchs des K gegen V aus §§ 280 Abs. 1 u. 2, 286 liegen vor, weil V mit einem fälligen durchsetzbaren Anspruch auf Lieferung durch die Mahnung in Verzug geraten ist.

II. V muss K den infolge des Verzugs entstandenen Schaden ersetzen. Infolge der verzögerten Lieferung ist ein Schadensersatzanspruch des X gegen K entstanden. K kann den Betrag, den er X schuldet, von V erstattet verlangen.

Hinweis: Wenn V an K hätte liefern müssen und K infolge des Verzugs sich anderweitig die Ladung Käse verschafft hätte, so hätte er nicht gemäß §§ 280 Abs. 1 u. 2, 286 die Mehrkosten als Verzögerungsschaden ersetzt verlangen können. Sein Schaden wäre „statt der Leistung" eingetreten.

Auch eine **Vertragsstrafe**, die der Gläubiger an seine Abnehmer zu entrichten hat, ist als Verzugsschaden zu ersetzen.[511]

■ Gemäß §§ 288 Abs. 4, 280 Abs. 1 u. 2, 286 sind bei Geldschulden Zinsverluste zu ersetzen. Dies können einmal Verluste von Anlagezinsen, zum anderen auch Aufwendungen für Kreditzinsen sein.

Die Zinsverluste müssen vom Gläubiger konkret dargelegt und ggf. bewiesen werden. Wird der Ersatz von Kreditkosten verlangt, genügt für die Darlegung eines Zinsschadens zunächst die Behauptung, der Gläubiger nehme Bankkredit in Anspruch.[512] Ohne Darlegung eines Zinsschadens können gemäß § 288 Abs. 1 S. 1 Verzugszinsen i.H.v. fünf Prozentpunkten über dem Basiszinssatz verlangt werden.

267   Kein Verzögerungsschaden ist ein Schaden, der an die Stelle der Leistung tritt. Diese Schäden sind gemäß §§ 280 Abs. 1 u. 3, 281 grundsätzlich nur nach erfolgloser Fristsetzung zu ersetzen.

Fall 14: Ignoranter Installateur

A hat von einem Freund günstig eine Heizungsanlage erhalten. Der Installateur S verpflichtet sich, diese im Hause des A einzubauen. Da S trotz Aufforderung nichts unternimmt, beauftragt A den B mit dem Einbau der Heizungsanlage. Die Mehrkosten, die durch die Nichtleistung entstanden sind, verlangt A von S ersetzt. Zu Recht?

---

268   I. Ein Schadensersatzanspruch aus **§§ 280 Abs. 1 u. 3, 283** wegen Unmöglichkeit scheidet aus. Mit dem Einbau der Heizungsanlage durch B ist S die Erfüllung des mit A abgeschlossenen Werkvertrags unmöglich geworden. Der Anspruch scheitert aber daran, dass S die Unmöglichkeit nicht zu vertreten hat. Das Vertretenmüssen des Schuldners (hier: S) wird zwar gemäß § 280 Abs. 1 S. 2 vermutet, aufgrund des Sachverhalts steht aber fest, dass nicht der Schuldner S, sondern der Gläubiger A die Un-

---

511   BGH NJW 1998, 1493.
512   Palandt/Grüneberg § 288 Rn. 14.

möglichkeit zu vertreten hat. A hat selbst B beauftragt und damit die Unmöglichkeit herbeigeführt.

II. A könnte aber gegen S einen Anspruch aus **§§ 280 Abs. 1 u. 2, 286** haben.

1. S befand sich mit einer Leistungsverpflichtung im Verzug.

2. Als Rechtsfolge muss S den Verzögerungsschaden ersetzen. Der Verzögerungsschaden ist der Schaden, der infolge der Verspätung der Leistung eingetreten ist. Er zeichnet sich dadurch aus, dass er neben einer (verspäteten) Erfüllung eintreten kann. Die Kosten der Ersatzvornahme sind nicht infolge der Leistungsverzögerung entstanden. Dieser Schadensposten kann nicht neben einer verspäteten Erfüllung entstehen, sondern nur, wenn die Ersatzvornahme die Erfüllung unmöglich gemacht hat. Es handelt sich um Schadensersatz statt der Leistung, der bei einer Verzögerung der Leistung nur unter den Voraussetzungen der §§ 280 Abs. 1 u. 3, 281 (nach einer Fristsetzung) zu ersetzen ist. Ein Anspruch aus §§ 280 Abs. 1 u. 2, 286 scheidet aus.[513]

III. Ein Anspruch auf Schadensersatz gemäß **§§ 280 Abs. 1 u. 3, 281** scheidet aus, da A dem S keine Frist gesetzt hat und die Fristsetzung auch nicht gemäß § 281 Abs. 2 entbehrlich ist.

IV. Da die §§ 281 ff. eine abschließende Regelung bezüglich des Nichterfüllungsschadens enthalten, kommen Ansprüche aus Geschäftsführung ohne Auftrag bzw. § 812 nicht in Betracht.

B. Weitere Verzugsfolgen

Neben einem Anspruch aus §§ 280 Abs. 1 u. 2, 286 kann der Schuldnerverzug weitere Rechtsfolgen auslösen:

■ **Erweiterte Haftung** gemäß § 287: Nach **§ 287 S. 1** hat der Schuldner während des Schuldnerverzugs **jede Fahrlässigkeit** zu vertreten, und zwar auch dann, wenn er nach allgemeinen Regeln (§§ 690, 708) nicht für jede Fahrlässigkeit haften würde.

Nach **§ 287 S. 2** haftet der Schuldner wegen der Leistung auch für **Zufall**, es sei denn, dass der Schaden auch bei rechtzeitiger Leistung eingetreten wäre.

■ Der Gläubiger kann unter den Voraussetzungen der **§§ 288–290 Verzugszinsen** verlangen.

Gemäß **§ 288 Abs. 1** kann der Gläubiger einer Geldschuld grundsätzlich als unwiderlegbar vermuteten Mindestschaden Verzugszinsen i.H.v. fünf Prozentpunkten über dem jeweiligen Basiszinssatz verlangen. Bei Unternehmergeschäften beträgt der Verzugszinssatz für Entgeltforderungen acht Prozentpunkte über dem Basiszinssatz (§ 288 Abs. 2).

---

513 OLG München BB 1995, 328 mit Anm. Benicke JuS 1996, 196; BeckOK BGB/Lorenz § 286 Rn. 69.

Der Basiszinssatz verändert sich gemäß § 247 Abs. 1 S. 2 zum 01.01. und 01.07. jeden Jahres um die Prozentpunkte, um welche die Bezugsgröße seit der letzten Veränderung des Basiszinssatzes gestiegen oder gefallen ist. Gemäß § 247 Abs. 2 gibt die Deutsche Bundesbank den geltenden Basiszinssatz unverzüglich nach den in § 247 Abs. 1 S. 2 genannten Zeitpunkten im Bundesanzeiger bekannt. Der Zinssatz wird auch auf der Internetseite der Bundesbank veröffentlicht.[514]

Gemäß **§ 288 Abs. 3** bleibt die Verpflichtung des Schuldners, aus einem anderen Rechtsgrund (andere Anspruchsgrundlage als Verzug, z.B. vertragliche Vereinbarung) höhere Zinsen zu zahlen, unberührt. Einen etwa entstandenen höheren Verzögerungsschaden kann der Gläubiger gemäß §§ 280 Abs. 1 u. 2, 286 geltend machen (§ 288 Abs. 4), z.B. höhere Zinsbelastung wegen Inanspruchnahme von Bankkrediten.[515] Unter Kaufleuten ist bei beiderseitigen Handelsgeschäften zu beachten, dass, sofern nicht eine abweichende Vereinbarung getroffen worden ist, Zinsen auch ohne Verzug, nämlich schon von der Fälligkeit an zu zahlen sind (§ 353 HGB). Dieser Zinssatz beträgt gemäß § 352 HGB 5%.

Nach § 289 sind von den Verzugs- und Prozesszinsen (§ 291 S. 1) keine Zinsen zu zahlen (Verbot der **Zinseszinsen**).

§ 289 schließt allerdings einen Anspruch aus §§ 280 Abs. 1 u. 2, 286 auf Zahlung von Zinseszinsen nicht aus. Zinseszinsen sind danach zu entrichten, wenn der Schuldner mit der Zinszahlung in Verzug gekommen ist.[516]

- **Prozesszinsen**: Gemäß **§ 291 S. 1** hat der Schuldner eine Geldforderung unabhängig vom Verzug ab Eintritt der Rechtshängigkeit zu verzinsen. Dabei gilt aufgrund der Verweisung des § 291 S. 2 auch hier der Zinssatz des § 288 Abs. 1 S. 2 von fünf Prozentpunkten über dem Basiszinssatz.

---

514 http://www.bundesbank.de.
515 Palandt/Grüneberg § 288 Rn. 14.
516 BGH NJW 1993, 1260; Palandt/Grüneberg § 289 Rn. 2.

Verzug

Anspruch aus §§ 280 Abs. 1 u. 2, 286

- Schuldverhältnis

- Fälliger, durchsetzbarer Anspruch

  - Einrede aus § 320 hindert den Verzugseintritt ohne Geltendmachung

  - § 273 muss geltend gemacht werden.

  - Andere Einreden hindern den Verzugseintritt ohne Geltendmachung (§§ 214 Abs. 1, 438 Abs. 4 S. 2, 771, 821, 853).

- Mahnung: eindeutige und bestimmte Leistungsaufforderung; Klageerhebung und Mahnbescheid stehen gleich. Entbehrlichkeit der Mahnung:

  - § 286 Abs. 2
    Nr. 1: Kalendermäßige Bestimmung
    Nr. 2: Berechenbarkeit
    Nr. 3: Ernsthafte und endgültige Erfüllungsverweigerung
    Nr. 4: Besondere Gründe

  - § 286 Abs. 3: 30-Tage-Regelung

- Nichtleistung

- Kein Verzug ohne Vertretenmüssen (§ 286 Abs. 4)

- Rechtsfolge: Ersatz des Verzögerungsschadens

Weitere Verzugsfolgen

- Erweiterte Haftung gemäß § 287

- Verzugszinsen, §§ 288–290

6. Abschnitt: Sonstige Verletzung von Leistungspflichten

270 Die Verletzung von Leistungspflichten, die nicht in der Unmöglichkeit, der Nichtleistung nach Fristsetzung oder dem Schuldnerverzug liegt, ist mit einem Schadensersatzanspruch gemäß § 280 Abs. 1 sanktioniert. Dabei darf es sich nicht um Schadensersatz statt der Leistung (§ 280 Abs. 3) oder wegen Verzögerung der Leistung (§ 280 Abs. 2) handeln. Die alleinige Anwendung des § 280 Abs. 1 wegen der Verletzung von Leistungspflichten kommt in Betracht:

- bezüglich der Schlechtleistung bei Verträgen, für die kein Gewährleistungsrecht geregelt ist und

- bei sonstigen Schäden im Gewährleistungsrecht.

A. Verträge ohne Gewährleistungsrecht

271 Ohne Gewährleistungsrecht sind vor allem die Vertragstypen geregelt, bei denen der Schuldner nicht die Übertragung bzw. Überlassung einer Sache oder die Herbeiführung eines Erfolgs schuldet, sondern das bloße Tätigwerden. Dies ist insbesondere bei Arbeits- und Dienstverträgen der Fall, wobei unter Letztere auch die Dienstverträge mit Geschäftsbesorgungscharakter i.S.d. § 675 fallen.

Hinweis: Für die nicht typisierten Verträge sind regelmäßig keine Gewährleistungsvorschriften anwendbar. Eine Ausnahme besteht beim Leasingvertrag, bei dem wegen der sachlichen Nähe zur Miete das Gewährleistungsrecht des Mietvertrags jedenfalls grundsätzlich gilt, soweit nicht ein Gewährleistungsausschluss vereinbart ist.

Ist der Schuldner lediglich zu einem Tätigwerden verpflichtet, ist bei einer Schlechtleistung ein Schadensersatz statt der Leistung zwar theoretisch denkbar, aber praktisch zumindest äußerst ungewöhnlich. Das Gleiche gilt für Schadensersatz wegen Verzögerung der Leistung. Der Gläubiger wird regelmäßig bei einer Schlechtleistung den Schaden ersetzt verlangen, der durch die Schlechtleistung an anderen Rechtsgütern, insbesondere dem Vermögen entstanden ist. Für diesen Schaden ist § 280 Abs. 1 die (alleinige) Anspruchsgrundlage.

In dieser Form hat § 280 Abs. 1 eine enorme Bedeutung. In der allgemeinen Regelung ist praktisch die gesamte Haftung der Anwälte und Steuerberater[517] und ein wesentlicher Teil der Haftung der Kreditinstitute, insbesondere bei der Anlageberatung und Anlagevermittlung geregelt.

Dabei sind häufig die in § 280 Abs. 1 enthaltenen allgemeinen Voraussetzungen durch besondere in der Rechtsprechung entwickelte Anforderungen konkretisiert. So muss beispielsweise bei Anlageberatung eine Bank ihre Pflichten dadurch erfüllen, dass sie anlegergerecht und anlagegerecht handelt.[518] Anlegergerecht handelt die Bank nur, wenn sie das Anlageziel des Kunden und sein einschlägiges Fachwissen abklärt. Die Bank handelt anlagegerecht, wenn sie über alle Eigenschaften und Risiken, die für die Anlageentscheidung von Bedeutung sind, richtig und vollständig informiert.

---

517 Dazu BGH, Urt. v. 18.02.2016 – IX ZR 191/13, RÜ 2016, 280.
518 BGHZ 123, 126.

B. Verträge mit Gewährleistungsrecht

I. Kauf- und Werkvertragsrecht

Im Kauf- und Werkvertragsrecht kann § 280 Abs. 1 auch über die Verweise in § 437 Nr. 3 **272** und § 634 Nr. 4 zur Anwendung kommen. Wie im allgemeinen Leistungsstörungsrecht setzt die (mit Ausnahme der Verweise) alleinige Anwendung des § 280 Abs. 1 aber voraus, dass der Gläubiger nicht Schadensersatz statt der Leistung oder Schadensersatz wegen Verzögerung der Leistung verlangt.

Im Gewährleistungsrecht des Kaufrechts ist der Verkäufer zunächst zur Nacherfüllung verpflichtet. Schadensersatz statt der Leistung bedeutet demnach Schadensersatz statt der Nacherfüllung. Da der Schadensersatz an die Stelle des Mangels tritt, der nicht mehr beseitigt wird, geht es um den Ersatz des sog. Mangelschadens. Das ist der Schaden an der mangelhaften Kaufsache selbst. Er wird nur gemäß §§ 437 Nr. 3, 311 a Abs. 2 oder nach §§ 437 Nr. 3, 280 Abs. 1 u. 3, 283 oder gemäß §§ 437 Nr. 3, 280 Abs. 1 u. 3, 281 ersetzt. Demgegenüber ist der **Mangelfolgeschaden** gemäß §§ 434, 437 Nr. 3, 280 Abs. 1 ersatzfähig. Dies ist der Schaden an anderen Rechtsgütern als der Kaufsache (soweit er nicht auf der Verzögerung der Nacherfüllung beruht).

Auch im Werkvertragsrecht sind Schäden in Bezug auf die mangelhafte Leistung selbst nur durch einen Schadensersatzanspruch statt der Leistung zu ersetzen. Schäden an anderen Rechtsgütern als dem mangelhaften Werk können gemäß §§ 633, 634 Nr. 4, 280 Abs. 1 zu ersetzen sein (soweit sie nicht auf der Verzögerung der Nacherfüllung beruhen).

II. Mietrecht/Reisevertragsrecht

Der Schadensersatzanspruch des Mieters wegen eines Mangels aus § 536 a Abs. 1 erstreckt sich auch auf Mangelfolgeschäden und sonstige Begleitschäden. Daneben kommt ein Anspruch aus § 280 Abs. 1 nicht in Betracht. Bei einem Reisevertrag werden Begleit- und Folgeschäden gemäß § 651 f Abs. 1 ersetzt. Dies schließt die Anwendung des § 280 Abs. 1 wegen einer Schlechtleistung aus.

7. Abschnitt: Verletzung von Rücksichtnahmepflichten aus § 241 Abs. 2

Die Verletzung der Pflichten zur Rücksichtnahme aus § 241 Abs. 2 kann folgende Rechts- **273** folgen auslösen:

■ Schadensersatz statt der Leistung gemäß §§ 280 Abs. 1 u. 3, 282;

■ bei gegenseitigen Verträgen ein Rücktrittsrecht aus § 324;

■ Schadensersatz gemäß § 280 Abs. 1.

A. Anspruch aus §§ 280 Abs. 1 u. 3, 282 und Rücktritt gemäß § 324

274 Die Verletzung einer Rücksichtnahmepflicht aus § 241 Abs. 2 hat regelmäßig die Folge, dass ein Schadensersatzanspruch aus § 280 Abs. 1 entsteht, der **neben die Leistungspflicht** tritt.

Nur **ausnahmsweise** hat der Gläubiger das Recht gemäß §§ 280 Abs. 1 u. 3, 282 Schadensersatz statt der Leistung zu verlangen oder gemäß § 324 zurückzutreten, nämlich dann, wenn dem Gläubiger die Leistung durch den Schuldner nicht mehr zuzumuten ist. Der Schadensersatzanspruch aus §§ 280 Abs. 1 u. 3, 282 und das Rücktrittsrecht aus § 324 haben praktisch identische Voraussetzungen. § 324 erfordert allerdings einen gegenseitigen Vertrag, wohingegen für §§ 280 Abs. 1 u. 3, 282 grundsätzlich jedes Schuldverhältnis ausreichend ist. Weiterhin ist für den Schadensersatzanspruch aus §§ 280 Abs. 1 u. 3, 282 das (gemäß § 280 Abs. 1 S. 2 vermutete) Vertretenmüssen erforderlich, wohingegen das Rücktrittsrecht vom Vertretenmüssen unabhängig ist.

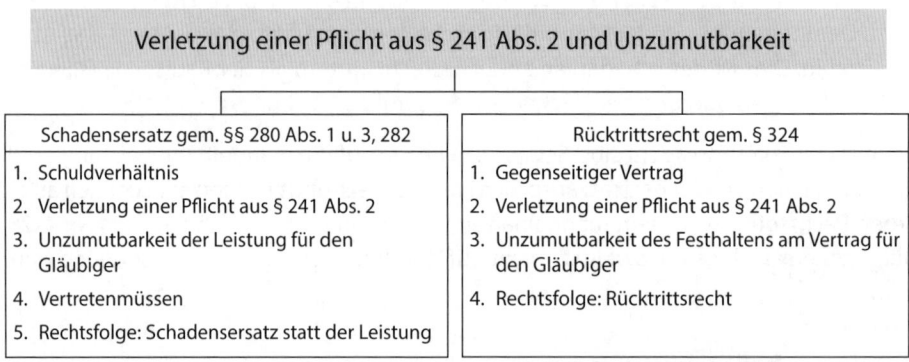

I. Schadensersatz statt der Leistung gemäß §§ 280 Abs. 1 u. 3, 282

1. Bestehen eines Schuldverhältnisses

275 Bei dem in §§ 280 Abs. 1 u. 3, 282 geforderten Schuldverhältnis wird es sich regelmäßig um ein vertragliches Schuldverhältnis handeln, zwingend ist dies jedoch nicht. Auch wenn dies eher theoretisch ist, kann sich ein Anspruch aus §§ 280 Abs. 1 u. 3, 282 auch bei der Verletzung von Rücksichtnahmepflichten aus einem gesetzlichen Schuldverhältnis ergeben.

Bei Pflichtverletzungen in vorvertraglichen Schuldverhältnissen aus § 311 Abs. 2 oder 3 kommt ein Anspruch aus §§ 280 Abs. 1 u. 3, 282 nicht in Betracht. Dies ergibt sich daraus, dass gemäß §§ 280 Abs. 1 u. 3, 282 Schadensersatz statt der Leistung verlangt werden kann. Bei den vertragsähnlichen Schuldverhältnissen gemäß § 311 Abs. 2 und 3 bestehen aber keine Leistungspflichten, also kann sich auch kein Schadensersatzanspruch statt der Leistung ergeben.[519]

---

519 BT-Drs. 14/7052 S. 186; Mertens ZGS 2004, 67, 68.

2. Verletzung einer Pflicht aus § 241 Abs. 2

Der Schuldner muss eine Pflicht aus § 241 Abs. 2 verletzt haben. Dies sind vor allem Leistungstreuepflichten, Aufklärungspflichten und Schutzpflichten.[520] Für den Anspruch aus §§ 280 Abs. 1 u. 3, 282 kommt eine Verletzung der **Leistungstreuepflicht**, aber auch die Verletzung einer **Aufklärungspflicht** in Betracht.

3. Unzumutbarkeit der Leistung

Dem Gläubiger muss die Leistung durch den Schuldner nicht mehr zuzumuten sein. Dabei muss die Unzumutbarkeit durch die Pflichtverletzung verursacht sein. Da die Haftung nach § 282 einen seltenen Ausnahmefall darstellt, sind an die Unzumutbarkeit **sehr hohe Anforderungen** zu stellen. Es ist stets eine **Interessenabwägung** erforderlich. Dabei sind vor allem die Schwere der Pflichtverletzung, die Frage, inwieweit der Vertragszweck hierdurch gefährdet wird und der Verschuldensgrad auf Seiten des Schuldners zu berücksichtigen.[521]

4. Vertretenmüssen i.S.d. § 280 Abs. 1 S. 2

Der Schadensersatzanspruch besteht nicht, wenn der Schuldner die Pflichtverletzung nicht zu vertreten hat. Pflichtverletzungen, welche die Unzumutbarkeit der Leistung für den Gläubiger begründen, sind regelmäßig so schwerwiegend, dass der Schuldner sich nicht entlasten kann.

5. Rechtsfolge

Der Gläubiger kann Schadensersatz statt der Leistung verlangen, obwohl der Schuldner keine Leistungspflicht verletzt hat.

II. Rücktritt gemäß § 324

Bei gegenseitigen Verträgen besteht ein Rücktrittsrecht gemäß § 324, wenn der Schuldner Rücksichtnahmepflichten verletzt hat und dem Gläubiger ein Festhalten am Vertrag nicht mehr zuzumuten ist.

276

Beispiel: V verkauft K einen Porsche, Lieferung in etwa vier Wochen. Als K einige Zeit später zufällig in die Werkstatt des V kommt, sieht er, wie an einem fabrikneuen Porsche Bug- und Heckspoiler ab- und an ein anderes, bereits gefahrenes Porschefahrzeug anmontiert sowie das Bugblech und die Heckklappe des anderen Fahrzeugs an diesen fabrikneuen Porsche angebracht werden. Bei diesem fabrikneuen Porsche handelt es sich um das Fahrzeug, das für K vorgesehen war. Daraufhin tritt K vom Vertrag zurück.

I. Ein Rücktrittsrecht aus §§ 434, 437 Nr. 2, 323 scheidet aus, da dieses voraussetzt, dass das Fahrzeug bei Gefahrübergang mangelhaft ist. Der Porsche ist K aber nicht übergeben worden.
II. Rücktrittsrecht aus § 324
1. V und K haben einen Kaufvertrag über einen Porsche abgeschlossen.
2. V hat die aus § 241 Abs. 2 folgende Leistungstreuepflicht verletzt. Zu diesen Nebenpflichten, die Ausprägungen einer dem Schuldverhältnis immanenten gegenseitigen Treupflicht sind, gehört nämlich

---

520 Siehe oben Rn. 79 ff.
521 Beck/Unberath § 282 Rn. 3.

auch die Leistungstreuepflicht, d.h. die generelle Verpflichtung, den Vertragszweck und den Leistungserfolg weder zu gefährden noch zu beeinträchtigen.[522]
3. Die Erbringung der Leistung durch V ist K unzumutbar.
4. Rechtsfolge ist ein Rücktrittsrecht des K. Mit dessen Ausübung erlöschen die beiderseitigen Erfüllungsansprüche und der Vertrag wandelt sich in ein Rückabwicklungsschuldverhältnis um.

III. Pflichtverletzungen in Sukzessivlieferungsverträgen

277 Sukzessivlieferungsverträge sind Verträge über eine Gesamtmenge, die in Teilleistungen nach einem bestimmten Zeitplan oder auf Abruf zu erbringen ist. Treten Leistungsstörungen auf, ist zwischen den einzelnen Lieferungen und den Auswirkungen auf den Gesamtvertrag zu unterscheiden.

- Die **einzelnen Lieferungen** sind rechtlich selbstständig. Sie werden so behandelt, als sei über sie ein eigenständiger Vertrag abgeschlossen worden.

- Welche Folgen die (mehrfache) Teil- oder Schlechtleistung bei den Einzellieferungen für die Rechte des Gläubigers bezüglich des **Gesamtvertrags** hat, ist umstritten. Einigkeit besteht lediglich darüber, dass unter bestimmten Voraussetzungen der Gläubiger berechtigt sein soll, den Rücktritt oder die Kündigung zu erklären und Schadensersatz zu verlangen.

Fall 15: Getürkte Tomaten

Der Gemüsegroßhändler K kaufte 400 t türkische Tomaten bei V, die auf Abruf in Teilmengen geliefert werden sollten. Bei der ersten Lieferung von 20 t Tomaten waren ca. 5 t überreif, sodass sie für den Weiterverkauf ungeeignet waren. K rügte dies unverzüglich und setzte V eine Frist zur Nachlieferung, die erfolglos verstrich.

Für die zweite Lieferung rief K wiederum 20 t bei V ab. Ihm wurden aber nur 18 t geliefert, obwohl der Lieferschein 20 t auswies. K rügte die Minderlieferung unverzüglich und setzte V eine Frist zur Nachlieferung. V teilte ihm daraufhin mit, er habe die Leistung vollständig erbracht, eine Nachlieferung komme daher nicht in Betracht. Bei der Überprüfung der dritten Lieferung stellte K fest, dass von den abgerufenen 20 t Tomaten ca. 6 t überreif bzw. teilweise angefault waren.

1. Welche Rechte stehen K wegen der einzelnen Lieferungen zu, wenn er bezüglich der mangelhaften oder fehlenden Mengen Deckungskäufe zu höheren Preisen tätigen musste?

2. Kann sich K von dem gesamten Vertrag mit V lösen?

3. Kann K Schadensersatz statt der Leistung bezüglich des ganzen Vertrags verlangen?

---

278 A. Rechte des K wegen der Einzellieferungen

I. Wegen der **ersten Lieferung** könnte K gegen V ein Anspruch auf Schadensersatz aus **§§ 437 Nr. 3, 280 Abs. 1 u. 3, 281** zustehen.

---

522 BGH NJW 1978, 260.

1. V und K haben einen Kaufvertrag über eine Gesamtmenge von 400 t Tomaten abgeschlossen. Isolierte Kaufverträge über die einzelnen Lieferungen bestehen nicht. Die Einzellieferungen sind jedoch aufgrund des Kaufvertrags erbracht worden und selbstständig verwertbar. Es finden daher die Vorschriften über den Kaufvertrag auch auf die Einzellieferungen Anwendung.[523]

2. Die Kaufsache müsste mangelhaft sein. V hat bei der ersten Lieferung 5 t überreife Tomaten geliefert. Diese eigneten sich nicht für die vertraglich vorausgesetzte Verwendung, nämlich weiterverkauft zu werden und waren daher mangelhaft i.S.d. § 434 Abs. 1 S. 2 Nr. 1.

3. Da K unverzüglich Nachlieferung verlangt hat, ist der Anspruch nicht gemäß § 377 HGB ausgeschlossen.

4. K hat V gemäß § 281 eine angemessene Frist zur Nachlieferung gesetzt. Diese Frist ist erfolglos abgelaufen.

5. V hat sich nicht gemäß § 280 Abs. 1 S. 2 entlastet.

6. K hat gegen V einen Anspruch auf Schadensersatz statt der Leistung bezüglich der ersten Lieferung. Der Käufer einer mangelhaften Sache kann den Schaden so berechnen, dass er die Sache behält und die Mängelbeseitigungskosten verlangt (kleiner Schadensersatz). K hat die mangelfreien Tomaten behalten und macht die Kosten der Mängelbeseitigung durch einen Deckungskauf geltend.

II. Auch wegen der **zweiten Lieferung** kommt ein Schadensersatzanspruch des K gegen V aus **§§ 437 Nr. 3, 280 Abs. 1 u. 3, 281** in Betracht. **279**

1. Die Zuweniglieferung von 2 t Tomaten steht gemäß § 434 Abs. 3 einem Mangel gleich.

2. Der Anspruch des K ist nicht gemäß § 377 HGB ausgeschlossen, da K die Zuweniglieferung unverzüglich gerügt hat.

3. Eine dem V gesetzte Frist ist erfolglos abgelaufen.

4. K kann die Mehrkosten für einen Deckungskauf bezüglich der fehlenden 2 t verlangen (kleiner Schadensersatz).

III. Auch wegen der **dritten Lieferung** könnte sich ein Schadensersatzanspruch aus **§§ 437 Nr. 3, 280 Abs. 1 u. 3, 281** ergeben.

1. V und K haben einen Kaufvertrag geschlossen. Bei der dritten Lieferung wurden 6 t überreife Tomaten geliefert. Diese waren gemäß § 434 Abs. 1 S. 2 Nr. 1 mangelhaft, da sie zur vertraglich vorausgesetzten Verwendung des Weiterverkaufs ungeeignet waren.

2. Da ein beiderseitiger Handelskauf vorliegt, muss K den Mangel unverzüglich gemäß § 377 HGB rügen, damit er nicht seine Gewährleistungsrechte verliert.

---

523 BGH NJW 1986, 124, 126.

3. Bezüglich des Mangels bei der dritten Lieferung hat K dem V noch keine Frist zur Nachlieferung gesetzt.

a) Die Fristsetzung ist gemäß § 281 Abs. 2 Alt. 1 entbehrlich, wenn V die Nachlieferung ernsthaft und endgültig verweigert hat. V hat aber keine ernsthafte und endgültige Verweigerung der Nachlieferung erklärt.

b) Die Nachfristsetzung ist auch nicht gemäß § 281 Abs. 2 Alt. 2 aufgrund besonderer Umstände entbehrlich. Solche Umstände können durch eine besondere Dringlichkeit der Leistung oder durch einen Interessenwegfall beim Gläubiger begründet sein. Derartige Umstände sind im vorliegenden Fall nicht gegeben. Allein eine in der Vergangenheit liegende wiederholte Unzuverlässigkeit des Gläubigers reicht nicht, die Entbehrlichkeit der Fristsetzung auch für zukünftige Lieferungen zu begründen.

K muss V – am besten in Verbindung mit der unverzüglichen Mängelrüge gemäß § 377 HGB – noch eine Frist zur Nachlieferung setzen. Erst nach deren erfolglosem Ablauf kann er wegen der dritten Lieferung gemäß §§ 434, 437 Nr. 3, 280 Abs. 1 und 3, 281 Schadensersatz statt der Leistung verlangen.

280 B. Möglichkeiten des K sich vom gesamten Vertrag zu lösen

I. In Betracht kommt ein Rücktritt nach **§ 323**.

1. V und K haben einen gegenseitigen Vertrag abgeschlossen.

2. K müsste ein fälliger und durchsetzbarer Anspruch zustehen. Die **Lieferung der gesamten Menge** ist jedoch **noch nicht fällig**. Die noch ausstehenden neuen Einzellieferungen sollten erst nach und nach jeweils nach Abruf durch K fällig werden.

Die Fälligkeit könnte gemäß **§ 323 Abs. 4** entbehrlich sein. Dann müsste „offensichtlich" sein, dass die Voraussetzungen des Rücktritts eintreten werden. V hat mehrfach mangelhaft geliefert. Nach diesem Verhalten muss befürchtet werden, dass er auch in Zukunft mangelhaft und unvollständig liefert und Nachfristen nicht einhält. Dies ist aber keineswegs sicher und daher auch nicht offensichtlich im Sinne des § 323 Abs. 4.[524] Es besteht kein Rücktrittsrecht aus § 323.

281 II. Ein Rücktrittsrecht könnte sich aus **§ 324** ergeben.

1. Dann müsste V eine **Pflicht nach § 241 Abs. 2** verletzt haben. Das ist fraglich, denn zumindest bezüglich der ersten drei Lieferungen hat V Leistungspflichten verletzt und keine Rücksichtnahmepflicht im Sinne des § 241 Abs. 2.

Der Gläubiger verletzt aber mit den wiederholt mangelhaften Teillieferungen und dem Unterlassen einer ordnungsgemäßen Nachlieferung bezüglich des Gesamtvertrags die **Leistungstreuepflicht**. Diese ist eine Ausprägung der Rücksichtnahmepflicht aus § 241 Abs. 2 und gebietet dem Schuldner, alles zu unterlassen, was den Vertragszweck gefährden könnte. Dabei kann auch die schwere Unzuver-

---

524 Schwab ZGS 2003, 73, 76.

lässigkeit des Schuldners den Leistungserfolg und den Vertragszweck gefährden.[525] Aus § 241 Abs. 2 ergibt sich die Pflicht, das Vertrauen des Vertragspartners in die eigene Erfüllungsbereitschaft und -fähigkeit nicht zu erschüttern.[526]

Wenn sich K vom Vertrag lösen möchte, geht es nicht um die Nichterfüllung der ersten drei Lieferungen. Insoweit kann er die bestehenden Schadensersatzansprüche durchsetzen (bzw. durch eine Fristsetzung die Voraussetzungen schaffen). Bezüglich der zukünftigen Leistungspflichten lässt sich eine Pflichtverletzung nicht feststellen, da diese Pflichten noch nicht fällig geworden sind.

Der Grund dafür, dass sich K vom Vertrag lösen will, ist nicht eine Verletzung von Leistungspflichten, sondern die Unzuverlässigkeit des V, die eine Verletzung einer Rücksichtnahmepflicht i.S.d. § 241 Abs. 2 darstellt.

V hat eine Pflicht nach § 241 Abs. 2 verletzt.

2. Aufgrund der Pflichtverletzung ist K ein Festhalten am Vertrag nicht zuzumuten. Die Unzumutbarkeit ergibt sich aus der wiederholten Unzuverlässigkeit des V und dem Leugnen der Nachlieferungspflicht.

Es besteht ein Rücktrittsrecht nach § 324.

3. Da die Einzellieferungen rechtlich selbstständig sind, werden die bereits abgewickelten Lieferungen nicht in das Rückgewährschuldverhältnis einbezogen.[527] Der Rücktritt wirkt insoweit nur ex nunc.

III. Möglicherweise kann K auch gemäß **§ 314** den Vertrag kündigen.   **282**

1. § 314 setzt voraus, dass ein **Dauerschuldverhältnis** zwischen den Parteien besteht. Ein Dauerschuldverhältnis ist dadurch gekennzeichnet, dass ein dauerndes Verhalten oder wiederkehrende Leistungen geschuldet werden und dass der Gesamtumfang der Leistung von der Dauer der Rechtsbeziehung abhängt.[528]

Bei dem hier vorliegenden Kaufvertrag sind zwar wiederkehrende Leistungen geschuldet, der Gesamtumfang der Leistung ist aber nicht von der Dauer der Rechtsbeziehung abhängig, sondern von der Menge der von V geschuldeten Sachen. Es handelt sich um einen Sukzessivlieferungsvertrag (Ratenlieferungsvertrag).

Ist die Gesamtmenge nicht bestimmt, spricht man von einem Dauerlieferungsvertrag (oder Bezugsvertrag oder unechten Sukzessivlieferungsvertrag). Dieser ist ein Dauerschuldverhältnis i.S.d. § 314.

Da bei einem Sukzessivlieferungsvertrag der Gesamtumfang der Leistungen nicht von der Dauer der Rechtsbeziehung abhängig ist, liegt kein Dauerschuldverhältnis vor. § 314 ist zumindest direkt nicht anwendbar.[529]

---

525 Vgl. MünchKomm/Bachmann § 241 Rn. 85.
526 Schwab ZGS 2003, 73, 75.
527 BGH NJW 1991, 2699.
528 Palandt/Grüneberg § 314 Rn. 2.
529 MünchKomm/Gaier § 314 Rn. 8.

2. Teilweise wird § 314 bei Leistungsstörungen in Sukzessivlieferungsverträgen analog angewandt.[530] Wegen der langen Dauer der Vertragsbeziehung bestehe eine enge sachliche Verwandtschaft zu den echten Dauerschuldverhältnissen. Wie bei diesen müsse es darauf ankommen, ob es dem Gläubiger nach Treu und Glauben zugemutet werden kann, angesichts der bisherigen Pflichtverletzungen des Schuldners am Vertrag festzuhalten. Da die Interessenlage vergleichbar sei, sei § 314 analog anzuwenden.

3. Für eine analoge Anwendung des § 314 besteht jedoch keine Regelungslücke, da Rücksichtnahmepflichten verletzt sind und die Frage, ob dies zur Vertragsbeendigung berechtigt, in § 324 geregelt ist.

C. Ansprüche des K gegen V auf Schadensersatz im Falle eines Deckungskaufs

I. Es kommt ein Anspruch aus §§ 280 Abs. 1 u. 3, 281 in Betracht.

1. Dann müsste V eine fällige und durchsetzbare Leistung nicht oder nicht wie geschuldet erbracht haben. Die zukünftigen Leistungen sind jedoch noch nicht fällig. Zwar ist § 323 Abs. 4 im Rahmen des § 281 analog anwendbar,[531] es ist jedoch nicht offensichtlich, dass für die zukünftigen Lieferungen und damit für den Gesamtvertrag ein Schadensersatzanspruch statt der Leistung entsteht.

2. Diejenigen, die bei einem Sukzessivlieferungsvertrag ein Kündigungsrecht aus § 314 analog begründen, bejahen einen Schadensersatzanspruch statt der Leistung aus § 281 analog.[532] Für eine Analogie besteht jedoch keine Regelungslücke. V hat eine Pflicht nach § 241 Abs. 2 verletzt. Die Folgen dieser Pflichtverletzung sind in § 282 geregelt.

II. K hat wegen des Deckungskaufs einen Anspruch aus §§ 280 Abs. 1 u. 3, 282. V hat eine Pflicht nach § 241 Abs. 2 verletzt. K ist die Leistung durch V nicht mehr zuzumuten. Die Kosten des Käufers wegen eines Deckungskaufs werden als Schadensersatz statt der Leistung ersetzt.

B. Anspruch aus § 280 Abs. 1 wegen der Verletzung einer Pflicht zur Rücksichtnahme

283 § 280 Abs. 1 ist die Anspruchsgrundlage für alle Schäden, die nicht als Schäden statt der Leistung oder wegen Verzögerung der Leistung anzusehen sind. Der Anspruch kann wegen der Verletzung von Leistungspflichten eingreifen, soweit nicht Regelungen des Gewährleistungsrechts vorrangig sind.

Ein weiterer Anwendungsbereich des § 280 Abs. 1 ist die Verletzung von Rücksichtnahmepflichten i.S.d. § 241 Abs. 2. Theoretisch macht es dabei keinen Unterschied, ob

---

530 Palandt/Grüneberg Überbl. v. § 311 Rn. 27.
531 Ramming ZGS 2002, 412, 416.
532 Lorenz/Riehm Rn. 251.

diese Pflichten aus einem rechtsgeschäftlichen oder einem rechtsgeschäftsähnlichen, vorvertraglichen Schuldverhältnis stammen. Rein tatsächlich bestehen bei der Art der Pflichten einige Unterschiede, die auch unterschiedliche Rechtsfolgen nach sich ziehen.

- Im vorvertraglichen Schuldverhältnis können **spezielle Pflichten** bestehen, die es im vertraglichen Schuldverhältnis nicht gibt. Dabei handelt es sich um die Pflicht, Vertragsverhandlungen nicht grundlos abzubrechen, und die Pflicht, einen wirksamen Vertragsschluss nicht zu verhindern.

- Die anderen Rücksichtnahmepflichten haben verschiedene Schwerpunkte, je nachdem, ob sie einem vorvertraglichen Schuldverhältnis oder einem vertraglichen Schuldverhältnis entstammen.

  - **Aufklärungspflichten** sind vor allem im vorvertraglichen Schuldverhältnis zu beachten. Dabei sind vorrangige Regelungen, insbesondere die des Gewährleistungsrechts, zu beachten.

  - **Schutzpflichten** bestehen in gleicher Weise in vorvertraglichen und vertraglichen Schuldverhältnissen.

  - **Leistungstreuepflichten** ergeben sich erst nach Vertragsschluss. Sie können auch noch nach Erfüllung des Vertrags bestehen.

I. Spezielle Pflichten in vorvertraglichen Schuldverhältnissen

Wer durch schuldhaftes Verhalten verhindert, dass der in Aussicht genommene Vertrag fehlerfrei zustande kommt, kann nach § 280 Abs. 1 schadensersatzpflichtig sein. Die Verhinderung des Zustandekommens eines fehlerfreien Vertrags kann auf nachstehenden Umständen beruhen.

- Grundloser Abbruch von Vertragsverhandlungen

- Verschuldete Unwirksamkeit des Vertrags

1. Grundloser Abbruch von Vertragsverhandlungen

Wer Vertragsverhandlungen führt, um die einzelnen Vertragsbedingungen festzulegen, darf grundsätzlich jederzeit die Verhandlungen ohne Angabe von Gründen abbrechen. Die Vertragsfreiheit würde erheblich eingeschränkt, müsste jede Partei einmal aufgenommene Vertragsverhandlungen bis zum Vertragsschluss fortsetzen.

Wer jedoch in einem anderen das **Vertrauen erweckt**, der beabsichtigte Vertrag werde mit Sicherheit zustande kommen, darf die Verhandlungen nicht grundlos oder ohne triftigen Grund abbrechen.[533]

Es ist für die haftungsbegründende **Pflichtverletzung** zweierlei erforderlich:

- Erwecken des Vertrauens, der Vertrag werde mit Sicherheit abgeschlossen,

- und Abbruch ohne triftigen Grund.

---

533 BGH, Urt. v. 15.10.2003 – VIII ZR 329/02; Wertenbruch ZIP 2004, 1525 ff.

Besonderheiten gelten für das **Vertretenmüssen**:

- Lediglich der Abbruch der Verhandlungen muss schuldhaft erfolgt sein, wobei das Vertretenmüssen gemäß § 280 Abs. 1 S. 2 vermutet wird und im Fehlen eines triftigen Grunds für den Abbruch gesehen werden kann.[534]

- Eine Ausnahme gilt dann, wenn der spätere Vertragsschluss **formbedürftig** ist.[535] Der grundlose Abbruch von Vertragsverhandlungen zu Verträgen, die gemäß § 311 b Abs. 1 S. 1 formbedürftig sind, führt grundsätzlich nicht zu einer Schadensersatzhaftung aus § 280 Abs. 1. Die Verpflichtung zum Ersatz des Vertrauensschadens würde einen indirekten Zwang zum Vertragsschluss bedeuten. Dies läuft dem Zweck des § 311 b Abs. 1 S. 1 zuwider, der eine Bindung ohne formgerechten Abschluss verhindern will.[536]

Nur wenn ein **besonders schwerwiegender Treueverstoß** durch den in Anspruch Genommenen vorliegt, steht die Formbedürftigkeit des Vertrags einem Schadensersatzanspruch wegen Verletzung vorvertraglicher Pflichten nicht entgegen. Voraussetzung dafür ist, dass das Vertrauen auf den späteren Vertragsschluss durch **vorsätzliches Vortäuschen** einer nicht vorhandenen Abschlussbereitschaft erweckt worden ist.[537] Dem Vorspiegeln einer nicht vorhandenen Abschlussbereitschaft gleichzustellen ist der Fall, dass ein Vertragspartner zwar zunächst eine solche gehabt hat, im Verlauf der Verhandlungen aber innerlich von ihr abrückt, ohne dies zu offenbaren.[538]

284

Fall 16: Verpasster Vertragsschluss

V ist Eigentümer eines Werksgeländes mit Fabrikhalle, das er bis zum 31.05. vermietet hat. Er bemüht sich Anfang des Jahres um einen Nachmieter. M ist nach Besichtigung des Geländes am 02.02. grundsätzlich bereit, einen schriftlichen Mietvertrag über fünf Jahre zum 01.06. abzuschließen, sofern vier Zusatzbedingungen in den Vertrag aufgenommen werden. Am 10.02. erklärt sich V damit einverstanden und verspricht, den Entwurf eines Mietvertrags rechtzeitig vor Vertragsbeginn zuzusenden. Am 24.02. gibt M in einem Schreiben an V seiner Hoffnung Ausdruck, dass an ihn unter Berücksichtigung seiner Bedingungen vermietet werde, und bittet um Übersendung des Vertragsentwurfs. Diese Bitte wiederholt er in zwei weiteren Schreiben. Anlässlich einer Besichtigung des Grundstücks erklären ihm Arbeiter, dass das Gelände für den 01.06. instandgesetzt werde, weil es an M weitervermietet worden sei. V übersendet dem M den Vertragsentwurf am 26.05. Mit Schreiben vom 02.06. teilt M dem V mit, er trete von den Vertragsverhandlungen zurück und wolle sich um ein anderes Objekt bemühen. V verlangt von M den Vertragsschluss, zumindest aber Schadensersatz.

---

534 BGH WM 1974, 508, 509; 1989, 685, 688 m. Anm. Gunst JZ 1991, 202; MünchKomm/Emmerich Vor § 275 Rn. 164; kritisch dazu Bodewig Jura 2001, 1, 5.
535 BGH WM 1982, 1436.
536 Reinike/Tiedtke ZIP 1989, 1093, 1101; Müller DB 1997, 1905, 1908.
537 BGH, Urt. v. 15.01.2001 – II ZR 127/99, DStR 2001, 802; Kaiser JZ 1997, 448; Bodewig Jura 2001, 1, 6.
538 BGH NJW 1996, 1884, 1885.

V könnte gegen M einen Anspruch aus § 280 Abs. 1 haben.

I. Zwischen den Parteien ist nach der Aufnahme ernsthafter Vertragsverhandlungen gemäß § 311 Abs. 2 Nr. 1 ein **vorvertragliches Schuldverhältnis** zustande gekommen.

II. M könnte eine **Pflicht** aus diesem Schuldverhältnis **verletzt** haben, indem er zunächst V gegenüber unmissverständlich zum Ausdruck gebracht hat, er werde den Mietvertrag abschließen, und dann später ohne Grund den Vertragsschluss verweigert hat.

1. M hat den Vertragsschluss für den Fall der Aufnahme von vier Zusatzbedingungen in Aussicht gestellt und nach der Einverständniserklärung des V diesen wiederholt zur Übersendung des Vertragsentwurfs aufgefordert. V konnte nunmehr davon überzeugt sein, dass M, falls kein triftiger Grund eintrat, den Vertrag mit ihm abschließen werde und er, V, sich nicht mehr um einen anderen Mieter zu bemühen brauche.

2. An diesen geschaffenen **Vertrauenstatbestand** war M nicht mehr gebunden, wenn später ein triftiger Grund eingetreten ist.

   a) V hat den Vertragsentwurf trotz wiederholter Mahnungen nicht übersandt. Wenn V mit diesem Verhalten gegenüber M den Eindruck erweckt hat, er sei an einem Vertragsschluss nicht mehr interessiert, so steht M ein triftiger Grund zur Verweigerung des Vertragsschlusses zu. Wer selbst ernsthafte Zweifel darüber aufkommen lässt, ob er noch am Vertragsschluss interessiert sei, kann sich nicht mehr auf den von dem anderen gesetzten Vertrauenstatbestand berufen. Doch nach den gesamten Umständen hat M an dem Willen des V zum Vertragsschluss nicht zweifeln können, da V seinem Verlangen nach Aufnahme von vier Zusatzbedingungen sofort entsprochen hat und er nach der Grundstücksbesichtigung wusste, dass das Grundstück für ihn hergerichtet wurde. Hätte M ernstlich befürchtet, dass sich V nicht mehr gebunden fühlte, so hätte nichts näher gelegen, als in dem Mahnschreiben an V um Klarstellung zu bitten und V eine Frist zur Äußerung zu setzen.

   b) Ein triftiger Grund zur Weigerung, den Vertrag abzuschließen, kann auch dann gegeben sein, wenn sich für einen Verhandlungspartner die Möglichkeit ergibt, zu günstigeren Bedingungen einen Vertrag abzuschließen. Auch nach einer Vertragszusage braucht der Verhandlungspartner nicht von einem günstigeren Angebot Abstand zu nehmen. Er muss dann, wenn er dieses Angebot annehmen will, seinen Verhandlungspartner unverzüglich davon verständigen. Der Verhandlungspartner, dem der Vertragsschluss als sicher in Aussicht gestellt worden ist, kann sich nur darauf verlassen, dass der Vertrag bei gleichbleibenden Verhältnissen abgeschlossen wird. Da noch keine vertragliche Bindung eingetreten ist, muss jeder Verhandlungspartner für den Fall des Eintritts eines triftigen Grunds mit dem Scheitern des Vertrags rechnen.

   M stand bis zum 01.06. **kein triftiger Grund zur Lösung vom Vertrag** zu. Ihm ist bis zu diesem Zeitpunkt kein günstigeres Objekt angeboten worden, und er hat V auch nicht bis zum 01.06. die Beendigung der Vertragsverhandlungen aus triftigem Grund mitgeteilt.

Somit hat M eine Pflicht aus dem vorvertraglichen Schuldverhältnis verletzt, als er in V die sichere Erwartung des Vertragsschlusses erweckt und sich ohne Grund geweigert hat, diesen Vertrag abzuschließen.

285 III. Das **Vertretenmüssen** bezieht sich auf den Abbruch der Verhandlungen. Es kann grundsätzlich gemäß § 280 Abs. 1 S. 2 vermutet werden. Ist der in Aussicht genommene Vertrag formbedürftig, sind an das Vertretenmüssen erhöhte Anforderungen zu stellen. Erforderlich ist ein besonders schwerer Treueverstoß wie das vorsätzliche Vortäuschen der Abschlussbereitschaft.

Der beabsichtigte Mietvertrag über die Fabrikhalle ist **nicht formbedürftig**. Der Vertrag sollte für fünf Jahre geschlossen werden. Da er nicht schriftlich abgeschlossen wurde, gilt er gemäß **§§ 578, 550** für unbestimmte Zeit. Da keine Formanforderung besteht, bedarf es nicht der Feststellung eines besonders schweren Treueverstoßes.

Das Vertretenmüssen des M kann gemäß § 280 Abs. 1 S. 2 vermutet werden.

286 IV. Als **Rechtsfolge** ist der Schaden zu ersetzen, der infolge der Pflichtverletzung entstanden ist. Wegen des grundlosen Abbruchs der Vertragsverhandlungen muss M den Schaden ersetzen, der V infolge des Vertrauens auf den in Aussicht gestellten Vertragsabschluss entstanden ist. Jedoch kann er nicht das Erfüllungsinteresse verlangen.

1. V kann von M **nicht den Abschluss des Mietvertrags verlangen**. Dieser Anspruch auf das Erfüllungsinteresse ist schon deshalb nicht gegeben, weil V sich nicht darauf verlassen konnte, dass der Vertrag abgeschlossen werde, sondern er konnte nur damit rechnen, dass M sich nicht ohne Grund von diesen Vertragsverhandlungen löst. Überdies würde eine Haftung auf das Erfüllungsinteresse den Anspruchsgegner praktisch dazu zwingen, weiter zu verhandeln und nicht gewollte Verträge abzuschließen. Aus diesem Grund wird bei grundlosem Abbruch von Vertragsverhandlungen nur der Vertrauensschaden ersetzt.[539]

2. V kann daher **nur Schadensersatz** in Geld verlangen, und zwar kann er den **Mietausfall** verlangen, der dadurch entstanden ist, dass er sich nicht rechtzeitig anderweitig um einen Vertragsschluss bemühen konnte.

Wie der grundlose Abbruch von Vertragsverhandlungen ist auch die Erfüllungsverweigerung nach Abgabe eines Angebots aber vor dessen Annahme zu beurteilen. Wird der Angebotsempfänger durch die Erfüllungsverweigerung veranlasst, das Angebot nicht anzunehmen, kann er den Schaden ersetzt verlangen, der ihm dadurch entstanden ist, dass der Vertrag nicht zustande kam.[540]

2. Vertragspartner verschuldet die Unwirksamkeit eines Vertrags

287 Ein Anspruch aus § 280 Abs. 1 kann auch dann bestehen, wenn durch schuldhaftes Verhalten ein unwirksamer Vertrag abgeschlossen wird.

---

539 BGH WM 1981, 787, 788; NJW-RR 1988, 288; MünchKomm/Emmerich § 311 Rn. 186.
540 BGH, Urt. v. 24.11.2005 – VII ZR 87/04, WM 2006, 247, 248 f.

Beispiel: Die Siedlungsgesellschaft B schließt mit dem geschäftsunerfahrenen K einen schriftlichen Kaufvertrag über ein Grundstück. Die Übereignung soll erfolgen, wenn das Grundstück mit einem Haus bebaut worden ist. Nach Fertigstellung des Hauses weigert sich B unter Berufung auf den Formmangel, das Grundstück zu übereignen.

A. Anspruch des K gegen B auf Übereignung aus Vertrag

I. Der Grundstücksvertrag zwischen B und K ist formnichtig, weil die nach § 311b Abs. 1 S. 1 erforderliche notarielle Beurkundung nicht erfolgt ist.

II. Eine Heilung nach § 311 b Abs. 1 S. 2 ist nicht eingetreten.

III. Gründe, nach denen die Berufung auf den Formmangel gemäß § 242 unzulässig ist, sind nicht ersichtlich, weil die Formungültigkeit nicht zu einem schlechterdings untragbaren Ergebnis führt.[541]

B. Anspruch des K aus § 280 Abs. 1

I. Zwischen B und K bestand ein vorvertragliches Schuldverhältnis.

II. Es war die Pflicht der B, K auf die Formbedürftigkeit des Vertrags hinzuweisen, weil sie als Siedlungsgesellschaft hätte wissen müssen, dass dieser Vertrag formbedürftig und K sachunkundig war.

III. Die Rechtsfolge ist, dass B den K so stellen muss, wie er ohne diese Pflichtverletzung gestanden hätte. Wäre K auf die Formbedürftigkeit des Vertrags hingewiesen worden, so hätte er auf einem formgerechten Abschluss bestanden. K ist daher wirtschaftlich so zu stellen, als wenn der Vertrag formwirksam zustande gekommen wäre. Er kann allerdings nicht den Abschluss eines formgerechten Vertrags oder Auflassung verlangen. Dies würde die Formvorschrift des § 311 b Abs. 1 unterlaufen. Der Schadensersatzanspruch beschränkt sich darauf, K vermögensmäßig so zu stellen wie bei einem formgerechten Abschluss. K kann daher die Kosten für die Beschaffung eines gleichwertigen Ersatzgrundstücks beanspruchen.

Weitere Fallgruppen, bei denen durch eine vorvertragliche Pflichtverletzung ein wirksamer Vertragsschluss verhindert wurde, sind insbesondere die **unterlassene Aufklärung**:   **288**

- über das Fehlen einer nach dem Gemeinderecht gültigen Vollmacht,

- über die devisenrechtliche Genehmigungsbedürftigkeit eines Geschäfts,

- über die gesetzliche oder die vertragliche Formbedürftigkeit eines Vertrags,

- über die Nichtigkeit eines Geschäfts wegen Gesetzwidrigkeit

- oder bei schuldhafter Herbeiführung eines sog. „versteckten Dissenses".

Hat der Anspruchsgegner aufgrund einer vorvertraglichen Pflichtverletzung die Unwirksamkeit des Vertrags zu vertreten, ist der Anspruchsteller so zu stellen, wie er ohne die Pflichtverletzung gestanden hätte. Dabei bestehen zwei Möglichkeiten:

- Im Normalfall ist anzunehmen, dass ohne die Pflichtverletzung – z.B. bei ordnungsgemäßer Aufklärung – der Vertrag nicht zustande gekommen wäre; der Geschädigte kann dann die Rückabwicklung der schon erbrachten Leistungen und Ersatz seiner Aufwendungen verlangen.

  Hat der Anspruchsteller aufgrund des nichtigen Vertrags bereits seine Leistung erbracht, so kann er diese gemäß §§ 812 ff. herausverlangen. Es greifen die Regeln der Leistungskondiktion ein. Daneben besteht der Anspruch auf Schadensersatz aus § 280 Abs. 1.[542]

- Es kann aber auch sein, dass ohne das schadensbegründende Verhalten der Vertrag wirksam zustande gekommen wäre. In diesem Ausnahmefall kann der Geschädigte

---

541   BGH NJW 1977, 2072.

542   Zur c.i.c.: BGHZ 18, 248, 253; OLG Düsseldorf BB 1975, 201.

verlangen, wirtschaftlich so gestellt zu werden, wie er bei einem wirksamen Vertragsschluss gestanden hätte. Dies gilt unstreitig dann, wenn ohne das schädigende Verhalten ein Vertrag mit einem Dritten zustande gekommen wäre. Aber auch dann, wenn ohne das schädigende Verhalten mit demselben Vertragspartner ein Vertrag zu anderen, für den Geschädigten günstigeren Bedingungen zustande gekommen wäre, ist nach h.M. das Erfüllungsinteresse für diesen Vertrag zu ersetzen.[543]

Beispiel: A schließt mit der Versicherung (V) einen Versicherungsvertrag. Dabei weist der Versicherungsvertreter schuldhaft nicht darauf hin, dass ein für A bedeutsames Risiko ohne Zusatzversicherung nicht abgedeckt ist.

Die V muss sich im Rahmen des Anspruchs aus § 280 Abs. 1 das schuldhafte Verhalten ihres Vertreters gemäß § 278 zurechnen lassen. A ist nach h.M. so zu stellen, als ob er eine Zusatzversicherung abgeschlossen hätte.

II. Verletzung anderer Rücksichtnahmepflichten in vorvertraglichen und vertraglichen Schuldverhältnissen

1. Verletzung von Aufklärungspflichten

289 Jeder Partner des Schuldverhältnisses muss den anderen über die für das Zustandekommen und die Abwicklung des Vertrags wesentlichen Umstände unterrichten und ihn insbesondere über bestehende Gefahren aufklären. Diese **Aufklärungs- und Mitteilungspflicht** besteht jedoch **nur insoweit**, als der andere mit **Rücksicht auf Treu und Glauben** darauf vertrauen durfte, dass er unterrichtet wird.

Es besteht einerseits keine Verpflichtung, den Partner uneingeschränkt über alle einmal Bedeutung erlangenden Umstände aufzuklären. Wer einen Vertrag abschließt, muss grundsätzlich eigenverantwortlich darüber entscheiden, ob und wie er den Vertragsgegenstand verwenden kann, welche Gefahren sich für ihn ergeben usw. Besitzt er nicht die erforderliche Sachkenntnis, so muss er sich diese verschaffen. Wer z.B. ein Auto kauft, muss wissen, dass er einen Führerschein benötigt, dass erhebliche Folgekosten entstehen wie Versicherung, Steuern, Inspektionskosten. Es ist nicht Aufgabe des Verkäufers, den Käufer auf diese Umstände hinzuweisen.

Im Bereich der Aufklärungs- und Mitteilungspflichten besteht also ein Interessenwiderstreit: Einerseits muss jeder, der einen Vertrag abschließt, selbst die Bedeutung und Risiken abschätzen, andererseits darf er darauf vertrauen, dass er über ihm unbekannte, **für Abschluss und Abwicklung des Vertrags wesentliche Umstände** aufgeklärt wird.[544]

■ Aufklärungspflichten haben ihren Schwerpunkt im vorvertraglichen Schuldverhältnis, in dem der Vertragspartner noch zu entscheiden hat, ob und unter welchen Bedingungen er den Vertrag abschließt.

■ Auch nach Vertragsschluss können sich aber im Einzelfall Aufklärungs- und Beratungspflichten ergeben.

---

543 BGH NJW 1998, 2900 mit Anm. Stoll JZ 1999, 95; Lorenz NJW 1999, 1001.
544 MünchKomm/Roth § 241 Rn. 123.

a) Aufklärungspflichten im vorvertraglichen Schuldverhältnis

§ 280 Abs. 1 ist unanwendbar, soweit spezielle Regelungen eingreifen. Gerade bei den **290** Aufklärungspflichten kommt es zu einer Überschneidung und damit zu Abgrenzungsschwierigkeiten mit den speziellen Regeln der Gewährleistung und des Anfechtungsrechts.

aa) Vorrangige Regelungen im vorvertraglichen Schuldverhältnis

§ 280 Abs. 1 ist unanwendbar, wenn vorrangige Regelungen eingreifen.   **291**

- Wenn vor Vertragsschluss unzutreffende Angaben über die Beschaffenheit einer Kaufsache oder eines Werks gemacht werden, greifen regelmäßig die spezielleren Gewährleistungsvorschriften ein.

- Für die Haftung des Vertreters ohne Vertretungsmacht und die Haftung nach der Anfechtung einer Erklärung bestehen Sonderregeln in § 179 und § 122 (Erklärungshaftung).

(1) Vorrang der Gewährleistung

Der Anspruch aus § 280 Abs. 1 greift in seiner direkten Anwendung nur ein, soweit für **292** die Pflichtverletzung oder den geltend gemachten Schaden keine Sonderregeln bestehen (Gewährleistung, Unmöglichkeit, Verzug, Nichtleistung nach Fristsetzung, Schadensersatz statt der Leistung, Schadensersatz wegen Verzögerung der Leistung).

Macht ein Verkäufer vor Vertragsschluss falsche Angaben über die Beschaffenheit der Kaufsache, führt dies regelmäßig zu einer Beschaffenheitsvereinbarung, die nicht zutreffend ist und einen Sachmangel begründet (§ 434 Abs. 1 S. 1). Das Gleiche gilt für Falschangaben des Vermieters, Werkunternehmers oder Reiseveranstalters (§ 536 Abs. 1 S. 1, § 633 Abs. 2 S. 1, § 651 c Abs. 1).

Begrifflich liegt bei einer Falschangabe vor Vertragsschluss auch eine Verletzung vorvertraglicher Rücksichtnahmepflichten vor. Ansprüche aus § 280 Abs. 1 sind jedoch wegen des Vorrangs des Gewährleistungsrechts ausgeschlossen. Dieser Vorrang gilt natürlich nur insoweit, wie das Gewährleistungsrecht tatsächlich eingreift.

Das Gewährleistungsrecht regelt grundsätzlich abschließend, welche Rechtsfolgen ein- **293** treten, wenn fahrlässig falsche Angaben über die Beschaffenheit des Leistungsgegenstands gemacht oder unterlassen worden sind.[545]

Beispiel: Der Kaufmann V verkauft dem Kaufmann K eine Dosenverschlussmaschine. Auf Befragen erklärt V dem K infolge Fahrlässigkeit unzutreffend, dass die Maschine 250 Dosen stündlich verschließe. Zwei Monate nach der Lieferung stellt K fest, dass allenfalls 180 Dosen stündlich verschlossen werden können. Er fragt nach seinen Rechten.

I. Es kommen Gewährleistungsansprüche nach den §§ 434, 437 in Betracht. Die Maschine ist mangelhaft im Sinne des § 434 Abs. 1. S. 1. Die Gewährleistungsansprüche des K sind jedoch gemäß § 377 HGB ausgeschlossen. K und V haben einen beiderseitigen Handelskauf getätigt. K hat es versäumt, die Maschine sofort nach der Lieferung zu untersuchen und den Mangel zu rügen.

---

545 BGHZ 114, 263, 266.

II. Ein Anspruch aus § 280 Abs. 1 scheidet aus, weil im Gewährleistungsrecht abschließend geregelt ist, welche Rechtsfolgen eintreten, wenn die Kaufsache nicht die vereinbarten Beschaffenheitsmerkmale hat.

294 ■ **Vor Gefahrübergang** bzw. Gebrauchsüberlassung sind nach h.M. die allgemeinen Regeln des Schuldrechts direkt anwendbar.[546]

Die Gewährleistungsvorschriften des Kaufrechts greifen erst ab Gefahrübergang ein (§ 434 Abs. 1 S. 1); die Gewährleistung für eine Mietsache beginnt mit Gebrauchsüberlassung (§ 536 Abs. 1 S. 1). Vor Gefahrübergang bzw. Gebrauchsüberlassung sind die allgemeinen Regeln über Leistungsstörungen und damit auch der Anspruch aus § 280 Abs. 1 anwendbar.

■ Die allgemeinen Regeln des Schuldrechts sind auch dann direkt anwendbar, wenn **Angaben über die Sache keinen Mangel begründen**.

Beispiel: V verkauft K formgerecht ein vermietetes Grundstück und erwähnt dabei, dass der Mieter M zahlungsfähig sei. M stellt jedoch kurz nach der Übertragung des Grundstücks die Zahlungen ein. K verlangt von V Schadensersatz.

I. In Betracht kommt ein Anspruch des K gegen V aus §§ 434, 437 Nr. 3, 280 Abs. 1.
Dann müsste die Kaufsache mangelhaft i.S.d § 434 sein. Es könnte eine Abweichung von der vertraglichen Beschaffenheit (§ 434 Abs. 1 S. 1) vorliegen.
1. Teilweise wird angenommen, dass zu der Beschaffenheit einer Kaufsache nur diejenigen Umstände gehören, die in der Sache selbst begründet sind und ihr unmittelbar (physisch) anhaften.[547] Die Zahlungsfähigkeit des Mieters haftet dem Grundstück nicht unmittelbar an und kann danach keinen Mangel begründen.
2. Nach h.M. können auch außerhalb der Sache liegende Umstände zur Beschaffenheit gerechnet werden, wenn sie sich in irgendeiner Weise auf die Sache beziehen.[548] Nur Umstände, die in keiner Weise mit dem physischen Zustand der Kaufsache zusammenhängen, gehören nicht zur Beschaffenheit. Die Zahlungsfähigkeit des Mieters hat keinen Bezug zum Grundstück selbst und gehört danach nicht zu dessen Beschaffenheit.[549] Ein Anspruch aus §§ 434, 437 Nr. 3, 280 Abs. 1 scheidet auch nach dieser Ansicht aus.
II. Ein Schadensersatzanspruch des K gegen V könnte sich aus § 280 Abs. 1 ergeben. V hat den Mieter M als zahlungsfähig bezeichnet, was tatsächlich nicht der Fall war. Rein objektiv liegt eine falsche Auskunft vor. Kann sich V nicht gemäß § 280 Abs. 1 S. 2 entlasten, etwa mit dem Nachweis, dass Zahlungsschwierigkeiten des M nicht vorhersehbar waren, haftet V dem K auf Schadensersatz gemäß § 280 Abs. 1.

■ **Übernahme einer besonderen Beratungspflicht**
§ 280 Abs. 1 greift auch dann ein, wenn der Verkäufer eine besondere (unselbstständige) Beratungspflicht als Nebenpflicht übernommen hat.[550]

Auch ein selbstständiger Beratungsvertrag neben dem Kaufvertrag ist möglich.[551]

■ Nach der Rechtsprechung schließt das Gewährleistungsrecht einen Anspruch des Käufers aus §§ 311 Abs. 2, 241 Abs. 2, 280 Abs. 1 bei **Arglist** des Verkäufers nicht aus.[552] Der Käufer kann danach bei arglistigem Verhalten einen Vertrauensschaden ersetzen verlangen, den er mit einem Gewährleistungsanspruch nicht erhalten würde.

---

546 Palandt/Weidenkaff § 437 Rn. 49.
547 OLG Hamm, Urt. v. 13.05.2003 – 28 U 150/02, ZGS 2003, 394.
548 BeckOK BGB/Faust § 434 Rn. 22; Staudinger/Matusche-Beckmann § 434 Rn. 45; Schulze/Ebers JuS 2004, 462, 463.
549 BeckOK BGB/Faust § 434 Rn. 22.
550 Palandt/Grüneberg § 311 Rn. 16; Kluth/Böckmann/Grün MDR 2003, 241, 246; Schaub AcP 202, 757, 783.
551 BGH, Urt. v. 08.10.2004 – V ZR 18/04, NJW 2005, 820, 821 ff.; Schmidt-Räntsch MDR 2005, 6, 9.
552 BGH, Urt. v. 27.03.2009 – V ZR 30/08, RÜ 2009, 341; Urt. v. 16.12.2009 – VIII ZR 38/09, Rn. 20, RÜ 2010, 144.

(2) Vorrang des § 179

§ 179 regelt abschließend, unter welchen Voraussetzungen derjenige zum Schadensersatz verpflichtet ist, der eine vom Anwendungsbereich dieser Vorschriften erfasste nichtige oder unwirksame Willenserklärung abgegeben hat. § 179 bestimmt die Haftung des Vertreters ohne Vertretungsmacht. Beruht ein Schaden auf dem Mangel der Vertretungsmacht, kommt ein Anspruch aus § 280 Abs. 1 neben § 179 nicht zur Anwendung, weil sonst der Haftungsausschluss des § 179 Abs. 3 durch eine Haftung aus § 280 Abs. 1 umgangen würde.

295

Beruht allerdings eine Schädigung nicht auf dem Mangel der Vertretungsmacht, ist ein Anspruch aus § 280 Abs. 1 nicht ausgeschlossen.

(3) Verhältnis zu den §§ 123, 124

In § 122 ist nur geregelt, dass der zur Anfechtung Berechtigte im Falle der Anfechtung zum Schadensersatz verpflichtet ist. In den §§ 119 ff. fehlt es hingegen an einer Regelung darüber, ob der zur Anfechtung Berechtigte seinerseits Schadensersatz verlangen kann, wenn er durch arglistiges oder schuldhaftes Verhalten zur Abgabe der anfechtbaren Willenserklärung veranlasst worden ist. Der Schadensersatzanspruch ergibt sich in diesen Fällen aus § 280 Abs. 1.

296

> **Fall 17: Schadensersatz nach Ablauf der Anfechtungsfrist**
>
> V verkaufte den in beschränkten finanziellen Verhältnissen lebenden Eheleuten K eine Eigentumswohnung für 77.000 €. Bei den Vertragsverhandlungen erklärte er, der Kauf der Eigentumswohnung sei im Hinblick auf Mieteinnahmen und Steuerersparnis „letztlich kostenlos". Tatsächlich mussten die K nach Abzug der Mieteinnahmen und der Steuerersparnis monatlich 200 € zuzahlen, um die Kosten für den Erwerb aufzubringen. Dies war V auch bekannt.
>
> 1. Wie lange können die Eheleute den Vertrag anfechten?
>
> 2. Können sie auch nach Ablauf der Anfechtungsfrist den Vertrag aufheben und Rückzahlung der erbrachten Leistungen verlangen?

A. Die Anfechtungsfrist beträgt gemäß **§ 124 Abs. 1** ein Jahr. Die Frist beginnt gemäß § 124 Abs. 2 mit dem Zeitpunkt, in dem der Anfechtungsberechtigte die Täuschung entdeckt. Hier wird man annehmen können, dass die Eheleute nach Ablauf einiger Monate erkennen, dass sie Leistungen über den von V zugesagten Rahmen hinaus erbringen müssen. Von diesem Zeitpunkt an haben sie **ein Jahr** lang eine Anfechtungsmöglichkeit.

297

B. Ansprüche nach Ablauf der Anfechtungsfrist

  I. Eine Anfechtung gemäß § 123 und ein dadurch entstehender Rückzahlungsanspruch aus **§ 812 Abs. 1 S. 1 Alt. 1** scheiden nach Ablauf der Anfechtungsfrist aus.

  II. Es könnte sich ein Schadensersatzanspruch aus **§ 280 Abs. 1** ergeben.

1. Mit Aufnahme der Vertragsverhandlungen entstand gemäß § 311 Abs. 2 Nr. 1 ein **vorvertragliches Schuldverhältnis**.

2. Als Pflichtverletzung kommt die falsche Angabe des V in Betracht, der Kauf sei kostenneutral. Fraglich ist allerdings, ob die Rechtsfolgen solcher Falschangaben nicht abschließend in den §§ 123 und 124 geregelt sind.

   a) Teilweise wird angenommen, dass die Anfechtungsregeln die Anwendung des § 280 Abs. 1 für arglistige oder fahrlässige Täuschungen ausschließen. Bei Anwendung des § 280 Abs. 1 sei entgegen § 123 auch bei fahrlässigen Täuschungen eine Rückabwicklung möglich. Überdies würde die Anfechtungsfrist des § 124 unterlaufen. Die §§ 123 f. schlössen daher eine schadensrechtliche Vertragsaufhebung aus.[553]

   b) Nach h.M. ist § 280 Abs. 1 richtigerweise neben den Anfechtungsregeln anwendbar. Die §§ 123 f. können einen Schadensersatzanspruch aus § 280 Abs. 1 nicht ausschließen, da Anfechtung und Schadensersatz unterschiedliche Schutzzwecke haben: Die Anfechtung schützt die freie Selbstbestimmung auf rechtsgeschäftlichem Gebiet gegen unerlaubte Mittel der Willensbeeinflussung, und zwar unabhängig vom Eintritt eines Schadens; einen Schadensersatzanspruch enthalten die §§ 123 f. nicht. Die Rückgängigmachung eines Vertrags nach § 280 Abs. 1 setzt den Eintritt eines Schadens voraus.[554]

   c) Auch das Gewährleistungsrecht schließt hier einen Anspruch aus § 280 Abs. 1 nicht aus. Die Finanzierung ist keine Eigenschaft der Kaufsache. Falschangaben über die Finanzierbarkeit begründen daher keine Gewährleistungsansprüche, die einen Anspruch wegen vorvertraglicher Pflichtverletzung ausschließen könnten.

   Durch die Angabe, der Kauf sei „letztlich kostenlos", hat V seine Vertragspflichten verletzt.

3. V kann sich nicht gemäß § 280 Abs. 1 S. 2 entlasten, denn ihm war bekannt, dass die Eheleute K 200 € monatlich zuzahlen mussten, um die Kosten für den Erwerb aufzubringen.

298 III. Rechtsfolge ist die Verpflichtung zum Schadensersatz. Dafür muss überhaupt ein Schaden eingetreten sein. Der **Schaden** ist nach der Differenzhypothese durch einen Vergleich der Vermögenslagen vor und nach Eintritt des schädigenden Ereignisses zu ermitteln. Hier müsste der Vertragsschluss für die Eheleute K wirtschaftlich nachteilig sein.

   1. Ein Schaden der Eheleute K wäre zu bejahen, wenn die Eigentumswohnung den Kaufpreis nicht wert gewesen wäre. Dies ist jedoch aus dem Sachverhalt nicht ersichtlich.

---

553 Jauernig/Mansel § 124 Rn. 2.
554 BGH, Urt. v. 18.09.2001 – X ZR 107/00, NJW-RR 2002, 308; Palandt/Ellenberger § 123 Rn. 27.

2. Auch bei objektiver Werthaltigkeit der Leistung kann ein Schaden darin bestehen, dass die Leistung für den Geschädigten nicht voll brauchbar ist. In diesen Fällen muss der Vertragsschluss nach der Verkehrsanschauung als unvernünftig, den konkreten Vermögensinteressen nicht angemessen und damit als nachteilig anzusehen sein. Demnach kann man hier einen Schaden schon damit begründen, dass der Erwerb einer zu vermietenden Eigentumswohnung bei den beschränkten wirtschaftlichen Verhältnissen der Eheleute K wirtschaftlich unvernünftig war.

3. Jedenfalls ergibt sich ein Schaden der Eheleute K aus einer Gegenüberstellung der Vor- und Nachteile des eingegangenen Vertrags. Mieteinnahmen und Steuerersparnis decken die Unkosten der K nicht. Dieser **Vermögensnachteil** wird auch nicht durch eine Wertsteigerung der Wohnung ausgeglichen.

Der Schaden ist nach den §§ 249 ff. zu ersetzen. Die Eheleute K haben einen Schadensersatzanspruch auf Rückzahlung des Kaufpreises Zug um Zug gegen Rückübertragung der Wohnung.

IV. Fraglich ist allerdings, wann dieser Anspruch verjährt.   **299**

Ansprüche aus § 280 Abs. 1 **verjähren** grundsätzlich in der Regelverjährung gemäß §§ 195, 199 in einer Frist von drei Jahren, beginnend mit dem Schluss des Jahres, in dem der Anspruch entstanden ist und der Gläubiger davon Kenntnis erlangt.

1. **Teilweise** wird angenommen, dass **§ 124 analog** anzuwenden ist, wenn wegen einer Falschangabe die Rückabwicklung eines Vertrags aus § 280 Abs. 1 verlangt wird. Es könne nicht richtig sein, dass man bei einer fahrlässigen Irreführung aus § 280 Abs. 1 innerhalb der Regelverjährung die Aufhebung des Vertrags verlangen kann, während § 124 für den wertungsmäßig schützenswerteren Tatbestand der arglistigen Täuschung nur eine Jahresfrist vorsieht. Der Gesetzgeber habe in § 124 im Interesse der Rechtsklarheit eine Frist vorgesehen, nach deren Ablauf auch der arglistig Getäuschte an den Vertrag gebunden sein soll. Mit dieser Wertentscheidung sei es unvereinbar, eine Vertragsaufhebung auch nach Ablauf dieser Frist zu ermöglichen.[555]

Nach dieser Ansicht würde ein Schadensersatzanspruch mit Ablauf der Anfechtungsfrist verjähren.

2. Die h.M. lehnt richtigerweise eine analoge Anwendung des § 124 ab. Schadensersatz und Anfechtung sind von der Schutzrichtung her so verschieden, dass eine analoge Anwendung des § 124 auf den Schadensersatzanspruch nicht gerechtfertigt ist. Dies zeigt sich insbesondere dadurch, dass dieser Anspruch einen Schaden voraussetzt, der allein durch den Vertragsschluss keineswegs immer zu bejahen ist.[556]

---

555 OLG Hamm NJW-RR 1995, 205, 206; MünchKomm/Armbrüster § 123 Rn. 91.
556 BGH NJW 1998, 302, 304; Palandt/Ellenberger § 124 Rn. 1; Lorenz ZIP 1999, 1053, 1056.

Die Eheleute K können danach auch nach Ablauf der Frist des § 124 noch die Rückgängigmachung des Vertrags als Schadensersatz verlangen. Der Anspruch verjährt gemäß §§ 195, 199 in drei Jahren, beginnend mit dem Schluss des Jahres, in dem der Anspruch entstanden ist und die Eheleute davon Kenntnis erlangen.

bb) Verletzung einer Aufklärungspflicht

300 Die Aufklärungspflicht ist verletzt, wenn der Vertragspartner nicht über solche Umstände aufgeklärt wurde, die für den Vertragsschluss bedeutsam waren und über die er nach der **Verkehrsauffassung** eine Mitteilung erwarten durfte. Andererseits darf jedermann davon ausgehen, dass sich sein künftiger Vertragspartner selbst über Art und Umfang seiner Vertragspflichten im eigenen Interesse Klarheit verschafft.[557]

Beispiele:

1. Ein Juwelier, der Kundenschmuck zur Anbahnung eines Werk- oder Kaufvertrages entgegennimmt, kann nach Treu und Glauben unter Berücksichtigung der Verkehrsanschauung verpflichtet sein, über das Fehlen einer Versicherung gegen das Risiko des Verlustes durch Diebstahl und Raub aufzuklären, wenn eine solche Versicherung branchenüblich ist.[558]

2. Bei dem Verkauf einer Eigentumswohnung besteht eine Aufklärungspflicht des Verkäufers nur, wenn wegen besonderer Umstände des Einzelfalls davon ausgegangen werden muss, dass der künftige Vertragspartner nicht hinreichend unterrichtet ist. Dies wären beispielsweise:

- die erkennbar drohende finanzielle Überforderung des Käufers,[559]
- die dem Käufer nicht bekannte Sozialbindung des Objekts,[560]
- Kenntnis einer geplanten öffentlich-rechtlichen Nutzungsbeschränkung,[561]
- jahrelanges schikanöses Verhalten des Nachbarn.[562]

3. Wird ein unsigniertes und undatiertes Gemälde auf der Internetplattform eBay für 26.000 € verkauft, besteht bei Kaufvertragsverhandlungen von Privatpersonen grundsätzlich keine (vor-)vertragliche Nebenpflicht des Verkäufers, ungefragt die Erwerbsumstände mitzuteilen, auch wenn sich diese auf ein Kunstobjekt (Gemälde) beziehen. Die Verhandelnden haben dabei nämlich offensichtlich jeweils ihr eigenes Interesse im Auge.[563]

cc) Inhalt des Ersatzanspruchs

301 Der Anspruchsteller kann verlangen, so gestellt zu werden, wie er ohne die Pflichtverletzung gestanden hätte. Es ist ihm das Vertrauensinteresse zu ersetzen, d.h., es müssen die Nachteile ausgeglichen werden, die dem Anspruchsteller dadurch entstanden sind, dass er im Vertrauen auf die Richtigkeit und Vollständigkeit der Erklärungen

---

557 BGH, Urt. v. 06.04.2001 – V ZR 402/99, NJW 2001, 2021.
558 BGH, Urt. v. 02.06.2016 – VII ZR 107/15, RÜ 2016, 477.
559 BGH, Urt. v. 06.04.2001 – V ZR 402/99, NJW 2001, 2021.
560 BGH NJW 1998, 898.
561 Palandt/Grüneberg § 311 Rn. 43.
562 BGH NJW 1991, 1673.
563 OLG Karlsruhe, Urt. v. 15.10.2013 – 17 U 8/13, RÜ 2014, 140, 141.

- im Falle des Nichtzustandekommens des Vertrags nutzlose Aufwendungen gemacht hat oder

- im Falle des Zustandekommens des Vertrags diesen Vertrag so nicht abgeschlossen hätte.

Ist der Vertrag zustande gekommen, kann der Anspruchsteller Aufhebung des Vertrags und die Rückabwicklung verlangen. Hat er die Leistung bereits erbracht, kann er diese zurückfordern und im Übrigen Ausgleich der nutzlosen Aufwendungen verlangen.[564]

Nach h.M. kann der Anspruchsteller auch am Vertrag festhalten und den Ausgleich des Minderwerts der übertragenen Leistung fordern.[565] **302**

Beispiel: Der Architekt V verkauft K am Stadtrand ein Einfamilienhaus für 400.000 €. Auf der Südseite des Grundstücks liegen landwirtschaftlich genutzte Grundstücke. Auf Befragen erklärt V, dass seines Wissens diese Grundstücke nicht bebaut würden. V hätte jedoch wissen können, dass die Firma X auf diesen Grundstücken einen Supermarkt plante. Als X nach zwei Jahren die Baugenehmigung erhält, verlangt K Schadensersatz i.H.v. 30.000 € mit der Begründung: Wenn V ihn sachgerecht unterrichtet hätte, hätte er nur 370.000 € für das Haus gezahlt.

Anspruch des K gegen V auf Zahlung von 30.000 € aus § 280 Abs. 1
I. Zwischen V und K bestand vom Zeitpunkt der Aufnahme der Vertragsverhandlungen an ein vorvertragliches Schuldverhältnis.
II. Der V hat Pflichten aus diesem vorvertraglichen Schuldverhältnis verletzt. Er hätte als Architekt den unkundigen K darauf hinweisen müssen, dass ein Supermarkt geplant war. Er durfte, ohne sich zu vergewissern, nicht die Auskunft geben, dass die Nachbargrundstücke nicht bebaut würden.
III. Vom Vertretenmüssen des V ist gemäß § 280 Abs. 1 S. 2 auszugehen.
IV. Die Rechtsfolge ist, dass V Schadensersatz gemäß § 249 zu leisten hat. K kann verlangen, so gestellt zu werden, wie er ohne das schuldhafte Verhalten des V stehen würde.
1. K hat einen Anspruch auf Aufhebung des Vertrags und Ersatz seiner nutzlos gewordenen Aufwendungen. Diesen – „großen" – Schadensersatzanspruch macht er jedoch nicht geltend.
2. Nach der h.M. kann der Anspruchsberechtigte statt der Aufhebung und Rückabwicklung des Vertrags auch am Vertrag festhalten und einen Ausgleich für den Minderwert der übertragenen Leistung fordern. Der Schaden des K besteht darin, dass er die Kaufsache zu einem überhöhten Kaufpreis erworben hat. Hätte V den K sachgerecht und richtig aufgeklärt, so hätte K weniger gezahlt. Der Mehraufwand ist der Schaden.

b) Aufklärungspflichten nach Vertragsschluss

Aufklärungspflichten sind hauptsächlich im vorvertraglichen Schuldverhältnis zu beachten. Sie können aber im Einzelfall auch noch nach Vertragsschluss bestehen. Auch hier ist der Vorrang spezieller Regelungen, insbesondere der des Gewährleistungsrechts zu beachten. **303**

Fall 18: Bröckelnder Beton

V verkauft K eine neuartige Betonmischanlage, die auch über eine eingebaute Zementwaage verfügt. Die Maschine arbeitet zunächst einwandfrei. Als K Ende November auf einer Baustelle das Kellerfundament fertiggestellt hat, stellt er fest, dass der Beton bröckelt. Das Kellerfundament muss erneuert werden. Dadurch entstehen

---

564 Jauernig/Stadler § 311 Rn. 55 f.; Mertens ZGS 2004, 67, 68.
565 BGH, Urt. v. 19.05.2006 – V ZR 264/05, RÜ 2006, 459; a.A. Kersting JZ 2008, 721.

> Mehrkosten in Höhe von 23.000 €. K verlangt Ersatz von V, weil dieser ihn nicht darauf hingewiesen hat, dass bei Frostwetter eine besondere Wartung der Zementwaage erforderlich ist. Die Bedienungsanleitung, die V dem K nach dem Kauf der Maschine ausgehändigt hat, enthält keine Aussagen zu dieser besonderen Wartungserforderlichkeit. Ein Sachverständiger kommt ferner zu dem Ergebnis, dass die Bedienungsanleitung deshalb nicht mangelhaft war. V meint deshalb auch, es sei allein Sache des K, die Anlage ordnungsgemäß zu warten. Zu Recht?

304 I. K könnte gegen V ein Schadensersatzanspruch aus **§§ 437 Nr. 3, 280 Abs. 1** zustehen.

1. K und V haben einen wirksamen Kaufvertrag abgeschlossen.

2. Die Kaufsache müsste bei Gefahrübergang mangelhaft gewesen sein. Die Betonmischanlage ist aber einwandfrei. V hat es lediglich unterlassen, K auf die Erforderlichkeit einer besonderen Wartung hinzuweisen. Auch der Umstand, dass die Bedienungsanleitung nicht auf die besondere Wartungserforderlichkeit hinweist, begründet keinen Mangel.[566] Da die Kaufsache nicht mangelhaft ist, besteht kein Gewährleistungsanspruch des K.

II. K könnte gegen V einen Schadensersatzanspruch aus **§ 280 Abs. 1** haben.

1. Zwischen V und K bestand mit dem Kaufvertrag ein Schuldverhältnis.

2. Es muss eine **Pflichtverletzung** vorliegen.

V könnte die zu den Rücksichtnahmepflichten aus **§ 241 Abs. 2** gehörende **Aufklärungspflicht** verletzt haben.

Grundsätzlich trägt der Käufer das Verwendungsrisiko der Kaufsache. Den Verkäufer trifft keine allgemeine Aufklärungspflicht. Der Vertragspartner darf aber nach Treu und Glauben unter Berücksichtigung der Verkehrsanschauung erwarten, dass er über die Umstände aufgeklärt wird, die ihm nicht bekannt sind und die für die Abwicklung des Vertrags, insbesondere für die zweckentsprechende Nutzung des Vertragsgegenstands, von Bedeutung sind.[567]

V hat K ein neuartiges Gerät verkauft und K hatte ein erkennbares Interesse daran, über die erforderlichen Wartungsmaßnahmen aufgeklärt zu werden. K durfte nach Treu und Glauben erwarten, dass die von V erteilte Bedienungsanleitung vollständig ist. Wenn der Verkäufer eine Betriebsanleitung an den Käufer aushändigt, so muss diese eine umfassende Erklärung über die Benutzung der Kaufsache enthalten. Da dies hier nicht der Fall war, hat V seine Aufklärungspflicht verletzt.

3. V hat nichts dafür vorgetragen, dass er die Pflichtverletzung nicht zu vertreten hat (§ 280 Abs. 1 S. 2).

---

566 Mängel der Bedienungsanleitung werden von § 434 Abs. 2 (Montageanleitung) nicht erfasst, können aber einen Mangel i.S.d. § 434 Abs. 1 S. 1 u. 2 begründen, vgl. AS-Skript Schuldrecht BT 1 (2016), Rn. 36.

567 BGH NJW 1967, 1805, 1806; NJW 1996, 1537.

4. V muss K Schadensersatz wegen dieser Pflichtverletzung leisten; er muss ihn also so stellen, wie der K gestanden hätte, wenn V ihn aufgeklärt hätte. K kann von V Schadensersatz in Höhe von 23.000 € verlangen.

2. Verletzung von Schutzpflichten

Sofern eine Partei eine durch das Schuldverhältnis bedingte Einwirkungsmöglichkeit auf die Rechtsgüter des anderen erhält, ergibt sich die Pflicht, diese Rechtsgüter nicht zu beschädigen. Darüber hinaus muss jeder Partner die – allgemeine – Verkehrssicherungspflicht beachten. Die Verletzung der **Verkehrssicherungspflicht** gegenüber dem Vertragspartner ist auch eine Verletzung von Pflichten aus § 241 Abs. 2.

305

Durch die Verkehrssicherungspflicht ist derjenige, der eine Gefahrenlage – gleich welcher Art – schafft, grundsätzlich verpflichtet, die notwendigen und zumutbaren Vorkehrungen zur Vermeidung einer Schädigung Anderer zu treffen. Demnach gilt, dass sich eine **für den Publikumsverkehr eröffnete Verkehrsfläche in einem dem regelmäßigen Verkehrsbedürfnis genügenden Zustand** befinden muss, der eine möglichst gefahrlose Benutzung zulässt. Ein Tätigwerden des Verkehrssicherungspflichtigen zur Gefahrenabwehr ist dann geboten, wenn die nahe liegende Möglichkeit einer Rechtsgutsverletzung anderer gegeben ist.[568] Das ist jedoch nur der Fall, wenn Gefahren bestehen, die auch für einen sorgfältigen Benutzer der jeweiligen Verkehrsfläche bei **Beachtung der zu erwartenden Eigensorgfalt** nicht oder nicht rechtzeitig erkennbar und beherrschbar sind.

Beispiel: Eine Besucherin, die mit den Absätzen ihrer Stöckelschuhe in einer Schmutzfangmatte im Eingangsbereich eines städtischen Theaters hängen bleibt und dann zu Fall kommt, kann die Stadt nicht aufgrund einer Verkehrssicherungspflichtverletzung auf Schadensersatz für erlittene Verletzungen in Anspruch nehmen, wenn die Matte im Eingangsbereich klar erkennbar und bei vorsichtigem Gehen – auch mit Stöckelschuhen – gefahrlos zu überqueren war.[569]

Schutzpflichten bestehen in gleicher Weise sowohl im vorvertraglichen und im vertraglichen Schuldverhältnis.

Klausurhinweis: *Bei Verletzung einer Verkehrssicherungspflicht kommen neben § 280 Abs. 1 auch oftmals Ansprüche aus § 823 Abs. 1 in Betracht.*

Fall 19: Böse Bananenschale

Die 58-jährige A betritt 30 Minuten nach der Geschäftseröffnung die noch wenig besuchte Lebensmittelabteilung des Warenhauses der Glöbüs-GmbH (G), um sich über die Preise der dort angebotenen Betttücher zu unterrichten. Sie rutscht auf einer auf dem Boden liegenden Bananenschale aus. Bei dem Sturz erleidet die A einen Oberschenkelhalsbruch. Sie verlangt von der G Schadensersatz. Diese macht geltend, sie habe nach ihrer Organisation alles getan, um bei Geschäftsbeginn den verkehrsgemäßen Zustand des Fußbodens sicherzustellen. Für das Fehlverhalten anderer Kunden könne sie nicht verantwortlich gemacht werden. Zu Recht?

---

568 OLG Hamm, Urt. v. 13.04.2016 – 11 U 127/15, RÜ 2016, 613 f.
569 OLG Hamm, Urt. v. 13.04.2016 – 11 U 127/15, RÜ 2016, 613, 614.

306 I. A könnte gegen die G einen Schadensersatzanspruch aus **§§ 280 Abs. 1, 311 Abs. 2 i.V.m. § 31 analog** haben.

1. Es muss zwischen den Parteien im Zeitpunkt des schadensbegründenden Ereignisses ein **vorvertragliches Schuldverhältnis** bestanden haben. Die A hat das Warenhaus der G betreten, um sich über die Preise für Betttücher zu unterrichten. Sie war zwar noch nicht entschlossen, einen Vertrag abzuschließen. Doch verfolgte sie mit ihrem Besuch einen geschäftlichen Zweck und es war nicht ausgeschlossen, dass es zu einem Kaufabschluss kam. Es liegt eine Vertragsanbahnung im Sinne des **§ 311 Abs. 2 Nr. 2** vor.

2. Die G kann nur durch ihre Organe eine **Pflichtverletzung** begangen haben. Pflichtverletzungen der Organe werden der GmbH analog § 31 zugerechnet. Hier könnten der Geschäftsführer oder die Geschäftsführer der GmbH Pflichten verletzt haben.

   Jeder Partner ist aufgrund des vorvertraglichen Schuldverhältnisses aus **§ 241 Abs. 2** verpflichtet, sich so zu verhalten, dass die Rechtsgüter des anderen nicht verletzt werden. Insbesondere muss die persönliche Sicherheit gewährleistet sein.

   Danach muss derjenige, der Geschäfts- oder Praxisräume eröffnet, Betriebsgrundstücke zu Geschäftszwecken freigibt, Werbemaßnahmen durchführt usw. gemäß § 241 Abs. 2 für die **Verkehrssicherheit** Sorge tragen. Der Partner darf darauf vertrauen, dass ihm kein Schaden zugefügt wird. Es müssen die zumutbaren Vorkehrungen zur Schadensabwendung getroffen werden. Wird eine unbestimmte Zahl von Personen gefährdet, so muss der „Veranstalter" den Geschäftsablauf so organisieren, dass nach menschlichem Ermessen keiner zu Schaden kommt und er muss zudem die Einhaltung des Organisationsplans im zumutbaren Maße beaufsichtigen.

   Dabei werden an die Sorgfaltspflichten bezüglich der Bodenbeschaffenheit in einem Warenhaus oder einem Selbstbedienungsladen besonders hohe Anforderungen gestellt. Denn die Kunden richten ihre Aufmerksamkeit auf die in den Regalen befindlichen Waren und nicht auf den Boden. Zur Erfüllung der Schutzpflicht der G reichte es nicht aus, dass der ordnungsgemäße Zustand des Fußbodens bei Geschäftsbeginn gewährleistet war. Auch während der Geschäftszeit muss darauf geachtet werden, dass keine Obstreste oder sonstigen Gegenstände auf dem Boden herumliegen. Die G hat ihre Schutzpflichten durch eine fehlerhafte Organisation verletzt.

   Die Darlegungs- und Beweislast für eine Verletzung der Schutzpflicht trägt der Gläubiger. Allerdings reicht der Vortrag aus, dass ein objektiver Mangel oder ein Zustand der Verkehrswidrigkeit im Organisations- und Gefahrenbereich des Schuldners eine Verletzung ausgelöst hat.[570]

3. Das Vertretenmüssen der Organe der G wird gemäß § 280 Abs. 1 S. 2 vermutet.

   Die G könnte sich nur durch den Nachweis entlasten, dass sie alle ihr zumutbare Sorgfalt beachtet hat und dass der Unfall darauf beruht, dass ein Kunde kurz zuvor die Bananenschale hat fallen lassen.[571] Dafür bestehen jedoch keine Anhaltspunkte. Die Organe der G haben schuldhaft ihrer Organisationspflicht nicht genügt. Dies wird der GmbH analog § 31 als eigenes Verschulden zugerechnet.

---

570 Palandt/Grüneberg § 280 Rn. 37.
571 BGHZ 66, 51, 53.

4. Die G muss gemäß § 280 Abs. 1 S. 1 Schadensersatz leisten. A ist so zu stellen, wie sie ohne diese Pflichtverletzung gestanden hätte. Ob die A ein **Mitverschulden** trifft, hängt davon ab, ob sie bei dem geringen Kundenverkehr die am Boden liegende Bananenschale hätte erkennen müssen. Ist ein Mitverschulden zu bejahen, so mindert sich gemäß § 254 der Schadensersatzanspruch.

II. A könnte gegen G ein Anspruch aus **§ 823 Abs. 1 i.V.m. § 31 analog** zustehen.

1. Die G müsste durch das Verhalten ihrer Organe die Körperverletzung der A adäquat kausal und zurechenbar verursacht haben. Die G hat durch ihre Organe mit der Eröffnung des Kaufhauses eine **Gefahrenquelle** geschaffen und war daher **verkehrssicherungspflichtig**. Diese Verkehrssicherungspflicht haben die Organe verletzt, weil sie den Geschäftsverkehr im Kaufhaus nicht so organisiert haben, dass nach menschlicher Voraussicht kein Schaden entstehen konnte. Die Verletzung der Verkehrssicherungspflicht ist ursächlich für die Körperverletzung geworden. Damit ist der objektive Tatbestand des § 823 Abs. 1 verwirklicht.

2. Bei dem Anspruch aus § 823 Abs. 1 gilt für das Verschulden die Beweislastumkehr gemäß § 280 Abs. 1 S. 2 nicht. Die objektive Verletzung der Verkehrssicherungspflicht führt jedoch zu einer Beweiserleichterung.[572]

Da G den indizierten Schluss auf das Vertretenmüssen oder den Anscheinsbeweis nicht entkräftet hat, ist das Verschulden der Organe zu bejahen.

3. G muss gemäß § 823 Abs. 1 i.V.m. § 31 analog Schadensersatz nach §§ 249 ff. leisten. Ein etwaiges Mitverschulden mindert gemäß § 254 der Schadensersatzanspruch.

---

3. Verletzung der Leistungstreuepflichten

Zu den Rücksichtnahmepflichten gehört auch die Leistungstreuepflicht, d.h. die generelle Verpflichtung, den Vertragszweck und den Leistungserfolg weder zu gefährden noch zu beeinträchtigen. Bei einer Verletzung dieser Pflicht haftet der Schädiger aus § 280 Abs. 1. Leistungstreuepflichten aus § 241 Abs. 2 bestehen auch noch nach der Erfüllung der Leistungsverpflichtungen.

307

> **Fall 20: Ladenhüter Lack**
>
> L betreibt eine Lackfabrik. Er verkauft dem Großhändler G eine größere Menge Möbellack Marke X, die G an Möbelfabrikanten verkaufen will. Eine Woche nach Auslieferung des Lacks von L an G versendet L ein Werbeschreiben an die Möbelfabrikanten, in dem er ankündigt, dass der Lack X nicht mehr hergestellt werde und dass die Firma L in wenigen Tagen ein neues Fabrikat, Lack Y, auf den Markt bringe, das gegenüber der Marke X wesentliche Verbesserungen aufweise und trotzdem nicht teurer sei. G wundert sich, dass niemand mehr den Lack X kaufen will. Als er den Sachverhalt erfährt, verlangt er von L Schadensersatz. Zu Recht?

---

572 Palandt/Grüneberg § 823 Rn. 54.

308   G könnte gegen L einen Schadensersatzanspruch aus **§ 280 Abs. 1** haben.

I.   Zwischen L und G ist ein Schuldverhältnis entstanden. Die Parteien haben nämlich einen Kaufvertrag über den Lack X abgeschlossen.

II.   L muss eine **Pflichtverletzung** begangen haben. Er könnte eine **Leistungstreuepflicht aus § 241 Abs. 2** verletzt haben. Nach Treu und Glauben ist der Schuldner verpflichtet, alles zu unterlassen, was den gemeinsamen Vertragszweck oder den vom Gläubiger mit dem Vertrag bezweckten Erfolg gefährdet. Im vorliegenden Fall hat zwar L einen gemeinsam verfolgten Vertragszweck nicht beeinträchtigt. Es liegt aber eine Vereitelung des von G mit der Leistung bezweckten Enderfolgs vor. Der Enderfolg, den ein Großhändler mit dem Erwerb einer Ware vom Fabrikanten verfolgt, ist die Weiterveräußerung an Einzelhändler oder Verbraucher. Das weiß der Fabrikant. Er hat auf diesen Enderfolg Rücksicht zu nehmen.

Diese Rücksicht hat L außer Acht gelassen. Das Werbeschreiben war so gefasst, dass es nur den Erfolg haben konnte, dass die Möbelfabrikanten den Lack X nicht mehr von G kauften. Mit einem derartigen Schreiben hätte L noch so lange warten müssen, bis G wenigstens den größten Teil der Ware verkauft hatte, oder er hätte G vorher – als er den Lack X einkaufte – auf den neuen Lack hinweisen müssen. Das Werbeschreiben des L war daher im Verhältnis zu G eine Pflichtwidrigkeit.

Dem steht nicht entgegen, dass L seine Leistungspflicht aus dem Kaufvertrag bereits erfüllt hatte und diese damit erloschen war. Sorgfaltspflichten können auch noch nach Erfüllung und Erlöschen der Leistungspflicht bestehen und verletzt werden, so genannte **culpa post contrahendum finitum**.[573]

L hat mithin eine sich aus § 241 Abs. 2 ergebende Rücksichtnahmepflicht verletzt.

III.   Es bestehen keine Anhaltspunkte dafür, dass L die Pflichtverletzung nicht zu vertreten hat (§ 280 Abs. 1 S. 2).

IV.   L muss G den Schaden ersetzen, der G daraus entstanden ist, dass er den Lack nicht mehr weiterverkaufen kann.

---

573   MünchKomm/Ernst § 280 Rn. 109 ff.

309

Verletzung von Rücksichtnahmepflichten

Anspruch auf Schadensersatz statt der Leistung aus §§ 280 Abs. 1, Abs. 3, 282

- Schuldverhältnis
- Verletzung einer Pflicht aus § 241 Abs. 2, insbesondere einer Leistungstreuepflicht
  Schadensersatz wegen künftiger Leistungen bei Sukzessivlieferungsverträgen: Gefährdung des Vertragszwecks durch schwere Unzuverlässigkeit des Schuldners (nach a.A.: § 281 analog)
- Unzumutbarkeit der Leistung für den Gläubiger
- Vertretenmüssen (§ 280 Abs. 1 S. 2)
- Rechtsfolge: Schadensersatz statt der Leistung

Rücktrittsrecht aus § 324

- Gegenseitiger Vertrag
- Verletzung einer Pflicht aus § 241 Abs. 2, insbesondere einer Leistungstreuepflicht
  Rücktritt bei Sukzessivlieferungsverträgen: Gefährdung des Vertragszwecks durch schwere Unzuverlässigkeit des Schuldners (nach a.A.: § 314 analog)
- Unzumutbarkeit des Festhaltens am Vertrag für den Gläubiger
- Rechtsfolge: Rücktrittsrecht

Anspruch aus § 280 Abs. 1

- Schuldverhältnis (vorvertraglich oder vertraglich)
- Verletzung einer Rücksichtnahmepflicht
  - Besondere Pflichten im vorvertraglichen Schuldverhältnis
    - Grundloser Abbruch von Vertragsverhandlungen
      bei formbedürftigen Verträgen vorsätzliches Vortäuschen nicht vorhandener Abschlussbereitschaft erforderlich
    - Verhinderung eines wirksamen Vertragsschlusses
  - Aufklärungspflicht: insbesondere bei vorvertraglichen Schuldverhältnissen Vorrang spezieller Regelungen:
    - Gewährleistungsrecht ist vorrangig
    - Ebenso § 179
    - Nach h.M. aber nicht §§ 123, 124
  - Schutzpflichten bestehen in gleicher Weise im vorvertraglichen wie im vertraglichen Schuldverhältnis.
  - Leistungstreuepflichten ergeben sich praktisch nur nach Vertragsschluss. Sie können auch nach Erfüllung des Vertrags noch bestehen.
- Vertretenmüssen (§ 280 Abs. 1 S. 2)
- Rechtsfolge: Schadensersatz

8. Abschnitt: Vertretenmüssen nach §§ 276–278

310   Die §§ 276–278 bestimmen, was der Schuldner zu vertreten hat. Sie greifen immer dann ein, wenn im BGB der Begriff des Vertretenmüssens verwendet wird.

Hauptanwendungsfall ist § 280 Abs. 1 S. 2. Das Vertretenmüssen des Schuldners ist auch relevant in §§ 275 Abs. 2, 286 Abs. 4, 309 Nr. 8 a), 311 a Abs. 2 S. 2, 536 a Abs. 1 und 651 f.

- **§ 276** und **§ 277** regeln das Vertretenmüssen des Schuldners **für eigenes Verhalten**.

- Gemäß **§ 278** hat der Schuldner ein Verschulden seines gesetzlichen Vertreters oder seiner Erfüllungsgehilfen in gleichem Umfang zu vertreten **wie eigenes Verschulden**.

A. Verantwortlichkeit des Schuldners gemäß §§ 276, 277

311   Gemäß **§ 276 Abs. 1 S. 1** hat der Schuldner **Vorsatz und Fahrlässigkeit** zu vertreten. Es können aber vertragliche oder gesetzliche Haftungsmilderungen eingreifen. Für den Fall, dass sich die Haftung auf die eigenübliche Sorgfalt beschränkt, bestimmt § 277 die obere Grenze der **Haftungsmilderung** dadurch, dass jedenfalls die Haftung wegen grober Fahrlässigkeit bestehen bleibt.

Möglich ist auch die vertragliche oder gesetzliche Bestimmung einer **Haftungsverschärfung**. Der Schuldner hat dann nicht nur sein Verschulden, sondern auch andere Umstände zu vertreten. Der Begriff des Vertretenmüssens ist weiter als der des Verschuldens. In jedem Fall ist gemäß § 276 Abs. 1 S. 2 i.V.m. §§ 827, 828 die Zurechnungsfähigkeit des Schuldners erforderlich.

I. Vorsatz und Fahrlässigkeit

312   **Vorsatz** ist das **Wissen und Wollen** des Erfolgs und **Bewusstsein der Rechtswidrigkeit**. Im Zivilrecht gilt die Vorsatztheorie. Ein Irrtum über die Rechtswidrigkeit – auch ein Verbotsirrtum – schließt den Vorsatz aus.[574] Ist allerdings der Irrtum bei Anwendung der im Verkehr erforderlichen Sorgfalt vermeidbar, bleibt eine Haftung wegen Fahrlässigkeit bestehen.

Deshalb kann die Widerlegung der Vermutung gemäß § 280 Abs. 1 S. 2 nur bei einem **unverschuldeten** (unvermeidbaren) **Rechtsirrtum** gelingen. Ein solcher liegt regelmäßig nur dann vor, wenn der Schuldner die Rechtslage unter Einbeziehung der höchstrichterlichen Rechtsprechung sorgfältig geprüft hat und bei Anwendung der im Verkehr erforderlichen Sorgfalt auch mit einer anderen Beurteilung durch die Gerichte nicht zu rechnen brauchte. Das ist etwa dann anzunehmen, wenn der Schuldner eine gefestigte höchstrichterliche Rechtsprechung für seine Auffassung in Anspruch nehmen konnte und eine spätere Änderung derselben nicht zu befürchten brauchte.[575]

---

574   Palandt/Grüneberg § 276 Rn. 11.
575   BGH, Urt. v. 11.06.2014 – VIII ZR 349/13, RÜ 2014, 627.

Gemäß § 276 Abs. 2 handelt **fahrlässig**, wer die im **Verkehr erforderliche Sorgfalt außer Acht** lässt. Ein Verstoß gegen das Sorgfaltsgebot liegt vor, wenn nach einem objektivierten Beurteilungsmaßstab der Handelnde in seiner konkreten Lage den drohenden Erfolg seines Verhaltens **voraussehen und** ihn **vermeiden** konnte.

Beispiel: Der notorische Stehpinkler P beschädigt durch sein urinieren in aufrechter Körperhaltung im Bad der angemieteten Wohnung den besonders (säure-)empfindlichen Marmorboden. Eine Information des K über die besondere Empfindlichkeit des Bodenbelages oder entsprechende Pflegehinweise sind nicht erfolgt.

Ein Anspruch des Vermieters aus §§ 280 Abs. 1, 241 Abs. 2 scheitert am fehlenden Vertretenmüssen des P. Für die (mangelnde) Erkennbarkeit der Schadensverursachung ist dabei entscheidend, dass P in Ermangelung einer ausreichenden Aufklärung über den besonders empfindlichen Bodenbelag, nicht damit rechnen musste, dass das Urinieren im Stehen zu einer erheblichen Beschädigung der Mietsache führen werde. Insbesondere kann nicht als allgemein bekannt vorausgesetzt werden, dass durch ein Urinieren im Stehen aufgrund der unvermeidbaren Kleinstspritzer dauerhafte Schäden für einen Marmorboden im Nahbereich einer Toilette drohen.[576]

Das Maß der erforderlichen Sorgfalt richtet sich nach den durchschnittlichen Anforderungen des in Betracht kommenden Verkehrskreises, dessen **speziellen Anschauungen und Bedürfnissen** Rechnung zu tragen ist. So wird beispielsweise bei der Beurteilung von Sorgfaltspflichtverletzungen von Ärzten davon ausgegangen, dass ein Facharzt ein anderes Maß an Sorgfalt und Können schuldet als ein Arzt für Allgemeinmedizin.[577]

Einzelne Sonderregelungen beziehen sich auf die **grobe Fahrlässigkeit** (z.B. §§ 277, 300 Abs. 1, 521, 599, 932 Abs. 2). Der Begriff ist gesetzlich nicht definiert. Grobe Fahrlässigkeit liegt vor, wenn die im Verkehr erforderliche Sorgfalt **in ungewöhnlich hohem Maße** verletzt wurde, wenn ganz nahe liegende Überlegungen nicht angestellt oder beiseite geschoben wurden und dasjenige unbeachtet geblieben ist, was sich im gegebenen Fall jedem aufgedrängt hätte.[578]

II. Vertragliche oder gesetzliche Haftungsmilderungen

Vertragliche Haftungsmilderungen sind grundsätzlich zulässig. Dem Schuldner kann allerdings gemäß **§ 276 Abs. 3** die Haftung wegen Vorsatzes nicht im Voraus erlassen werden. Gemäß **§ 278 S. 2** kann aber die Haftung für Vorsatz des gesetzlichen Vertreters und der Erfüllungsgehilfen ausgeschlossen werden.

313

In Allgemeinen Geschäftsbedingungen ist ein Haftungsausschluss für grobe Fahrlässigkeit gemäß **§ 309 Nr. 7 b)** unwirksam. Soweit § 309 unanwendbar ist (§ 310), ist der Haftungsausschluss für grobes Verschulden des Verwenders gemäß § 307 Abs. 1 unwirksam.[579]

Im Arbeitsrecht ergibt sich aus dem Inhalt des Schuldverhältnisses eine mildere **Haftung des Arbeitnehmers** im Verhältnis zum Arbeitgeber. Die Haftungsmilderung wird mit einer analogen Anwendung des § 254 begründet.[580]

---

576 LG, Urt. v. 12.11.2015 – 21 S 13/15, RÜ 2016, 69, 70.
577 BGH NJW 1994, 2232.
578 BGH ZIP 2000, 146.
579 Palandt/Grüneberg § 309 Rn. 48.
580 Siehe AS-Skript Arbeitsrecht (2016), Rn. 395 ff.

Bei **Gefälligkeiten** ist **keine generelle Haftungsbeschränkung** anzunehmen.[581] Konkludent vereinbarte Haftungsmilderungen liegen nicht vor, da die Beteiligten bei einer Gefälligkeit überhaupt keine rechtsgeschäftlichen Vereinbarungen treffen. In der Rechtsprechung wird in Ausnahmefällen ein Haftungsausschluss zugunsten des Gefälligen für leichte Fahrlässigkeit angenommen. Danach setzt die Haftungsmilderung voraus, dass für den Schädiger, der keinen Versicherungsschutz genießt, ein nicht hinzunehmendes Haftungsrisiko gegeben wäre und darüber hinaus besondere Umstände vorliegen, die einen Haftungsverzicht als besonders nahe liegend erscheinen lassen.[582]

Gesetzliche Milderungen des Haftungsmaßstabs sind in den Vorschriften enthalten, die eine Beschränkung auf die **Sorgfalt in eigenen Angelegenheiten** vorsehen; beispielsweise:

- **§ 346 Abs. 3 S. 1 Nr. 3**: Wertersatzpflicht des Rücktrittsschuldners bei Verschlechterung oder Untergang der Sache

- **§ 347 Abs. 1 S. 2**: Haftung für Nutzungen beim gesetzlichen Rücktrittsrecht

- **§ 690**: Haftung bei unentgeltlicher Verwahrung

- **§ 708**: Haftung der Gesellschafter im Innenverhältnis

- **§ 1359**: Verpflichtungen innerhalb des ehelichen Verhältnisses

- **§ 1664**: Eltern bei Ausübung der elterlichen Sorge

- **§ 2131:** Haftung des Vorerben in Ansehung der Verwaltung

Damit wird ein subjektiver Maßstab angelegt, der die Veranlagungen und das übliche Verhalten des konkret Handelnden berücksichtigt. In diesen Fällen bleibt aber gemäß § 277 die Haftung für grobe Fahrlässigkeit bestehen.

In anderen gesetzlichen Regelungen wird die **Haftung auf Vorsatz und grobe Fahrlässigkeit beschränkt**.

Beispiele: Schenker (§ 521), Verleiher (§ 599), Finder (§ 968), Schuldner bei Annahmeverzug (§ 300), Geschäftsführer ohne Auftrag bei Gefahrenabwehr (§ 680)

III. Vertragliche oder gesetzliche Haftungsverschärfungen

314   Eine strengere Haftung als die gesetzlich vorgesehene Haftung für einfache Fahrlässigkeit ist praktisch nur als **verschuldensunabhängige Haftung** denkbar und nach **§ 276 Abs. 1 S. 1** grundsätzlich zulässig.

So sind **vertragliche** Vereinbarungen einer verschuldensunabhängigen Haftung in Individualverträgen bis zur Grenze der Sittenwidrigkeit wirksam.[583] Die formularmäßige Begründung einer verschuldensunabhängigen Haftung des Vertragspartners des Verwenders ist allerdings gemäß § 307 Abs. 1 i.V.m. § 307 Abs. 2 Nr. 2 grundsätzlich unwirksam.[584]

---

581   Looschelders Rn. 99 f.
582   BGH NJW 1992, 2474.
583   Looschelders Rn. 489.
584   BGH NJW 1992, 3158.

Gemäß § 276 Abs. 1 S. 1 kann sich ein anderer Haftungsmaßstab auch **„aus dem sonstigen Inhalt des Schuldverhältnisses"**, insbesondere aus der Übernahme einer Garantie oder eines Beschaffungsrisikos ergeben. Damit werden Fälle erfasst, in denen eine Haftungsbeschränkung oder -verschärfung zumindest konkludent vereinbart ist und die daher auch als vertragliche Bestimmungen angesehen werden können. Insbesondere die Übernahme einer Garantie oder eines Beschaffungsrisikos kann nur durch eine vertragliche Vereinbarung erfolgen.[585]

Mit einer **Garantieübernahme** i.S.d. § 276 Abs. 1 S. 1 kann der Gläubiger eine verschuldensunabhängige Haftung begründen.

Eine Garantie kann selbstverständlich auch einen anderen Inhalt haben. Beispielsweise kann der Verkäufer oder der Hersteller einer Sache eine Haltbarkeitsgarantie für einen bestimmten Zeitraum übernehmen, vgl. § 443 Abs. 2. Haltbarkeitsgarantien begründen grundsätzlich keine verschuldensunabhängige Haftung.[586]

Im Rahmen des § 276 Abs. 1 S. 1 ist nur die Begründung einer verschuldensunabhängigen Haftung relevant. Die Übernahme einer Garantie i.S.d. § 276 Abs. 1 S. 1 setzt voraus, dass aus der Sicht des Gläubigers der Wille des Schuldners erkennbar wird, unabhängig vom Verschulden für die in der Garantie bestimmten Umstände haften zu wollen. Der Verkäufer übernimmt eine Garantie für das Vorhandensein einer Eigenschaft, wenn er erklärt, verschuldensunabhängig für alle Folgen ihres Fehlens einstehen zu wollen.[587]

Beispiel: Erklärt der Verkäufer auf ausdrückliche Frage, die Gesamtfahrleistung des gebrauchten Pkw stimme mit dem Tachostand überein, übernimmt er damit eine Beschaffenheitsgarantie.[588]

An die **konkludente Übernahme** einer Garantie sind hohe Anforderungen zu stellen. Ob und inwieweit auch Mangelfolgeschäden von der Übernahme der Garantie erfasst sind, ist durch Auslegung zu ermitteln.[589]

Als zweite Fallgruppe, in welcher der Schuldner verschuldensunabhängig haftet, nennt § 276 Abs. 1 S. 1 die **Übernahme eines Beschaffungsrisikos**. Eine solche Übernahme wird insbesondere bei Gattungsschulden virulent. Der Schuldner einer Gattungssache verspricht regelmäßig die Beschaffung des versprochenen Leistungsgegenstands und soll das Risiko für diese Zusage tragen. Der Umfang der Risikoübernahme ergibt sich aus den vertraglichen Vereinbarungen. Sind keine besonderen Abreden getroffen, haftet der Schuldner einer Gattungssache dafür, dass er sich den Leistungsgegenstand beschaffen kann. Das Beschaffungsrisiko ist dabei nicht nur das Risiko, die Sache überhaupt besorgen zu können. Vielmehr ist auch das Risiko der verspäteten Leistung vom Schuldner zu tragen.[590] Die Übernahme eines Beschaffungsrisikos führt aber nicht schlechthin zu einer Garantiehaftung des Schuldners, sondern nur zu einer Haftung für die Überwindung von Beschaffungshindernissen.[591] Zu diesen gehören nicht die Risi-

---

585 BT-Drs. 14/7052 S. 184: „Die Reichweite der verschärften Haftung ergibt sich aus der vertraglichen Vereinbarung, was die Vorschrift auch mit der Bezugnahme auf den Inhalt des Schuldverhältnisses unterstreicht."

586 BeckOK BGB/Faust § 443 Rn. 47.

587 BGHZ 122, 256; 132, 55.

588 OLG Koblenz, Urt. v. 01.04.2004 – 5 U 1385/03, NJW 2004, 1670.

589 BGH NJW 1993, 2103.

590 BT-Drs. 14/6040 S. 132.

591 BT-Drs. 14/6040 S. 132.

ken, die nicht mit der Eigenart der Beschaffungsschulden zusammenhängen, wie beispielsweise eine unvorhergesehene Erkrankung des Schuldners.[592]

Eine **gesetzliche**, vom Verschulden des Schuldners unabhängige Haftung ergibt sich beispielsweise aus § 536 a (Haftung für anfängliche Mängel der Mietsache), § 122 (Haftung des Anfechtenden) und § 179 Abs. 2 (Haftung des Vertreters auch bei Nichterkennbarkeit mangelnder Vertretungsmacht). Auch die Haftung des Schuldners für seinen gesetzlichen Vertreter und seine Erfüllungsgehilfen gemäß § 278 ist von einem eigenen Verschulden des Schuldners unabhängig.

IV. Zurechnungsfähigkeit

315 Das Vertretenmüssen setzt stets die Zurechnungsfähigkeit voraus. § 276 Abs. 1 S. 2 verweist insoweit auf die §§ 827, 828.

■ **Unzurechnungsfähig** sind Personen vor Vollendung des 7. Lebensjahres (§ 828 Abs. 1) sowie Personen, die sich im Zustand der Bewusstlosigkeit oder in einem die freie Willensbestimmung ausschließenden Zustand krankhafter Störung der Geistestätigkeit befinden (§ 827 S. 1).

Gemäß § 827 S. 2 haftet der Schuldner wie im Falle der Fahrlässigkeit, wenn er diesen Zustand vorübergehend dadurch herbeigeführt hat, dass er sich schuldhaft durch geistige Getränke oder ähnliche Mittel berauscht hat.

■ **Beschränkte Zurechnungsfähigkeit**

  ▪ § 828 Abs. 2 enthält eine Sonderregelung für das Verkehrsgeschehen. Danach sind Kinder und Jugendliche, die das siebte, aber nicht das zehnte Lebensjahr vollendet haben, für Schäden, die sie bei Unfällen im Straßen- und Bahnverkehr einem anderen zufügen, nicht verantwortlich, wenn sie die Verletzung nur fahrlässig herbeigeführt haben.

  ▪ Gemäß § 828 Abs. 3 sind Kinder und Jugendliche, die das 7., aber noch nicht das 18. Lebensjahr vollendet haben, nicht zurechnungsfähig, wenn sie bei Begehung der schädigenden Handlung nicht die zur Erkenntnis der Verantwortlichkeit erforderliche Einsicht haben.

B. Haftung für Erfüllungsgehilfen

316 § 278 enthält **keine selbstständige Anspruchsgrundlage**, geregelt ist die Zurechnung des Verhaltens von Hilfspersonen. Nach dem Wortlaut der Vorschrift wird nur das Verschulden zugerechnet. Darüber hinaus wird gemäß § 278 aber auch schon die Pflichtverletzung des gesetzlichen Vertreters oder des Erfüllungsgehilfen zugerechnet.[593]

*Hinweis: Eine Zurechnung über § 278 kann nicht nur für das ihm Rahmen des § 280 erforderliche **Verschulden** des Anspruchsgegners virulent werden, sondern **auch** über den Verweis in § 254 Abs. 2 S. 2 ein **Mitverschulden** des Anspruchstellers begründen.[594]*

---

592 Jauernig/Stadler § 276 Rn. 48.
593 Looschelders Rn. 501.
594 Ausführlich zum Mitverschulden AS-Skript Schuldrecht BT 4 (2017), Rn. 597 ff.

Beispiel: Beauftragt der Besteller einen Architekten mit der Objektplanung für ein Gebäude und einen weiteren Architekten mit der Planung der Außenanlagen zu diesem Objekt, trifft ihn grundsätzlich die Obliegenheit, dem mit der Planung der Außenanlagen beauftragten Architekten die für die mangelfreie Erstellung seiner Planung erforderlichen Pläne und Unterlagen zur Verfügung zu stellen. Hat der mit der Objektplanung beauftragte Architekt diese fehlerhaft erstellt, muss sich der Besteller dessen Verschulden gemäß § 254 Abs. 2 S. 2, § 278 BGB im Verhältnis zu dem mit der Planung der Außenanlagen beauftragten Architekten zurechnen lassen.[595]

Zurechnung des Verhaltens des Erfüllungsgehilfen gemäß § 278
I. Schuldverhältnis
II. Erfüllungsgehilfe
III. Pflichtverletzung des Erfüllungsgehilfen
IV. Verschulden

I. Schuldverhältnis

Zwischen dem **Anspruchsteller und** dem **Anspruchsgegner** muss ein Schuldverhältnis bestehen. Als solches kommt jede pflichtenbegründende Sonderbeziehung in Betracht, und zwar sowohl ein vertragliches wie gesetzliches, aber auch ein vorvertragliches oder nachvertragliches Schuldverhältnis.

317

Erforderlich ist, dass das Schuldverhältnis **zum Zeitpunkt der Schädigung** schon besteht. § 278 kommt daher nicht zur Anwendung, wenn das Schuldverhältnis durch die schädigende Handlung erst zur Entstehung gelangt.

Ein gesetzliches Schuldverhältnis kommt auch durch eine unerlaubte Handlung zustande. Im Zeitpunkt der unerlaubten Handlung besteht es aber noch nicht. Auf den deliktischen Schadensersatzanspruch ist daher § 278 nicht anwendbar. Insoweit kann sich die Haftung für den Verrichtungsgehilfen aber aus § 831 ergeben.

II. Erfüllungsgehilfe

Erfüllungsgehilfe ist, wer mit dem Willen des Schuldners bei der Erfüllung einer diesem obliegenden Verbindlichkeit tätig wird.[596]

1. Tätigwerden bei der Erfüllung einer dem Schuldner obliegenden Verbindlichkeit

Die Frage, ob jemand im Pflichtenkreis des Schuldners tätig wird, ist nicht abstrakt zu entscheiden. Maßgeblich ist, ob die konkrete Pflicht, deren Verletzung der Hilfsperson vorgeworfen wird, in den **Pflichtenkreis des Schuldners** gehört.

318

Eine Hilfsperson des Schuldners kann bezüglich **bestimmter Pflichten** Erfüllungsgehilfe sein, während bezüglich anderer Pflichten die Eigenschaft als Erfüllungsgehilfe zu verneinen ist.

---

595 BGH, Urt. v. 14.07.2016 – VII ZR 193/14, RÜ 2017, 72.
596 BGH, Urt. v. 14.11.2000 – XI ZR 336/99, NJW 2001, 358; Palandt/Grüneberg § 278 Rn. 7.

Beispiel: Ein Architekt ist Erfüllungsgehilfe des Bauherrn bezüglich der den Bauherrn treffenden Verpflichtung, dem Bauunternehmer Baupläne zur Verfügung zu stellen. Da der Bauherr aber keine Verpflichtung zur Bauaufsicht hat, ist der Architekt insoweit nicht als Erfüllungsgehilfe anzusehen.[597]

Kein Erfüllungsgehilfe ist, wer **ausschließlich** eine **eigene Verpflichtung** gegenüber dem Schuldner erbringt.

Beispiele:

1. Der Vorlieferant ist nicht Erfüllungsgehilfe des Verkäufers im Verhältnis zum Käufer, weil er ausschließlich eine eigene Verpflichtung gegenüber dem Verkäufer erfüllt.[598]

2. Der Baustofflieferant ist regelmäßig nicht Erfüllungsgehilfe des Werkunternehmers.[599]

3. Beim Kaufvertrag ist der vom Verkäufer eingeschaltete Hersteller der Kaufsache nicht Erfüllungsgehilfe des Verkäufers; gleiches gilt gemäß § 651 S. 1 BGB beim Werklieferungsvertrag, wenn der Lieferant einen Dritten mit der Bearbeitung der Sache betraut.[600]

319   Die **Selbstständigkeit einer Hilfsperson** schließt aber ihre Eigenschaft als Erfüllungsgehilfe nicht aus.

Beispiele: Ein selbstständiger Architekt ist Erfüllungsgehilfe des Bauherrn gegenüber dem Bauunternehmer, soweit Planungs- und Koordinierungsaufgaben infrage stehen.[601] Ein selbstständiger Makler kann Erfüllungsgehilfe seines Auftraggebers sein.[602]

Ob die vom Schuldner **zum Transport eingesetzte Hilfsperson**, z.B. der selbstständige Frachtführer Erfüllungsgehilfe des Schuldners ist, richtet sich nach der Art der Schuld.

■ Bei einer Bringschuld ist die Transportperson Erfüllungsgehilfe,

■ bei einer Holschuld oder einer Schickschuld ist dies nicht der Fall.

Hilfspersonen des Erfüllungsgehilfen sind Erfüllungsgehilfen des Schuldners, wenn dieser mit der Heranziehung einverstanden ist.[603] Überträgt bei einem Werkvertrag der Unternehmer die eigentliche Werkleistung (oder einen abgrenzbaren Teil davon) einem **Subunternehme**r, ist dieser Erfüllungsgehilfe des Unternehmers.

Für die Frage, ob jemand bei der Erfüllung einer Verbindlichkeit des Schuldners tätig wird, kann es erforderlich sein, die konkrete Verbindlichkeit genau zu bestimmen und verschiedene Vertragstypen voneinander abzugrenzen.

Fall 21: Überlassung eines Krans mit Kranführer

Die K AG (K) hatte von der V GmbH (V) einen Kettenkratzförderer gekauft und bei der G OHG (G) einen Kran samt Kranführer bestellt, um die Fördermaschine bei Anlieferung vom Schwertransportfahrzeug abladen und auf ihrem Firmengelände aufstellen zu können. G entsandte seinen Angestellten E mit einem Telekran zur K. Er hob zunächst die Maschine vom Fahrzeug auf Transportrollen, auf denen die Maschine

---

597   BGH, Urt. v. 18.02.2002 – VII ZR 70/01, NJW-RR 2002, 1175.

598   BGH NJW-RR 1989, 1189.

599   BGH, Urt. v. 12.12.2001 – X ZR 192/00, NJW 2002, 1565.

600   BGH, Urt. v. 02.04.2014 – VIII ZR 46/13, RÜ 2014, 555.

601   BGHZ 95, 128.

602   BGH NJW 1996, 451.

603   OLG Hamm NJW-RR 1999, 1123.

dann in die für die Aufstellung vorgesehene Halle geschoben wurde. Dort sollte sie schließlich auf ihren endgültigen Platz geschoben werden. Drei von der Herstellerfirma V anwesende Monteure schlugen das zum Kran gehörige 4-strängige Kettengehänge an die Maschine an und hängten es in den Kranhaken ein. Zwei Kettenstränge waren hierbei verdreht. Als E die Maschine anhob, scheuerten die zwei sich überkreuzenden Kettenstränge durch und rissen. Der von ihnen gehaltene Teil der Maschine stürzte ab. Die Maschine, ein bereits montiertes Förderband und der Hallenboden wurden beschädigt. Die K fordert von G Schadensersatz.

A. Ein Schadensersatzanspruch der K gegen G könnte sich aus **§ 280 Abs. 1** ergeben. **320**

    I. Zwischen K und G ist ein Vertrag (entweder ein kombinierter Miet- und Dienstverschaffungsvertrag oder ein Werkvertrag) und damit ein **Schuldverhältnis** abgeschlossen worden.

    II. **Pflichtverletzung** ist hier die unsachgemäße Beförderung der Maschine mit dem Kran, die zur Beschädigung der Maschine, des Förderbands und des Hallenbodens führte.

        Eine Pflichtverletzung des **G selbst** liegt **nicht** vor. Insbesondere ist kein Auswahlverschulden des G ersichtlich.

        G könnte jedoch das **Verhalten des E nach § 278 zuzurechnen** sein.

      1. Zwischen der K und G bestand ein **Schuldverhältnis**.

      2. E müsste bei seiner Arbeit als Kranführer auf dem Gelände der K Erfüllungsgehilfe des G gewesen sein. Es müsste dann E **bei der Erfüllung einer dem G obliegenden Verbindlichkeit** als dessen Hilfsperson tätig geworden sein. Das hängt von der rechtlichen Einordnung des Vertrags zwischen der K und G ab. Entscheidend für die Einordnung ist die Ausgestaltung der Vertragsbeziehung im Einzelfall, insbesondere der Umstand, welche der Leistungen dem Vertrag das Gepräge geben.[604] Die **Überlassung** eines Krans **bei gleichzeitiger Gestellung von Bedienungspersonal** kann sein:

        a) Ein **Mietvertrag** verbunden mit einem Dienstverschaffungsvertrag. Ein solcher Vertrag erfordert die Feststellung, dass die Durchführung der Arbeiten ausschließlich bei dem Mieter des Krans lag und das von dem Vermieter gestellte Bedienungspersonal den Weisungen des Mieters unterworfen war.[605] In diesen Fällen ist der Kranführer nicht Erfüllungsgehilfe des Kranvermieters.

        b) Bei der Gestellung eines Krans mit Bedienungspersonal liegt ein **Werkvertrag** vor, wenn die Sorge für den Einsatz des Krans und dessen Obhut nicht dem Auftraggeber obliegt, sondern wenn nach dem Inhalt des geschlosse-

---

604 BGH WM 1996, 1785, 1786.
605 BGH WM 1996, 1785, 1786; OLG Celle RÜ 1997, 225.

nen Vertrags der Gesteller des Krans die entscheidenden Weisungen geben soll.[606]

c) Im vorliegenden Fall ist die Vereinbarung **zwischen der K und G als Werkvertrag** anzusehen. Dafür, dass von G ein bestimmter Erfolg geschuldet war, spricht die sachlich, örtlich und zeitlich enge Umgrenzung der durchzuführenden Tätigkeiten, nämlich das Abladen der Maschine vom Transportfahrzeug und das Absetzen an dem vorgesehenen Aufstellungsort. Diese sehr genau umrissenen Arbeiten lassen es gleichzeitig als ausgeschlossen erscheinen, dass die K die Sorge für die Betriebsführung, die Wartung und die Obhut des Krans übernommen hatte, also der K das Direktionsrecht hinsichtlich des G zustehen und die K die entscheidenden Weisungen geben sollte.[607]

E war daher Erfüllungsgehilfe des G.

3. Es müsste eine **Pflichtverletzung des Erfüllungsgehilfen E in Erfüllung der übertragenen Verbindlichkeit** erfolgt sein. E hat dadurch, dass er vor Beginn des Hebevorgangs in der Halle die Aufhängung des Kettengehänges nicht mehr kontrolliert hat, das Reißen der Kettenstränge verursacht. Er hat dadurch die ihm von G übertragene Obhutspflicht schuldhaft verletzt.

III. Dieses Verschulden des Erfüllungsgehilfen ist G gemäß § 278 als eigenes Verschulden zuzurechnen.

IV. **Rechtsfolge:** G ist der K zum Schadensersatz verpflichtet.

Die unsachgemäße Anbringung des Kettengehänges am Kranhaken durch die Monteure der V war die erste Ursache für den Schadensfall. Hierfür hat die K, die eine Pflicht zur Mitwirkung durch Anschlagen des Kettengehänges traf, gemäß **§ 254 Abs.1, Abs. 2 S. 2 und § 278** einzustehen.[608] Bei Abwägung der beiderseitigen Verursachungsbeiträge erscheinen diese gleichwertig.

Ergebnis: K kann von G die Hälfte des Schadens ersetzt verlangen.

B. Ein Anspruch in gleicher Höhe ergibt sich aus **§ 831**, es sei denn, dass sich G exkulpieren kann.

---

2. Willentliche Einbindung

321 Entscheidend ist, ob die Hilfsperson rein tatsächlich mit Willen des Schuldners handelt. Unerheblich ist dagegen,

- ob der Gehilfe Vertretungsmacht hat;

---

606 BGH WM 1996, 1785, 1786; OLG München MDR 1997, 1007, 1008: dieser Entscheidung des OLG München ist der vorliegende Fall nachgebildet.

607 OLG München MDR 1997, 1007, 1008.

608 OLG München MDR 1997, 1007, 1008.

- ob er selbstständig oder unselbstständig, sozial abhängig oder weisungsgebunden ist (für den Verrichtungsgehilfen i.S.d. § 831 ist im Gegensatz dazu Weisungsgebundenheit erforderlich!);

- ob der Gehilfe davon weiß, dass er als Erfüllungsgehilfe tätig wird;

- ob zwischen Schuldner und Gehilfen ein Vertragsverhältnis besteht.

Beispiel: Eine Bausparkasse hat die Anwerbung von Kunden einem selbstständigen Vermittlungsunternehmen überlassen. Dieses Vermittlungsunternehmen vereinbart mit dem selbstständigen Makler M, dass er als ihr Untervertreter Kunden für die Bausparkasse werben solle. Dies geschieht im Einverständnis mit der Bausparkasse.

Die Bausparkasse muss sich Erklärungen des Maklers nach § 278 zurechnen lassen. Die selbstständige Stellung des Maklers steht seiner Einordnung als Erfüllungsgehilfe nicht grundsätzlich entgegen: Übernimmt er mit Wissen und Wollen einer der späteren Vertragsparteien Aufgaben, die typischerweise ihr obliegen, so wird er in ihrem Pflichtenkreis tätig und ist daher zugleich als ihre Hilfsperson zu betrachten. Entscheidend sind die Einzelumstände; maßgeblich ist dabei nicht, ob der Hilfsperson Vertretungsmacht eingeräumt ist.[609]

III. Pflichtverletzung des Erfüllungsgehilfen bei Erfüllung der übertragenen Verbindlichkeit

Der Erfüllungsgehilfe muss eine Pflicht verletzt haben. Dabei hat nach h.M. der Schuldner nur für solche Pflichtverletzungen des Erfüllungsgehilfen einzustehen, die aus der Sicht eines Außenstehenden im **inneren sachlichen Zusammenhang** mit dem Wirkungskreis stehen, der dem Gehilfen zugewiesen ist. Die Hilfsperson darf danach **nicht nur bei Gelegenheit** der Erfüllung einer Verbindlichkeit gehandelt haben, **sondern** das Fehlverhalten muss **in Ausübung** der ihr übertragenen Hilfstätigkeit erfolgen.[610]

322

Fall 22: Gelegenheit macht Diebe

E bringt seinen Pkw zur Reparatur in die Werkstatt des G. Dort wird aus dem Fahrzeug des E von dem in der Buchhaltung beschäftigten Buchhalter B ein Navigationsgerät gestohlen. B hatte sich auf bisher ungeklärte Weise von dem Schlüssel der Werkstatttür einen Nachschlüssel angefertigt und war damit nach Dienstschluss unbemerkt in die Halle gelangt. E verlangt von G Schadensersatz.

A. E könnte gegen G ein Schadensersatzanspruch aus **§ 280 Abs. 1** zustehen.

I. Zwischen E und G ist ein **Werkvertrag** geschlossen worden.

II. Fraglich ist, ob eine dem G zurechenbare **Pflichtverletzung** vorliegt.

Zu den Pflichten des G aus dem Werkvertrag zählt einmal seine Leistungspflicht, den Reparaturauftrag ordnungsgemäß zu erfüllen. Zum anderen hat G aber auch die Schutzpflicht, den Wagen des E vor Beschädigungen zu schützen, keine Gegenstände aus dem ihm anvertrauten Wagen zu entwenden und in zumutbarer Weise Diebstähle durch Dritte zu verhindern. Diese Verpflichtung hat G nicht

---

609 BGH, Urt. v. 14.11.2000 – XI ZR 336/99, NJW 2001, 358.
610 BGH NJW 1997, 1360; anders Looschelders Rn. 506.

schuldhaft verletzt: Er hatte die Werkstatthalle nach Arbeitsschluss ordnungsgemäß verschlossen. Es sind keine Anhaltspunkte dafür gegeben, dass G die Anfertigung des Nachschlüssels durch B schuldhaft ermöglicht hat oder dass es auf einer schuldhaften Nachlässigkeit des G beruht, dass B nach Arbeitsschluss unbemerkt in die Werkstatt gelangen konnte. **G selbst** hat mithin **keine Pflichten aus dem Werkvertrag verletzt**.

G könnte jedoch das **Verhalten des B nach § 278 zuzurechnen** sein.

1. B war **Erfüllungsgehilfe des G**, denn er wurde nach den tatsächlichen Gegebenheiten mit Willen des Schuldners G bei der Erfüllung einer diesem obliegenden Tätigkeit – der Bearbeitung des Reparaturauftrags – tätig.

2. B müsste **bei der Erfüllung einer Verbindlichkeit des G** schuldhaft gehandelt haben. „Verbindlichkeiten" i.S.d. § 278 sind die vertraglichen Haupt- und Nebenleistungspflichten, aber auch die Rücksichtnahmepflichten aus § 241 Abs. 2. Die Pflicht zur Rücksichtnahme auf die Rechtsgüter des E hat B verletzt. Dieses geschah allerdings nicht im Zusammenhang mit den ihm von G übertragenen Aufgaben.

   a) Nach h.M. muss das Fehlverhalten des Gehilfen im inneren sachlichen Zusammenhang mit dem Wirkungskreis stehen, der dem Gehilfen zugewiesen worden ist. Der Erfüllungsgehilfe muss „in Erfüllung" der Verbindlichkeit handeln und **nicht nur „bei Gelegenheit"**.[611]

   b) Ein Teil der Literatur lässt es dagegen für die Haftung wegen der Verletzung von Rücksichtnahmepflichten ausreichen, dass dem Gehilfen die Schädigung durch die übertragene Tätigkeit erheblich erleichtert worden ist.[612] Nach dieser Ansicht würde im vorliegenden Fall § 278 eingreifen, denn B hatte seine Stellung als Erfüllungsgehilfe ausgenutzt, um den Diebstahl begehen zu können.

   c) Für die h.M. spricht eine interessengerechte Begrenzung des Personalrisikos beim Schuldner und der Vergleich zu § 831, wonach der Geschäftsherr auch nur haftet, wenn der Verrichtungsgehilfe „in Ausführung der Verrichtung" und nicht nur „bei Gelegenheit" handelt.

   Der Diebstahl des Navigationsgerätes steht mit der dem B übertragenen Tätigkeit in keinem unmittelbaren inneren Zusammenhang. G braucht sich somit das Verhalten des B nicht über § 278 zurechnen zu lassen. Es liegt daher keine von G zu vertretende Pflichtverletzung vor. E hat gegen G keinen Anspruch aus § 280 Abs. 1.

B. E könnte gegen G einen Anspruch aus **§ 831** haben.

   I. B war mit Wissen und Wollen des G in dessen Interesse tätig und von dessen Weisungen abhängig; B war daher **Verrichtungsgehilfe** des G.

---

611 BGHZ 114, 263, 270; BGH NJW 1997, 1360; OLG Karlsruhe, Urt. v. 21.05.2004 – 15 U 91/01; Palandt/Grüneberg § 278 Rn. 20.
612 MünchKomm/Grundmann § 278 Rn. 47; Looschelders Rn. 506.

II. B hat eine **tatbestandsmäßige unerlaubte Handlung** begangen.

III. B müsste „in Ausführung der Verrichtung" gehandelt haben, nicht nur bei Gelegenheit. Es muss ein unmittelbarer innerer Zusammenhang zwischen der ihm aufgetragenen Verrichtung nach ihrer Art und ihrem Zweck einerseits und der schädigenden Handlung andererseits vorliegen. Der Diebstahl des Navigationsgerätes erfolgte nur bei Gelegenheit. Ein Anspruch des E gegen G aus § 831 besteht nicht.

Abwandlung:

G beauftragt seinen Monteur M, der sich bisher als zuverlässig erwiesen hat, mit der Durchführung der Arbeiten am Pkw des E. M stiehlt das Navigationsgerät während der Arbeitszeit, als G sich mit einem anderen Fahrzeug auf einer Probefahrt befindet.

A. E könnte gegen G einen Anspruch aus **§ 280 Abs. 1** haben. 323

   I. Ein Schuldverhältnis zwischen G und E besteht. Ferner müsste auch eine Pflichtverletzung vorliegen. M hatte sich bisher stets als zuverlässig erwiesen, sodass kein Auswahlverschulden des G vorliegt. Eine eigene Pflichtwidrigkeit des G ist mithin abzulehnen.

   II. G könnte das **Verhalten des M nach § 278 zuzurechnen** sein.

      1. Der von G mit der Reparatur beauftragte **M war Erfüllungsgehilfe** des G.

      2. M müsste bei der Erfüllung einer Verbindlichkeit des G schuldhaft gehandelt haben. Mit dem Diebstahl hat M die allgemeine Rücksichtnahmepflicht aus § 241 Abs. 2 verletzt.

      Der Diebstahl liegt auch im Rahmen der Tätigkeit des M, die ihm G im Hinblick auf die Erfüllung zugedacht hat: Im Zeitpunkt des Diebstahls übte M auf Veranlassung, aber auch im Interesse des G die Obhut über das Fahrzeug aus: Mit der Überlassung des Wagens zur Reparatur hatte G dem M konkludent die Obhutspflicht über den Wagen übertragen.

      Bei der Frage, ob ein Schädiger als Erfüllungsgehilfe oder als ein außerhalb des Vertragsverhältnisses stehender Dritter gehandelt hat, kommt es nicht darauf an, ob er weisungswidrig oder gar vorsätzlich gehandelt hat. Der Verschuldensmaßstab ist ebenso ohne Belang wie das Motiv des Schädigers. Maßgeblich ist allein, dass die Verfehlung des Schädigers nicht eine selbstständige unerlaubte Handlung darstellt, die mit der Vertragserfüllung nur in äußerem Zusammenhang steht, sondern dass sie in den allgemeinen Umkreis desjenigen Aufgabenbereichs gehört, für dessen Wahrnehmung der Schädiger vom Schuldner bestimmt worden ist.[613]

---

613 OLG Düsseldorf MDR 1997, 927, 928; BGH NJW 1993, 1704, 1705.

Der Diebstahl des M erfolgte daher „in Erfüllung" und nicht nur „bei Gelegenheit".

3. Der Erfüllungsgehilfe muss die Pflicht schuldhaft verletzt haben. Das ist zu bejahen, da M das Navigationsgerät vorsätzlich entwendet hat. G muss sich daher die schuldhafte Pflichtverletzung des M gemäß § 278 zurechnen lassen.

Er haftet daher dem E aus § 280 Abs. 1 auf Schadensersatz.

B. E könnte gegen G zudem ein Anspruch aus **§ 831** zustehen.

M hat als Verrichtungsgehilfe des G in Ausführung der Verrichtung rechtswidrig eine unerlaubte Handlung begangen.

G haftet aber nicht nach § 831, wenn er den Entlastungsbeweis führen und nachweisen kann, dass er M sorgfältig ausgesucht und in zumutbarer Weise überwacht hat. Dies ist nach dem Sachverhalt anzunehmen.

IV. Verschulden

324 Die Frage, ob der Erfüllungsgehilfe schuldfähig (§§ 276 Abs. 1 S. 2, 827, 828) sein muss, wird nicht einheitlich beantwortet. Zum Teil wird die **Schuldfähigkeit des Erfüllungsgehilfen** für eine Zurechnung gemäß § 278 für unerheblich erachtet.[614] Die h.M. beurteilt dies richtigerweise anders.[615] Da nämlich gemäß § 278 das Verschulden des Gehilfen zugerechnet wird, muss dessen Verschuldensfähigkeit gegeben sein, zumal der Schuldner für einen verschuldensunfähigen Gehilfen regelmäßig bereits gemäß § 276 (Auswahlverschulden) haftet.[616]

Hinsichtlich des maßgeblichen **Sorgfaltsmaßstabs** ist indes grundsätzlich auf den Schuldner (z.B. Meister) selbst und nicht auf dessen Gehilfen (z.B. unerfahrener Auszubildender) anzustellen. Nur bei Auftreten des Gehilfen als Fachmann gilt ausnahmsweise der strengere Maßstab des Fachmanns.[617] Ferner ist für etwaige Haftungserleichterungen auf die Person des Schuldners („in gleichem Umfang") abzustellen.[618]

Beispiel: Befindet sich der Gläubiger im Annahmeverzug und geht durch leicht fahrlässiges Verschulden des Erfüllungsgehilfen des Schuldners die geschuldete Sache unter, so hat der Schuldner den Untergang nicht nach § 278 zu vertreten. Denn wegen des Annahmeverzugs haftet der Schuldner nach § 300 Abs. 1 nur für Vorsatz und grobe Fahrlässigkeit.

Gemäß § 278 S. 2 findet § 276 Abs. 3 keine Anwendung. Der Schuldner kann deshalb die Haftung für vorsätzliches Verhalten des Erfüllungsgehilfen ausschließen.

*Hinweis: Nach § 309 Nr. 7 ist der **formularmäßige Ausschluss der Haftung** für Vorsatz und grobe Fahrlässigkeit von Erfüllungsgehilfen unwirksam. Im unternehmerischen Verkehr ist ein formularmäßiger Ausschluss der Haftung für grobes Verschulden des Verwenders, sei-*

---

614 Brox/Walker § 20 Rn. 34; MünchKomm/Grundmann § 278 Rn. 50.
615 OLG Düsseldorf NJW-RR 1995, 1165, 1166; Palandt/Grüneberg § 278 Rn. 27.
616 Jauernig/Stadler § 278 Rn. 13.
617 BGH 114, 272; Looschelders Rn. 508.
618 Jauernig/Stadler § 278 Rn. 13.

ner gesetzlichen Vertreter und seiner leitenden Erfüllungsgehilfen gemäß § 307 Abs. 1 un-wirksam.[619] Ein Haftungsausschluss für grobes Verschulden einfacher Erfüllungsgehilfen ist grundsätzlich gemäß § 307 Abs. 1 unwirksam, kann aber im Einzelfall wirksam sein (z.B. bei branchentypischen Freizeichnungen wie dem Haftungsausschluss der Werften für grobes Verschulden einfacher Erfüllungsgehilfen).[620]

C. Haftung für gesetzliche Vertreter

Zurechnung des Verhaltens des gesetzlichen Vertreters gemäß § 278
I.   Schuldverhältnis
II. Gesetzlicher Vertreter
III. Pflichtverletzung
IV. Verschulden

325

I. Gesetzlicher Vertreter

Gesetzlicher Vertreter ist jeder, dem die Befugnis, einen anderen zu vertreten, durch ge-setzliche Vorschrift – im Unterschied zur rechtsgeschäftlichen Vollmacht – verliehen ist. Dazu gehören z.B.: Eltern, Vormund, Pfleger, Ehegatte im Falle des § 1357. Der Begriff wird weit gefasst. Er umfasst auch diejenigen, die als „Partei kraft Amtes" für einen an-deren handeln, z.B. der Insolvenzverwalter, Testamentsvollstrecker.

326

Keine gesetzlichen Vertreter i.S.d. § 278 sind die Organe einer juristischen Person.[621] Die juristische Person haftet auch für die Verletzung schuldrechtlicher Pflichten gemäß § 31 bzw. § 89. Ihr wird das Handeln ihrer Organe als eigenes zugerechnet.

II. Pflichtverletzung

Der gesetzliche Vertreter muss bei der Erfüllung seiner ihm kraft Gesetzes übertragenen Aufgaben eine Pflicht verletzt haben.

327

III. Verschulden

Beim gesetzlichen Vertreter ist nach allgemeiner Ansicht hinsichtlich der **Schuldfähig-keit** ausschließlich auf die Person des gesetzlichen Vertreters abzustellen.

328

Umstritten ist, ob hinsichtlich der Anforderungen an die im Verkehr **erforderliche Sorg-falt** wie beim Erfüllungsgehilfen auf die Person des Schuldners abzustellen[622] oder ob auch insoweit die Person des gesetzlichen Vertreters maßgeblich ist.[623]

---

619 Palandt/Grüneberg § 309 Rn. 48.

620 BGHZ 103, 320; Palandt/Grüneberg § 309 Rn. 50.

621 Palandt/Grüneberg § 278 Rn. 6; MünchKomm/Grundmann § 278 Rn. 10.

622 Staudinger/Löwisch/Caspers § 278 Rn. 118.

623 Jauernig/Stadler § 278 Rn. 18.

4. Teil: Gläubigerverzug gemäß §§ 293 ff.

329 Der Gläubiger kommt in Gläubigerverzug, wenn er die Annahme der Leistung oder eine andere Mitwirkungshandlung verweigert.

Sonstige Mitwirkungshandlungen des Gläubigers sind z.B. die Lieferung von Stoffen, aus denen ein Werk erstellt wird, die persönliche Mitwirkung, soweit es die Herstellung eines Werks erfordert (wer ein Porträt bestellt, muss i.d.R. Modell stehen) oder der Abruf des Käufers, wenn vereinbart ist, dass die Lieferung „auf Abruf" zu erfolgen hat.

Im Unterschied zum Schuldnerverzug ist beim Gläubigerverzug grundsätzlich die Entgegennahme der Leistung oder die Vornahme der Mitwirkungshandlung keine Rechtspflicht, sondern lediglich eine Obliegenheit. Der Gläubigerverzug tritt ohne Verschulden ein und führt nicht zu einem Schadensersatzanspruch des Schuldners, sondern zu anderen Rechtsnachteilen für den Gläubiger.

Die Voraussetzungen des Gläubigerverzugs ergeben sich aus den §§ 293–299; die Rechtsfolgen aus den §§ 300–304.

Die Annahme der Leistung oder sonstige zur Leistung erforderliche Mitwirkungshandlungen des Gläubigers können im Einzelfall nicht nur eine Obliegenheit, sondern auch eine Verpflichtung des Gläubigers darstellen. In diesen Fällen kommt der Gläubiger durch die Unterlassung der Abnahme oder sonstigen Mitwirkungshandlung nicht nur in Gläubigerverzug, sondern unter den Voraussetzungen des § 286 auch in Schuldnerverzug.

Beispiele:

1. Die Abnahmeverpflichtung des Käufers ist nicht nur eine Gläubigerobliegenheit, sondern eine Schuldnerpflicht des Käufers. Unterlässt der Käufer die Abnahme, treten unter den Voraussetzungen der §§ 293 ff. die Rechtsfolgen des Gläubigerverzugs und unter den Voraussetzungen des § 286 die Rechtsfolgen des Schuldnerverzugs ein.

2. Auch die Abnahmepflicht des Werkbestellers (§ 640 Abs. 1) ist eine Schuldnerpflicht. Sonstige Mitwirkungshandlungen des Bestellers bei der Herstellung eines Werks sind allerdings grundsätzlich nur nach den Regeln des Gläubigerverzugs zu beurteilen (§§ 642, 643).

1. Abschnitt: Voraussetzungen des Gläubigerverzugs

330 Die Voraussetzungen des Gläubigerverzugs sind in den **§§ 293–299** geregelt. Nach § 293 setzt der Gläubigerverzug ein Angebot der Leistung und die Nichtannahme durch den Gläubiger voraus. Ergänzend bestimmt § 297, dass der Schuldner zur Leistung imstande und bereit sein muss.

A. Angebot der Leistung

I. Tatsächliches Angebot

331 Nach **§ 294** muss der Schuldner dem Gläubiger die geschuldete Leistung grundsätzlich tatsächlich anbieten. Das tatsächliche Angebot ist keine zusätzlich zur Leistung vorzunehmende Handlung, sondern der Beginn der Leistung. Der **Schuldner muss alle ihm obliegenden Leistungshandlungen so weit erbracht haben, dass es allein am Gläu-**

biger liegt, die Erfüllung herbeizuführen; m.a.W., dass der Gläubiger „nur noch zuzugreifen braucht".[624]

- Bei der **Bringschuld** muss der Schuldner daher die geschuldete Sache dem Gläubiger an dessen Wohnsitz oder am Niederlassungsort tatsächlich so wie geschuldet anbieten.

- Bei der **Schickschuld** muss die eingeschaltete Versandperson die Sache anbieten. Die bloße Absendung genügt nach h.M. nicht, weil zu diesem Zeitpunkt der Gläubiger noch nicht zugreifen und die Sache annehmen kann.[625]

Der Schuldner muss die Leistung „so wie sie zu bewirken ist" anbieten. Die angebotene **332** Leistung muss nach der Art, Güte und Menge dem Inhalt des Schuldverhältnisses entsprechen. Weiterhin ist die Leistung am rechten Ort, zur rechten Zeit und in rechter Weise anzubieten.[626]

Ist eine Leistungszeit bestimmt und der Schuldner (entgegen der Auslegungsregel des § 271 Abs. 2) nicht berechtigt, vor der bestimmten Zeit zu leisten, so kann die Leistung vor der bestimmten Zeit nicht in einer den Gläubigerverzug begründenden Weise angeboten werden. Der Annahmeverzug setzt also zumindest die **Erfüllbarkeit der Leistung** voraus.

Beispiel: M hat zum 01.03. neue Geschäftsräume gemietet. Er bestellt bei der Möbelhandlung A neue Möbel, Lieferung ab 01.03. Vor dem 01.03. kann M nicht in Annahmeverzug kommen, da A die Möbel nicht „zur rechten Zeit" anbieten kann.

II. Wörtliches Angebot

Nach **§ 295** genügt ein wörtliches Angebot, wenn der Gläubiger dem Schuldner erklärt **333** hat, dass er die Annahme der Leistung ablehnen werde (§ 295 S. 1 Alt. 1).

Die **Annahmeverweigerung** muss bestimmt und eindeutig sein und zeitlich vor dem Angebot erklärt werden.[627] Auch wenn sich aus § 295 ergibt, dass allein die Verweigerung der Annahme ein wörtliches Angebot nicht überflüssig macht, so ist nach h.M. ein wörtliches Angebot entbehrlich, wenn offenkundig ist, dass der Gläubiger auf der Annahmeverweigerung beharrt und das wörtliche Angebot als sinnlose Formalität erscheinen würde.[628]

Ein wörtliches Angebot genügt auch dann, wenn zur Bewirkung der Leistung des Schuldners eine **Mitwirkung des Gläubigers erforderlich** ist, insbesondere wenn der Gläubiger die geschuldete Sache abzuholen hat (§ 295 S. 1 Alt. 2). Der Hauptanwendungsfall ist die **Holschuld**.

Das wörtliche Angebot kann durch ausdrückliche oder schlüssige Erklärung erfolgen und muss inhaltlich die geschuldete Leistung umfassen. Es handelt sich dabei um eine geschäftsähnliche Handlung, auf welche die §§ 104 ff. analog anwendbar sind.[629]

---

624 BGHZ 90, 354, 359; Palandt/Grüneberg § 294 Rn. 2.

625 Palandt/Grüneberg § 294 Rn. 2; MünchKomm/Ernst § 294 Rn. 3.

626 MünchKomm/Ernst § 294 Rn. 4.

627 Palandt/Grüneberg § 295 Rn. 4.

628 MünchKomm/Ernst § 295 Rn. 6; Palandt/Grüneberg § 295 Rn. 4.

629 Looschelders Rn. 726.

III. Entbehrlichkeit eines Angebots

334 Ein Angebot der Leistung ist gemäß **§ 296** entbehrlich, wenn:

- dem Gläubiger eine Mitwirkungshandlung obliegt, die zur kalendermäßig bestimmten Zeit vorgenommen werden muss oder

- der Mitwirkungshandlung ein Ereignis vorauszugehen hat und die Zeit für die Handlung von dem Ereignis an berechenbar ist.

Beispiele: Unterlassen einer Abbuchung im Lastschriftverkehr; Nichteinhaltung eines fest vereinbarten Zahnarzttermins

B. Schuldner zur Leistung imstande und bereit (§ 297)

335 Es besteht heute Einigkeit darüber, dass wegen derselben Leistung niemals zugleich Gläubigerverzug und Unmöglichkeit vorliegen können. Bei dauerhafter Unmöglichkeit ist der Gläubigerverzug ausgeschlossen, ohne dass es der Regelung des § 297 bedarf. Nach heute h.M. betrifft § 297 daher vor allem die vorübergehende Unmöglichkeit, die nicht zur Anwendung der §§ 275 ff. führt.[630]

Beispiele: Krankheit, Urlaub oder Inhaftierung des Schuldners

C. Nichtannahme der Leistung oder Unterlassen einer Mitwirkungshandlung

336 Der Gläubiger muss die angebotene Leistung nicht angenommen haben oder – bei Entbehrlichkeit des Angebots nach § 296 – die Mitwirkungshandlung unterlassen haben. Der Grund der Nichtannahme der Leistung ist grundsätzlich unerheblich, da der Annahmeverzug **kein Verschulden** voraussetzt.

- Nach **§ 298** kommt der Gläubiger einer Zug um Zug zu erbringenden Leistung trotz Annahmebereitschaft in Verzug, wenn er die verlangte Gegenleistung nicht anbietet.

- Nach **§ 299** lässt eine vorübergehende Annahmeverhinderung den Gläubigerverzug in zwei Fällen nicht eintreten:

  - wenn eine Leistungszeit nicht bestimmt ist und der Schuldner unangekündigt leistet oder

  - wenn eine Leistungszeit bestimmt ist, der Schuldner aber berechtigt ist, vor der bestimmten Zeit zu leisten (vgl. § 271 Abs. 2) und der Schuldner unangekündigt leistet.

  In diesen Fällen würde die Verschuldensunabhängigkeit des Annahmeverzugs zu unbilligen Ergebnissen führen, weil der Gläubiger ständig annahmebereit sein müsste.

---

630 MünchKomm/Ernst § 297 Rn. 1; Palandt/Grüneberg § 297 Rn. 1.

2. Abschnitt: Rechtsfolgen des Gläubigerverzugs

Der Annahmeverzug begründet, anders als der Schuldnerverzug, keine Schadensersatz-   **337**
pflicht. Es entstehen aber rechtliche Nachteile für den Gläubiger:

- Haftungsbeschränkung des Schuldners auf Vorsatz und grobe Fahrlässigkeit gemäß § 300 Abs. 1

- Übergang der Gefahr gemäß § 300 Abs. 2

- Aufwendungsersatzansprüche des Schuldners gemäß § 304

- Verzinsungswegfall, § 301; Einschränkung der Nutzungsersatzpflicht, § 302

- Besitzaufgaberecht des Schuldners gemäß § 303

Weitere Folgen des Gläubigerverzugs enthalten z.B. die §§ 274 Abs. 2, 326 Abs. 2 S. 1, 372 S. 1, 615, 642–644 und § 373 HGB.

A. Haftungsminderung gemäß § 300 Abs. 1

> **Fall 23: Vergesslicher Versicherungsmakler**
>
> Der Kunsthändler V, der sein Geschäft aufgeben will und die gemieteten Geschäfts-räume am 01.09. zurückgeben muss, führt einen Räumungsverkauf durch. Ende Juli verkauft er dem Versicherungsmakler K, dem diese Umstände bekannt sind, einen al-ten Schrank für 12.000 €. V und K vereinbaren, dass K den Schrank spätestens am 28.08. abholen soll. V vergisst jedoch den Termin. Am 29.08. lässt V den Schrank da-her in einen gemieteten Lagerraum bringen. Beim Abladen rutscht der Schrank weg und wird zerstört. Am 14.09. meldet sich K. Er verlangt 2.000 € Schadensersatz, weil er den Schrank bereits für 14.000 € weiterverkauft hat. V verlangt Kaufpreiszahlung. Zu Recht?

A. K könnte gegen V einen Schadensersatzanspruch aus **§§ 280 Abs. 1 u. 3, 283** haben.   **338**

   I. Die Parteien haben sich darüber geeinigt, dass V verpflichtet sein soll, den Schrank gegen Zahlung von 12.000 € auf K zu übertragen. Sie haben damit einen wirksamen **Kaufvertrag** abgeschlossen.

  II. V ist die Erfüllung der Verpflichtung, den Schrank zu übereignen und zu überge-ben, **unmöglich** geworden, weil der Schrank zerstört worden ist, **§ 275 Abs. 1**.

 III. V müsste den Umstand, der die Unmöglichkeit verursacht hat, zu vertreten ha-ben. Da V andere Personen mit dem Transport betraut hat, um den Schrank noch an K liefern zu können, sind diese Personen zur Erfüllung der Verbindlichkeit aus dem Kaufvertrag tätig geworden. V muss sich deshalb gemäß § 278 deren schuld-haftes Verhalten als eigenes Verschulden zurechnen lassen. Nach §§ 276, 278 müssen der Schuldner und die Erfüllungsgehilfen jede Fahrlässigkeit und Vorsatz vertreten. Das **Vertretenmüssen** des V ist jedoch **gemäß § 300 Abs. 1 auf Vor-satz und grobe Fahrlässigkeit beschränkt**, wenn sich K im Zeitpunkt der Zerstö-rung des Schranks im Annahmeverzug gemäß §§ 293 ff. befunden hat.

1. Dazu müssten die Voraussetzungen des Annahmeverzugs vorliegen:

   a) Die Leistung muss angeboten worden sein. Ein tatsächliches Angebot hat V nicht abgegeben. Nach § 295 reicht jedoch ein wörtliches Angebot, da es sich um eine Holschuld handelt. V und K haben vereinbart, dass K den Schrank abholen soll. V hat jedoch auch kein wörtliches Angebot abgegeben. Ein **Angebot** ist **nach § 296 entbehrlich**, wenn für die vom Gläubiger vorzunehmende Handlung (das Abholen) ein Zeitpunkt kalendermäßig bestimmt ist. Hier war vereinbart, dass K den Schrank bis spätestens zum 28.08. abholen sollte. Damit war der Termin zum Abholen kalendermäßig bestimmt.

   b) Der Schuldner V war zur Leistung auch bereit und imstande (§ 297).

   c) Da K die Mitwirkungshandlung, nämlich das Abholen des Schranks, unterlassen hat, befand er sich am 29.08. im Annahmeverzug.

2. Nach § 300 Abs. 1 ist die Haftung des Schuldners während des Annahmeverzugs auf Vorsatz und grobe Fahrlässigkeit beschränkt. Im Sachverhalt sind keine Anhaltspunkte für eine vorsätzliche oder grob fahrlässige Zerstörung des Schranks enthalten, sodass V die Unmöglichkeit nicht zu vertreten hat.

   Ein Anspruch des K aus §§ 280 Abs. 1 u. 3, 283 scheidet somit aus.

B. V könnte gegen K einen Anspruch auf Zahlung gemäß **§ 433 Abs. 2** haben.

I. Mit Abschluss des Kaufvertrags ist der Kaufpreisanspruch entstanden.

II. Der Kaufpreisanspruch – als Gegenleistung für die Übergabe und Übereignung des Schranks – könnte gemäß § 326 Abs. 1 S. 1 untergegangen sein. Da sich K im Annahmeverzug befand und V die Unmöglichkeit nicht zu vertreten hat, ist der Kaufpreisanspruch gemäß § 326 Abs. 2 Alt. 2 bestehen geblieben.

V hat einen Anspruch auf Kaufpreiszahlung.

B. Übergang der Leistungsgefahr bei Gattungsschulden

339   Der Schuldner einer Gattungssache muss grundsätzlich solange aus der Gattung leisten, bis die ganze Gattung untergegangen ist. Die Schuld beschränkt sich aber auf eine ganz bestimmte Sache, wenn eine Konkretisierung gemäß § 243 Abs. 2 eingetreten ist oder der Gläubiger sich im Annahmeverzug befindet.

■ Wenn der Schuldner das seinerseits Erforderliche getan hat, tritt gemäß **§ 243 Abs. 2** eine Konkretisierung ein (s.o. bei der Gattungsschuld):

   ▪ bei der **Holschuld**, wenn der Schuldner die Sache ausgesondert und angeboten hat;

   ▪ bei der **Schickschuld**, wenn der Schuldner die Sache an eine sorgfältig ausgewählte Versandperson ausgehändigt hat;

- bei der **Bringschuld**, wenn der Schuldner die geschuldete Sache tatsächlich angeboten hat.

■ Wenn der Gläubiger – ohne dass der Schuldner das seinerseits Erforderliche getan hat – in Annahmeverzug geraten ist, geht die Leistungsgefahr nach **§ 300 Abs. 2** auf den Gläubiger über. Da die Regelung des § 300 Abs. 2 nur eingreift, wenn keine Konkretisierung gemäß § 243 Abs. 2 vorliegt, hat sie nur in nachstehend aufgeführten Fällen eine praktische Bedeutung. Anwendungsfälle des § 300 Abs. 2 sind:

- Wenn der Schuldner bei der Bring- oder Schickschuld den Gläubiger gemäß § 295 oder § 296 in Annahmeverzug gesetzt hat, hat der Schuldner das seinerseits Erforderliche noch nicht getan. Er muss die Sache zum Gläubiger bringen bzw. versenden, sodass nach § 243 keine Konkretisierung eingetreten ist.

- Bei einer Geldschuld trägt der Schuldner gemäß § 270 die Leistungsgefahr bis zur Empfangnahme des Geldbetrags durch den Gläubiger. Nimmt der Gläubiger das angebotene Geld nicht an und geht der Geldbetrag auf dem Rücktransport verloren, so greift § 300 Abs. 2 ein.

- Die Parteien haben eine von § 243 Abs. 2 abweichende Vereinbarung getroffen.

C. Anspruch des Schuldners auf Ersatz von Mehraufwendungen

Fall 24: Feuchtes Getreide

Der Bauer B wendet sich an den Müller M und bietet ihm sein Korn zum Tagespreis an. Er bemerkt dabei, M möge in jedem Fall das Getreide untersuchen lassen, ob es nicht feucht sei. M schickt seinen Angestellten A, der das Korn untersucht und dem B erklärt, es sei zwar etwas feucht, aber durchaus brauchbar, er solle es an die Mühle liefern. Als B das Korn angefahren hat, erklärt ihm M, er könne solch feuchtes Korn nicht gebrauchen. Nach erfolglosem Widerspruch kehrt B um und schaltet einen Rechtsanwalt ein. Nach einem Schriftwechsel erklärt sich M mit der Abnahme des Korns einverstanden. B verlangt nunmehr Ersatz der Kosten für den nutzlosen An- und Abtransport zur Mühle i.H.v. 180 €. Zu Recht?

A. B könnte gegen M einen Anspruch auf Ersatz der 180 € Transportkosten aus **§ 304** haben.   340

   I. Der Anspruch ist entstanden, wenn M dadurch in **Gläubigerverzug** gekommen ist, dass er die Annahme des angefahrenen Korns ablehnte, und die Transportkosten eine Aufwendung i.S.d. § 304 darstellen.

      1. M kann nur in Gläubigerverzug gekommen sein, wenn er Gläubiger eines Anspruchs auf Lieferung gewesen ist. Ein Annahmeverzug des M kann daher nur vorliegen, wenn schon zu dem Zeitpunkt, als B sein Korn bei der Mühle vorfuhr, ein Kaufvertrag zwischen M und B über dieses angelieferte Korn vorlag.

         a) Als B dem M sein Getreide anbot, bestand Einigkeit darüber, dass M das Getreide noch überprüfen sollte und dass eine Verpflichtung des M, das Getreide abzunehmen, erst dann entstehen sollte, wenn das Getreide nicht zu feucht war. Bis zur Überprüfung durch M sollte B das Getreide für M bereithalten. Die Parteien haben somit bei der Verhandlung in der Mühle des M einen bedingten Kaufvertrag in Form des Prüfungskaufs abgeschlossen: B sollte verpflichtet sein, das Getreide an M zu übertragen, falls M dieses nach Überprüfung billigte. Doch stand die Billigung nicht im Belieben des M, sondern allein der Feuchtigkeitsgehalt sollte Grundlage der Entscheidung sein.

b) Die Bedingung ist eingetreten, denn der von M beauftragte A (§ 164) hat die Überprüfung vorgenommen und die Billigung ausgesprochen. Nach Abgabe der Billigungserklärung durch A war der Kaufvertrag – endgültig – wirksam.

M war Gläubiger eines Lieferungsanspruchs.

2. B hat das Getreide tatsächlich angeboten. Es lag allein am Gläubiger M, dass B seine Leistungsverpflichtung, das Eigentum an dem Getreide zu übertragen und es M zu übergeben, nicht erfüllt hat.

3. B war zur Eigentumsübertragung bereit und in der Lage (§ 297).

4. M hat das Korn nicht angenommen, und dies beruhte auch nicht auf einer vorübergehenden Annahmeverhinderung i.S.d. § 299. M war daher im Gläubigerverzug.

5. Gemäß § 304 sind die Mehraufwendungen für das erfolglose Angebot sowie für die Aufbewahrung und Erhaltung des geschuldeten Gegenstands zu ersetzen. Die von B geltend gemachten Transportkosten sind Kosten für ein erfolgloses Angebot.

Bezüglich der Transportkosten besteht nach § 304 nur ein Anspruch auf die Kosten des erfolglosen Angebots, nicht aber auf die eines erfolgreichen Zweitangebots.[631]

II. Der Anspruch ist nicht nachträglich erloschen. Der Umstand, dass B mit seinem Korn umkehrte, führte nicht zu einer nachträglichen Aufhebung des Kaufvertrags, da B unter Widerspruch handelte. Im Übrigen hätte auch eine nachträgliche Aufhebung des Kaufvertrags nicht ohne Weiteres die bereits wegen des Annahmeverzugs entstandenen Forderungen des B zum Wegfall gebracht. Hierzu hätte es eines besonderen Erlassvertrags bedurft, der hier keinesfalls gegeben ist.

B steht ein Anspruch auf Ersatz der Transportkosten aus § 304 zu.

341 B. Es kommt ferner ein Anspruch aus **§§ 280 Abs. 1 u. 2, 286** in Betracht. Dann müsste M mit der Verweigerung der Abnahme in Schuldnerverzug gekommen und die Transportkosten als Verzögerungsschaden anzusehen sein.

I. M muss gemäß § 286 in **Schuldnerverzug** gekommen sein.

1. Aufgrund des zwischen B und M abgeschlossenen Kaufvertrags war M gemäß § 433 Abs. 2 zur Abnahme verpflichtet. Diese Abnahmepflicht ist eine Leis-

---

631 Palandt/Grüneberg § 304 Rn. 1.

tungs- und damit Schuldnerverpflichtung. Da die Abnahmepflicht nicht nur eine Obliegenheit, sondern eine Leistungspflicht des M war (§ 433 Abs. 2), konnte M gleichzeitig in Gläubiger- und in Schuldnerverzug kommen.[632]

2. B hat M zur Leistung aufgefordert, als er ihm das Getreide angeboten hat; er hat damit gemahnt.

3. M hat die Nichtabnahme (Nichtleistung) zu vertreten. Falls M sich in einem Irrtum über die Abnahmepflicht befunden haben sollte, entschuldigt ihn dieser Rechtsirrtum nicht. Denn er hätte bei Anwendung der im Verkehr erforderlichen Sorgfalt erkennen müssen, dass er zur Abnahme verpflichtet war.

II. Rechtsfolge ist, dass M den infolge der verzögerten Leistung entstehenden Schaden ersetzen muss.

Da M erst mit der Mahnung – dem Angebot an der Mühle – in Schuldnerverzug gekommen ist, kann B aus §§ 280 Abs. 1 u. 2, 286 nur die Kosten des Rücktransports verlangen. Die vor Verzugseintritt entstandenen Erstanlieferungskosten sind kein adäquat kausaler Verzögerungsschaden. Ihre Ersatzfähigkeit ergibt sich nur aus § 304.

D. Weitere Rechtsfolgen des Gläubigerverzugs

■ Eine verzinsliche Geldschuld ist während des Annahmeverzugs nicht zu verzinsen, § 301. **342**

■ Die Pflicht zur Herausgabe oder zum Ersatz von Nutzungen (z.B. §§ 292, 987 ff.) beschränkt sich während des Gläubigerverzugs auf die tatsächlich gezogenen Nutzungen, § 302. Ob der Schuldner die Nutzungsziehung schuldhaft unterlassen hat, ist unerheblich.[633] Da § 302 den Schuldner bei Annahmeverzug des Gläubigers nur begünstigen und nicht belasten will, setzt er voraus, dass der Schuldner nach dem jeweiligen Schuldverhältnis zur Nutzungsherausgabe verpflichtet ist.[634]

■ Der Gläubigerverzug führt grundsätzlich nicht zu einer Befreiung des Schuldners. Der Schuldner hinterlegungsfähiger beweglicher Sachen bekommt aber das Recht zur Hinterlegung oder öffentlichen Versteigerung (§§ 372, 383); bei Grundstücken kann er nach vorheriger Androhung den Besitz aufgeben, § 303.

■ Die Dienstleistungspflicht hat den Charakter einer absoluten Fixschuld, sodass die Leistung durch Zeitablauf unmöglich wird. § 615 S. 1 ordnet deshalb an, dass der Dienstverpflichtete (Arbeitnehmer) bei Annahmeverzug des Dienstberechtigten (Arbeitgebers) die Vergütung verlangen kann, ohne zur Nachleistung verpflichtet zu sein, während beim Annahmeverzug gemäß §§ 293 ff. der Leistungsanspruch bestehen bleibt.[635]

---

632 Palandt/Grüneberg § 293 Rn. 6; MünchKomm/Ernst § 293 Rn. 1.

633 MünchKomm/Ernst § 302 Rn. 1.

634 MünchKomm/Ernst § 302 Rn. 1.

635 Zu § 615 vgl. im Einzelnen: AS-Skript Arbeitsrecht (2016), Rn. 378 ff.

■ Ist beim Werkvertrag zur Herstellung des Werks eine Mitwirkungshandlung des Bestellers erforderlich und kommt dieser durch Unterlassen der Mitwirkungshandlung gemäß §§ 295, 296 in Annahmeverzug, so kann der Unternehmer die Rechte aus § 642 (angemessene Entschädigung), § 643 (Kündigung nach fruchtlosem Fristablauf) und § 645 Abs. 1 S. 2 (Teilvergütung nach Fristablauf) geltend machen.

■ Wenn der Käufer beim Handelskauf in Annahmeverzug gerät, hat der Verkäufer nach § 373 HGB weitergehende Rechte als nach dem BGB:

  ■ Er hat das Recht zur Hinterlegung bei allen Waren, § 373 Abs. 1 HGB.

  ■ Er hat weiter das Recht zum Selbsthilfeverkauf, § 373 Abs. 2–5 HGB, und zwar bei allen Waren und Wertpapieren.

Stichwortverzeichnis

Die Zahlen verweisen auf die Randnummern.

Bundesweite uristische Repetitorien
zum 1. und 2. Examen

Die Wahl des richtigen Repetitoriums ist Vertrauenssache,
denn wie gut Ihre Examensvorbereitung wirklich war,
wissen Sie erst nach dem Examen.

Vergleichen Sie! Probehören ist jederzeit möglich.
Wir sind sicher auch in Ihrer Stadt!

Informationen und Anmeldung
www.alpmann-schmidt.de